宗教皈信

UNDERSTANDING RELIGIOUS CONVERSION

［美］刘易斯·兰博／著
（Lewis R. Rambo）

陈　纳／译

社会科学文献出版社
SOCIAL SCIENCES ACADEMIC PRESS (CHINA)

Understanding Religious Conversion
Lewis R. Rambo

©1996 by Yale University
Originally published by Yale University Press

本书出版承蒙张祥华和王翠玲夫妇鼎力赞助

序 言

本书既是一项关于"在现代世界上宗教信仰何以成为可能"的学术研究，也是我围绕与此相关问题所经历的个人旅程。是什么因素使得宗教皈信成为人们可行的选择和行为？我们如何解释皈信过程中所显示出的种种情况？我们如何（也许可以说，根据什么）评估皈信的性质呢？这些问题，以及一些其他相关问题，萦绕着我，促使我进行探索，试图理解宗教皈信的现象。

本书的研究和写作过程可谓一场不同寻常的经历。我对宗教皈信问题的研究始于十多年前，最初是对心理学文献的广泛涉猎。很快，我感到无论是对个人还是对群体皈信情况的审察，仅仅从心理学切入不足以解释宗教信仰变化之本质。于是，我转向社会学的研究，尤其是关于膜拜团体（cults）和新兴宗教运动（New Religious Movements）之本质的文献研究。然而，随着我对这方面文献研究的深入，当我开始考虑文化问题的重要性时，社会学的局限性就显而易见了。我便转向文化人类学的研究文献，经过一阵突击，从文化人类学这个为皈信过程提供新见解的学科入手，发掘出令人兴奋的成果。与此同时，我又涉猎了传教学（missiology）的文献，那是一个由传教士开创的研究领域，他们在跨文化的情境中工作，每天都面临着极其复杂的情况，各种宗教、文化和社会问题交杂，影响并促成变化的发生。（具有讽刺意义的是，传教学的研究者主要关注的是宗教或灵性方面的皈信，对世俗的学术研究者常常持批评态度，认为他们倾向于将宗教因素最小化，当然，此说并非没有道理。）

我一边沉浸于这些不同学科的文献，一边访谈许多具有不同背景的皈信者，其中包括投身统一教会（the Unification Church）的男男女女、成为基督徒的犹太人和转信犹太教的基督徒、选择了基督教的日本世俗主义者，以及几乎没有什么宗教背景的中国人转变成的基督教徒。我旅行到许多地方从事研究，如日本和韩国，比较这些国家的人关于宗教皈信的经验和理念；我作为戴维斯（Lady Davis）基金会赞助的研究员到以色列，并作为比较宗教学的访问教授在耶路撒冷的希伯来大学开展研究工作。我有幸与许多名家学者交换看法，诸如Janet Aviad、Steven Kaplan、Nehemiah Levtzion。此外，我还访谈了许多皈信者，有在犹太教和基督教之间（双向）改变信仰的人，也有某些世俗的犹太人改变信仰，皈信正统派犹太教（Orthodox Judaism）的案例。①

宗教皈信的研究课题在很大程度上（也许可以说，在首要意义上）占据了我的个人生活和学术生涯。随着研究工作的推进，我对自身视角和理念的认识也越来越清晰，请允许我在此开宗明义，我同意这样的观点，即从根本上说，一切学术都是学者自身人生困境之投射。②

对我来说，什么是真正的皈信呢？显然，对该问题的回答不可避免地要受到我本人曾经信仰的教派之影响，不过我把"真正的"皈信视作在上帝的威力作用之下整个人格的彻底转变。这样的转变是通过社会、文化、个人和宗教等方面的共同合力作用而发生的（正如我在本书所表述的那样），同时，我相信皈信过程必须具有根本性的变化，直击人类生存困境之根基。在我看来，那个根基是由脆弱的人性和人类所有弱点构成的旋涡。③既然我接受这种说法，即人类有着无限自我欺骗的潜能，而且人类的倾向往往是与上帝作对的，那么我们所需要的就是根本的、全面的改变。从我个人所受教育的视角切入，人类生存的诸多方面都是任性而堕落的，深受"世俗世界"的影响，大体是要将我们引向邪恶的方向。我相信，我的皈信是需要得到上帝之干预的，以便将深陷囹圄之中的我解救出来。

我是在"基督的教会"（"the Church of Christ"）的环境中成长的。"基督的教会"是发起于19世纪的宗教运动，旨在复兴"《新约》

指导下的基督宗教"。直到大约五年前,我的生活始终围绕着基督宗教的这个教派展开,良知意识的形成受到宗教经验的深刻影响。每个礼拜天的早晨和晚上,以及礼拜三的晚上,母亲都带着我和弟弟去教堂。我们每年要参加两次"福音聚会"("gospel meeting",由基督的教会组织,相当于复兴运动的活动),其目的是拯救我们的灵魂。这个保守的教派对宗教带来的变化有着非常敏锐的关注。我们被告知,想要得到救赎,唯有通过聆听福音,相信耶稣基督是上帝之子,对邪恶持自我审判的态度,并要为自己的堕落和深重的罪孽忏悔,要有坚定的信念,相信耶稣是我们每个人的救主,还要接受完全浸泡式的洗礼仪式。

我发现,"基督的教会"尤其强调要熟悉《圣经》的知识,要顺从上帝的意志:"准确"的知识和"正确"的行为是最根本的。那些情感性的问题,诸如喜悦、平和、得福则被认为是次要的,或者说在与知识和行为相提并论时是无关紧要的(然而,在我今天看来,这类知识和行为是由恐惧、自得和不安全感等情感因素触发的——如果说,有任何情感因素存在的话)。

在我的成长过程中,家乡得克萨斯州的考曼彻小镇有一些朋友,他们是南方浸礼会或卫理公会教派的。我被告知,他们这些人属于"迷途者",因为他们追随一种"简易"的信条,只是通过相信耶稣,邀请耶稣进入他们的心怀,以期得到永久的救赎。相比之下,基督的教会的信徒则更加认真投入、充满敬畏。对于我们来说,真正永恒的事情似乎只有地狱的诅咒所带来的威胁,而不是救赎的问题。而且,我们相信,唯有我们是获得了真理的,我们能够从《圣经》中逐字逐句地引述具体的章节和诗行(请注意,并非粗略地一带而过)予以证明。

我当时似乎感到(今天依然如此),对于基督的教会的信徒来说,为了得到救赎必须通过非同寻常的努力;我们认为浸礼会所说的"永久的平安"不过是一厢情愿的想法,对此我们不屑一顾。其他教派那些易得的慰藉和情感上的满足,被视为具有欺骗性和诱惑性。在很长一段时期,我会就这些差异性与朋友们进行辩论和探讨。然而,怎么会发生这样的情况呢——基督的教会拥有"真正的真理",但信众却很少能够从中得到乐趣，而浸礼会的信众却能够享受到如此强烈的情感经历。

我曾经认为，今天仍然认为，这是一个令人着迷的事实：在一个仅有四千居民的小镇上，人们竟然对救赎的本质持有如此大相径庭的看法。正是这些差异性以不同的方式塑造了我们，而最终也区隔了我们。我由此相信，不管从神学意义上看什么是"真理"，生活在一个单一的"家庭—教会"的宗教社区，会对一个人的皈信经历产生决定性的影响。世间存在着许多不同的得救经历，但并没有一种是具有强制力和必然性的。直截了当地说，所谓皈信就是某个特定信仰团体所定义的皈信。

我对宗教皈信的认识，同样受制于我目前对人文社会学科的视角取向。我试图对心理学、人类学和社会学的知识都采取探究、吸收和批判的态度。在我汲取的人文社会学科的知识中，我具体关注以下几方面的主题，尤其聚焦于移情感悟、亲历的真实经验，以及人类所处困境的复杂性。

移情感悟，就是要具备这样的愿望和能力——真实地进入并感悟他人的存在，这是我要在著作中努力体现的特色。我主张从"他者"的视角来看世界。亲历的真实经验，是我关注的另一个关键主题。我确信个体和群体的旅程、经历和精神状态的重要性。安东·博依森（Anton Boisen）曾经说到所谓"鲜活的人生文献"（"living human document"）。[④] 我们需要将人生经历，无论是个人的还是集体的，视为信息、见解、经验和（我是否可以斗胆声称？）启示的重要来源。

通过阅读大量文献，与著名专家交谈，参加学术会议和讨论班，与众多的人交流和分享思想，我逐渐认识到，已经出版的关于宗教皈信的材料就像大都市里的轨道列车停车场，密密匝匝地散布着许多互相平行的轨道，每列机车都有其规定的轨道，各列车运行的轨道之间绝不相交。我开始产生疑问，可能只有极少数研究皈信的学者意识到，在这个学科领域贯穿着并非仅仅一条轨道，即使在同一条轨道之上，甚至也可能跑着不止一列机车。

人文社会学科中有关宗教和皈信的许多文献，似乎都因为化约主义（reductionism）的研究方法而没有得到足够的重视和利用。在人文社会学科中普遍存在着出于世俗主义立场的预设前提，其结果是那些为了"研究"宗教现象的研究常常带着某种贬损的口吻。这就难怪，有许多（尽管不是所有）信教的人将"宗教心理学""宗教社会学""宗教人类学"视为对宗教有损害的研究，然而，这还是往好的方面说的，如果要往坏的方面说则是全然谬误。人文社会学科发表的这类研究成果，首先就被看作是值得怀疑的；其次，如果说还有什么意义和价值的话，那也仅仅局限于宗教研究学科的专业人士。

我希望，信奉宗教的人士会认为本书是有助益并有趣味的，因为本书既尊重宗教信徒的视角，同时也结合了对个人、社会和文化问题的关注。我也希望，本书将扩展人们对皈信问题进行宗教性解释的视野。与此同时，我相信人文社会学科的学者们将会从学术立场出发，发现这是一本有价值的书，它展示了一种新的途径来认识诸多宗教因素在皈信过程中所扮演的关键角色。

注释

① 有关本人在耶路撒冷经历的概况，见本人文章 "Reflections on Conflict in Israel and the West Bank," *Pacific Theological Review* 21（1987）：48–56。

② 有一位研究宗教皈信问题的学者撰文，以令人吃惊的直白方式做出一番自我揭示，参见 Bennetta Jules-Rosette's "Conversion Experience: The Apostles of John Maranke," *Journal of Religion in Africa* 7（1976）：132–64。

③ See Sallie McFague, "Conversion: Life on the Edge of the Raft," *Interpretation* 32（1978）：255–68；Jim Wallis, *The Call to Conversion: Recovering the Gospel for These Times*, San Francisco: Harper and Row, 1981.

④ Anton T. Boisen, *Out of the Depths: An Autobiographical Study of Mental Disorder and Religious Experience*, New York: Harper and Brothers, 1960. See also Charles V. Gerkin, *The Living Human Document*, Nashville: Abingdon Press, 1984.

致 谢

我的挚友之一，沃伦·李（Warren Lee）先生常常提醒我，人生最核心的德性在于感恩、谦卑和希望。在本书完成之际，我感到无限的感恩和谦卑。当我试图逐一感谢所有曾经在本书写作过程中直接或间接帮助过我的人的时候，一张张过去和现今熟悉的面庞从我眼前闪过。如果任何一位在此被遗漏了，请原谅我的疏忽，我并非有意为之。

在我走向广阔世界的过程中，阿比林基督教大学（Abilene Christian University）使我最初品尝到世界丰富性的滋味。我曾受教于 LeMoine G. Lewis 教授（已故）、Anthony L. Ash 教授、James Culp 教授、Everett Ferguson 教授、Dale Hesser 教授，以及其他多位教授，他们使我逐步认识到，思智的生活和信仰的生活是内涵丰富、互为伙伴的存在。最近几年，则有 Carley Dodd、David Lewis、Jack Reese、Charles Siebert 与我友善相处。长期以来，James Fulbright 和 Francis Fulbright 与我保持着友谊，我们彼此关爱。

在耶鲁大学神学院，James E. Dittes、Paul Holmer、Abraham J. Malherbe、Sidney Ahlstrom，以及其他许多人，使我的求学时光充满了智慧和愉悦。在芝加哥大学神学院，Don S. Browning、Donald Capps（目前就职于普林斯顿神学院）、Peter Momans、Martin E. Marty 都是一流的导师和指路人。我的同学们，尤其是 Gary Alexander、Lucy Bregman、Tom Green（已故）、Richard Hutch、Robert Moore、Greg Schneiders、Judith Van-Herik 等，始终是我的友谊和新思之源。

我在芝加哥大学获得博士学位以后，来到位于伊利诺伊州德尔菲尔德的三一学院（Trinity College in Deerfield）讲授心理学课程，为时三年。在 J. Edward Hakes 院长的得力领导下，三一学院蒸蒸日上。我感谢 Clark Barshinger, Mark DenBroeder, Kirk Farnsworth, Mark Noll 等令人愉快的同事。我还要感谢三一学院在 1979 年邀请我发表了 Staley 系列演讲；接着，我于 1980 年在阿比林基督教大学再次发表了 Staley 系列演讲，由此为我提供了一个形成本书最初版本的机会。感谢 Staley 基金会给我的鼓励和支持。

过去十四年里，我有幸在位于加州圣安塞尔莫的旧金山神学院（San Francisco Theological Seminary）和位于加州伯克利的联合神学研究院（Graduate Theological Union）授课。这两个机构都为我提供了优渥的条件。我尤其深感受惠于旧金山神学院的教师、学生、员工和校董会，感谢他们对学术思想的关注、对信仰的执着、对社会公正的激情，以及对多元主义的认可。学院为我提供了教职人员研究基金和学术假期，使我能够有连续较长的时间从事研究和写作。其间，就任的诸位校长 Arnold Come, Bob Barr, Randy Taylor, 以及诸位教务长 Surgit Singh, Browne Barr, Walter Davis, Don Buteyn, Lewis Mudge, 始终不懈地鼓励着我。同事 Ted Stein 是一位尤为难得的朋友。Sandra Brown, Jana Childers, Robert Coote, Walt Davis, Roy Fairchild, David Glick, Elizabeth Liebert, James Noel, Christopher Ocker, Steve Ott, Howard Rice, Herman Waetjen, 以及其他一些同事，把我在那里的生活变成了一场丰富的盛宴。办公室的文秘人员，Loel Millar, Pat Lista-Mei, Mary Poletti，她们规整有序，以注重细节的天赋"拯救"了我。

加州伯克利的联合神学研究院是一个条件优异的学术中心。我感谢 Robert Barr, Judith Berling, Rosemary Chinnici, Valerie DeMarinis, Clare Fischer, Donal Gelpi, Daniel Matt, Timothy Lull, Ben Silva-Netto, Archie Smith, Charles Taylor, Claude Welch, 以及所有的学生，他们丰富了我对信仰和学术的认识。在此，特别感谢为我提供研究经费的联合神学研究院、Lily 基金会，以及 Luce 基金会。新兴宗教运动研究中心为我接触令人眼花缭乱的"非传统宗教"（alternative religions）领域提供了一张独特的入场券。

位于加州圣拉斐尔的基督的教会是我获取信仰和帮助的源头。我深感荣幸，能够在 1978~1985 年担任该教会的牧师。

本书是通过大量的访谈、阅读、辩论、会议，以及一系列其他的活动而取得的成果，而这一切则得益于从事宗教皈信研究的学者群体。我深深受惠于他们的研究，此非我个人能力所能报答。本书所附参考文献列出了这些从事宗教皈信和信仰变化研究的学者中的一部分，而并非全部。在本书的注释和参考文献中，我同样对他们的知识和奉献致谢。如果本书存在任何对于文献出处未能予以明确标注的情况，那是出于疏忽。我同样受惠于在多次访谈和会议中接触的个人和群体。当我写下这些话的时候，许多人浮现在眼前。许多人曾经对我从事的研究予以鼓励和支持，尤其值得提及的是 James Beckford，Walter Conn，H. Newton Malony，Lamin Sanneh，Alan Segal，Araceli Suzara，以及 Guy E. Swanson。

1985 年秋至 1986 年，我休学术假，其间去了以色列，此行使我有机会与一群优秀人士接触，尤其是 Yaakov Ariel，Na'im Ateek，Benjamin Beit-Halahmi，Steve Kaplan，Nehemiah Levtzion，Ruby Little，Joseph Shulam，Gedaliahu G. Stroumsa，他们使我获益匪浅。我作为戴维斯基金会的研究员于 1986 年在耶路撒冷的希伯来大学从事研究，受到慷慨的资助和友善的接待，我谨向戴维斯基金会的工作人员表示由衷感谢。我同样要感谢设在坦图尔的普世宗教高等研究所（the Ecumenical Institute for Advanced Research at Tantur）。在那里，Landrum Boling，Kenneth Bailey 一家，以及研究所的工作人员在遥远的异乡为我提供了家，尤其温馨。

1985 年秋天，我造访日本和韩国。在日本期间，东道主星野知子是一位难得的朋友，其广泛的社交网络和专业水准的翻译使得那次行程收获甚丰。在韩国，长老宗神学院的郑长福、梨花女子大学的金炳瑞，以及曾经就读于旧金山神学院/联合神学研究院的全钟铉等人，都给予我热情的接待和帮助。

本书在文字上的一切成功都应归于旧金山湾区的四位自由撰稿编辑，他们在过去三年里与我进行了合作，他们是：Dorothy Wall，Elizabeth L. Morgan，Lawrence A. Reh，Corina Chan。在发挥编辑专长的同时，他们还以持久的耐心、鼓励和见解，支持我完成本书的写作。非常感谢他们，在我置身于前线的沟壕中写作奋斗之际与我并肩作战。

【xx】　在完成本书的过程中，尤其要感谢的是 Roy Carlisle 先生。在所有人当中，他始终是给我促动最大的人。他的鼓励、忠告和无尽的支持，支撑了本书写作的全过程。

此外，我的女儿 Anna C. Rambo，我的挚友 Warren Lee 和 Corina Chan，在情感、慰藉、信心和信仰方面给我以支持。我的父母 Harold J. Rambo 和 Gwendolyn Rambo，我的兄弟 James R. Rambo，始终保持着无以复加的关爱。

最后，我要感谢本书编辑，Charles Grench 和 Otto Bohlmann，以及耶鲁大学出版社，感谢他们对出版本书的兴趣和支持。正是他们的努力，使这一漫长的旅程归于圆满。

中文版序言

刘易斯·兰博

能够在此向各位介绍《宗教皈信》的中文版，我感到十分欣慰。这是一部出版于 1993 年的著作。四十五年前，我在芝加哥大学撰写博士论文，选题与威廉·詹姆斯（William James）的宗教心理学理论相关，但论文的主题并非宗教皈信的问题。直到几年以后，我在伊利诺伊州德尔菲尔德的三一学院教书的时候，才认真思考宗教皈信的问题。三一学院的几位学生与我分享了他们如何成为基督徒的故事。尤其是纳珊·贝克（Nathan Baker，并非其真名）的皈信故事，深深打动了我，使我开始将宗教皈信作为一个值得研究的课题来思考。纳珊成长在一个非同寻常的家庭环境中，这户人家从属于一个以嘉年华活动为业的群体，常年奔波于美国各地。纳珊总是要不停地从一个城市搬到另一个城市，无法形成强有力的家庭邻里关系、宗教社区意识或故乡根系的情感。他的皈信过程是一个富有戏剧性的、改变人生轨迹的故事。

1978 年，我从芝加哥地区搬到加州北部，执教于联合神学研究院和旧金山神学院。当时，许多新兴宗教运动正在活跃地招募新成员，诸如统一教会（the Unification Church，由魅力型首领文鲜明领导的韩国宗教运动），印度教克利须那教派运动（Hare Krishna movement），某些激进的基督徒团体，以及其他一些艰深莫测的神秘宗教团体。他们倡导多种个人转变的途径和激进的社会运动，以挑战当时的宗教和政治理念以及社会组织。

最引人注目的挑战来自这样一个事实，即许多年轻人从学院或大学辍学，以便完全投身于他们所皈信的宗教/灵性事业，并努力为组织招募新成员。许多家长对这样的发展情势感到震惊。心理学家和其他专业人士的反应是，这些新皈信者被"洗脑"了。

在接下来的十年里，我参加了许多相关的会议和辩论，探讨这些宗教运动所构成的威胁。当对这个话题的研究逐步深化时，我越来越清楚地认识到，要理解这些问题，可以通过发掘有关皈信本质的多样而广泛的文献来实现。

随着我越来越深入地研究这类似乎给人们生活带来根本性变化的问题，我研究了世界各地有关宗教皈信现象的大量且不断增长的文献。第一次学术休假期间，我有幸到韩国、日本和以色列研究宗教皈信问题。韩国基督教是基督教（尤其是基督新教）在全球迅速发展最引人注目的例子之一。另外，日本虽然有一些不同的基督教宗派之存在，但新皈信者的数量相对较少。为什么基督教在韩国得以迅速发展，而在日本却显得举步维艰呢？

在以色列，人们信奉很多不同的宗教。人口的大多数还是犹太人，也有很多穆斯林。以色列有很多不同的基督教团体，但人数非常有限。后来，我有幸再次回到以色列，在耶路撒冷希伯来大学教了整整一个学期的书。在那里，我遇到了许多信奉犹太教、伊斯兰教和基督教的学者，他们对世界各地宗教发展和衰落的历史变迁进行跟踪研究。我研究了许多不同的案例，访谈过改信基督教的犹太人或改信犹太教的基督徒，等等。

在获得这样一些经历的过程中，我尽可能广泛地研究世界各地关于宗教皈信的大量文献。幸运的是，人类学家、社会学家、心理学家、宗教研究学者和历史学家都在深入研究宗教皈信的原因、过程和后果。

《宗教皈信》一书是大约二十年时间里的广泛阅读和直接研究（通过访谈和参与观察，研究人们如何以及为什么会转变宗教信仰）的结果。很明显，当时有大量的文学作品和以宗教皈信为主题的研究，都聚焦于那些既令人信服又（对许多人来说）令人困惑的新兴宗教运动的发展。社会学家和心理学家为新兴宗教运动的研究提供了最广泛的文献资源。人类学家还对非洲、南美、南太平洋和亚洲各国土著居民的发展，特别是基督教的发展，提供了深刻的见解。

与此同时，历史学家和宗教研究学者调查了基督教在罗马帝国以及后来在殖民地国家的大规模传播的情况——基督教在世界各地传播，传播到非洲、北美洲和南美洲、亚洲，几乎遍及世界的每一个角落。

本书中文版增加了一章"二十五年来的宗教皈信研究"，[1] 其目的在于提供一些关于本研究领域在过去二十五年中探索宗教皈信过程之本质的情况——皈信研究的主题、问题及其在相关学科（诸如历史学、人类学、社会学、心理学、宗教研究、地理学、现象学和人口学等）中得以探讨的概况。

读者将要看到的《宗教皈信》产生于这样的时代背景——由于新兴宗教运动的蓬勃发展，许多人感到困惑和恐慌。不过，在过去的二十五年里，人们的大部分研究和理论构建主要集中于基督教灵恩派（即五旬节派）和魅力型基督教（Charismatic Christianity），它们取得了显著且广泛的增长。尽管许多人认为世俗化是现代世界不可逆转的力量，灵恩派却引领着一个充满神迷狂喜、心灵提升和宗教活力的时代。过去二十五年的另一个主要议题是伊斯兰教的振兴和发展，不仅在中东地区，而且遍及全世界。在欧洲、北美洲和南美洲、亚洲和世界其他地区都有大量的人皈信伊斯兰教。

从事皈信研究的学者在认识到上述情况的同时，对跨学科研究的重要性越发认可，并形成了研究势头。跨学科研究并没有一种具体明晰的路径，然而，人们采用了种种试探性的方法，在不同学科的研究案例中，以各自的假设、方法和目标为出发点，用各自学科的特定资源和不同的研究方法，来理解宗教在当代世界的总体情况以及宗教皈信的发生过程。另一个发展是人们越发认识到，要研究宗教皈信必须了解"去皈信"（deconversion）的动态过程。许多人正在脱离他们原本信奉的宗教，而还有一些人则对他们通过改宗而皈信的宗教采取排斥态度。

---

[1] 十分遗憾的是，由于健康原因，刘易斯·兰博教授没能如愿完成专为中文版增写的这一章。需要了解宗教皈信研究新近发展情况的读者，请参阅兰博和法哈迪恩编著的《牛津宗教皈信研究手册》（Lewis R. Rambo and Charles E. Farhadian, editors and contributors, Oxford Handbook of Religious Conversion, New York: Oxford University Press, 2014）——译者注

特别高兴的是，我的著作能够被译成中文出版。自1996年我第一次访问中国以来，我对这个幅员辽阔、结构复杂、令人惊叹的国家一直怀着深厚的感情。2001年，我与来自上海的朱迪·何莎女士结婚。我们婚后每年都要在上海居住两到四个月。通过了解朱迪的家庭和广泛的亲友网络，我对中国的认识和感悟与日俱增。在上海期间，我很荣幸能在复旦大学任教。在那里我遇到了一些学生，他们的智慧、勤奋和好奇心给我留下了深刻的印象。此外，我遇到的许多人都丰富了我们在中国的生活，其中包括韩布新（北京）、王学富（南京）、郁丹（昆明）、Al Dueck（Dueck博士是中国许多宗教心理学研讨会的组织者。通过他，我们在中国接触到许多优秀的学者和学生）。

十年前，我和妻子有幸在上海认识陈纳和范丽珠这一对学者伉俪，并建立了深厚而持久的友谊。去年春天，当我们四人一起共进午餐时，我提到《宗教皈信》一书已被翻译成西班牙语和日语出版，但遗憾的是，尽管我的第二故乡是上海，这本书还没有被翻译成中文。陈纳博士立刻表示愿意成全此事。从那时起，我们在翻译这本书的过程中进行了多方面的合作。我由衷感谢陈纳博士为这本书在中国的出版所付出的努力。

我们生活在一个丰富而复杂的世界。宗教势力和世俗势力都在加速发展，并互为挑战。我们希望，通过翻译出版《宗教皈信》以及我对该研究领域在过去四分之一世纪发展情况的回顾，能够为中国读者提供一个关于宗教皈信研究的概览，从而激励更多的学者参与到这个既令人着迷又富有争议的研究领域。我们认为，伴随着许多不同的宗教运动和意识形态运动而产生的大量皈信和去皈信的现象，对于我们更好地认识当代世界是一个非常重要的课题。虽然本书的研究并非最全面的，也不是终结性的，但我们希望，本书能够鼓励更多的学者和其他读者把个人、文化、宗教/灵性和社会变革视为某种动态的力量，并为在更深层次上理解当代人类的困境而有所贡献。

2019年3月

宗教皈信与情境（译者序）

陈　纳

一

宗教是人类文明的核心要素之一。宗教皈信或改宗（conversion）是宗教理论和宗教实践的重要内容。没有皈信者，宗教组织将沦为无源之水，而没有实践者的宗教则流于一堆抽象的概念。那么，人为什么会皈信宗教？一个潜在的皈信者是怎样从"局外人"转变为信徒的？宗教皈信的劝诱者与潜在的皈信者之间是如何互动的？相关的"他者"或"外在条件"在皈信过程中是如何发挥作用的？皈信宗教给皈信者带来了什么样的变化，以及什么样的后果？如何理解宗教皈信——天意？神力？缘分？说到底，宗教皈信的本质究竟是什么？正是以探讨和回答这些问题为目的，美国学者刘易斯·兰博（Lewis R. Rambo）撰写专著《宗教皈信》，由耶鲁大学出版社于1993年出版。[1]

刘易斯·兰博早年就读于耶鲁大学和芝加哥大学，主修心理学和宗教研究，1975年获芝加哥大学博士学位，此后执教于伊利诺伊州和加州的数所高校和研究院，并长期担任《教牧心理学》（*Pastoral Psychology*）杂志的编辑。兰博著述甚丰，主攻宗教皈信研究，是国际学术界公认的该领域顶级专家。《宗教百科全书》是一部具有高度权威性的宗教研究工具书，兰博为该书第一版（1987年）撰写了词

---

[1] Lewis R. Rambo, *Understanding Religious Conversion*, New Haven: Yale University Press, 1993.

条"皈信"。① 在该书第二版（2005年）中，兰博与法哈迪恩（Charles E. Farhadian）合作撰写"皈信"词条。② 由兰博和法哈迪恩编著的《牛津宗教皈信研究手册》于2014年出版。③ 在《宗教皈信》中，兰博总结了一个多世纪以来宗教皈信研究的大量成果，聚焦基督宗教，兼论其他宗教，提出了一系列观点、方法、理论。该书自1993年出版以来一再重印，是这一研究领域的重要经典。

关于宗教皈信，基督教历史上有数不清的故事，其中最著名的要数《圣经·使徒行传》中关于"扫罗转变归主"的故事。故事说：犹太人扫罗是与耶稣同时代的人，作为一个正统犹太教的虔诚教徒，他竭力反对基督教并积极参与迫害基督徒。在耶稣受难升天后不久的这一天，扫罗去大马士革执行迫害基督徒的任务，正在赶路，天空突然闪下一道强光直射扫罗，扫罗仆倒在地，双目失明，同时听到上帝对他的责斥，要他改邪归正。同行的人牵着失明的扫罗的手，带他走进大马士革城，经过三天的磨难和祷告，上帝使扫罗复明，扫罗立即受洗皈信基督教，开始了数十年的传教生涯。扫罗后来改用拉丁语的名字保罗，成为《圣经》记载的基督宗教最重要的传教人。④

两千年来，不知有多少布道者和基督徒复述着扫罗转变为保罗的故事，重温这个具有传奇色彩的皈信过程。在这个故事中，上帝的亲自干预是促成保罗转变的关键因素。然而，这是一个充满迷思的故事，天下又有多少人能够像保罗那样幸运，得以与上帝亲自对话，由上帝直接干预而促成其转变呢？不过，这并不妨碍人们认为，信徒的转变和皈信体现了上帝的意志，或者说是上帝直接或间接干预的结果。至少，从神学的视角看，这是最基本和核心的观点。数千年来，人们对

---

① Lewis R. Rambo, "Conversion," in Mircea Eliade, ed., *The Encyclopedia of Religion*, New York: Macmillan Publishing Company, 1987, pp. 73-79.
② Lewis R. Rambo and Charles E. Farhadian, "Conversion," in Lindsay Jones, editor-in-chief, *The Encyclopedia of Religion*, 2nd ed., Volume 3, New York: Thompson & Gale, 2005, pp. 1969-74.
③ Lewis R. Rambo and Charles E. Farhadian, editors and contributors, *Oxford Handbook of Religious Conversion*, New York: Oxford University Press, 2014.
④ 这个故事在《圣经》中被多次提及，前后内容略有出入。参见《圣经·使徒行传》7：58-60；9：1-19；13：9；22：1-16；26：12-18。

宗教皈信以及其他宗教现象的认识和解释主要通过神学途径。到了十九世纪，诸多现代学科的兴起和发展，尤其是现代哲学、心理学、人类学、社会学等，提供了更多更广的视角和分析框架，为深入全面地认识和理解宗教问题开辟了新途径，使得二十世纪宗教研究的方方面面远远超越了传统神学的范畴。正是在这样的大背景下，刘易斯·兰博开展了关于宗教皈信的研究。

兰博关于宗教皈信的理论尤其强调两点：过程和情境。兰博认为，皈信现象不是一种在瞬间完成的事件，而是一种在特定过程中得以逐步发生和演化的现象。在《宗教皈信》的"引论"中，兰博说：

> 我选择"过程"（process）而不是"事件"（event）一词（用以描绘宗教皈信的现象），就是要刻意区别这两者，其原因在于我个人对于宗教皈信现象的理解——与大众传说的情况恰恰相反，皈信现象的发生绝少是突发于一夜之间、一瞬之间，且一旦发生则永远不变的全方位转变的事件。①

这样的说法，在很大程度上颠覆了人们对宗教皈信这个带有神秘色彩的现象所形成的传统认识。② 然而，这正是兰博长期研究宗教皈信得出的结论，也是这部专著的基本出发点。出于这样的指导思想，兰博对于皈信问题的认识和分析绝不囿于一时一事，而是将皈信看作一种社会文化现象，将皈信者作为特定文化的造物和载体进行全方位的研究。为此，作者采用了一种探索性的研究方法，称之为"全貌性模型"或"全位性模型"（holistic model），从文化、社会、个人和宗教等多方面进行分析。③ 在这样的分析框架下，皈信过程中所发生的变化既反映了

---

① 《宗教皈信》原著第 1 页。
② 当然，这种堪称颠覆性的观点并非完全绝对。在行文中，兰博就此观点补充说道："当然，我并不排除皈信突然发生的可能性；如果宣称任何一种可能的经历被置于考虑范围之外，那么这样刻意排他性的视角从一开始就是注定要失败的。"（原著第 1 页，本书第 1 页）作者此说显然意指《圣经》中扫罗皈信的故事，究其原因，可能部分出于学者的审慎，部分出于基督徒的虔敬。
③ 《宗教皈信》原著第 7 页。

皈信者个人的心理活动，也是皈信者与其他人（尤其是入教劝诱者和教会其他成员）直接或间接相互动的结果，还受到皈信者具体社会处境和家庭内外社会关系的影响，与此同时与皈信者相关的文化传统和社会变迁情况也都发挥着作用。兰博认为，"所有的皈信（甚至扫罗在去大马士革的路上所经历的皈信）都是以特定的人物、机构、社区和团体为媒介而发生的"。① 这种对于皈信过程中皈信者主体和客体同时的关注，对于个人经历和社会关系的重视，以及将伴随环境、社会影响和文化传统等因素纳入通盘考虑的研究途径，正体现了作者所强调的"情境"。在《宗教皈信》中，作者用整整一章的篇幅专门讨论皈信过程的情境，这也是全书最长的一章。

如果要进行分类的话，《宗教皈信》是一部宗教心理学著作。在准备写作的过程中，兰博确实是从心理学（尤其是宗教心理学）的文献研究开始的，不过作者很快就感到"无论是对个人还是对群体皈信情况的审察，仅仅从心理学切入是不足以解释宗教信仰变化之本质的"。② 于是，他转向社会学的文献以拓展对宗教皈信研究的视野，随着这方面研究的深入，皈信过程中的文化问题越发凸显出来，作者又转向人类学（尤其是文化人类学）的研究，发现了许多有关皈信问题的新见解。与此同时，兰博还涉猎了大量历史学和传教学（missiology）的文献，后者是一个充满着跨文化情境的学科，注重在不同文化遭遇或碰撞的复杂情境中劝诱工作和皈信过程的特点。当然，兰博还广泛浏览了神学和宗教研究这两大学科中关于皈信问题的文献，所以《宗教皈信》绝不是一般意义上的宗教心理学著作，而是一项关涉诸多学科的综合性研究成果。

《宗教皈信》的另一个特点是，文献研究与实证研究的一手资料相结合。从人文社科研究的一般原则来看，通过上述对相关文献的全方位梳理和把握，可以说研究者已经掌握丰富的资料，能够着手进行著述了。然而，兰博一边沉浸于不同学科的文献研究，一边开展关于宗教皈信现象的实证调查，获取有关皈信的一手资料。兰博搜集资料的

---

① 《宗教皈信》原著第 1 页。
② 《宗教皈信》原著第 xi 页。

主要途径是访谈和参与性观察,其调查对象包括他曾参与其中的教会的成员,新兴宗教运动中的成员,他曾执教的高校的学生,某些成为基督徒的犹太人和某些转信了犹太教的基督徒,以及皈信基督教的"无宗教信仰的"世俗主义者,等等。兰博的实证调查涉及不同地域和国家,既有欧美国家,也有亚洲国家,其中亚洲国家包括以色列、日本、韩国等,对那里的宗教皈信者进行访谈,并对那些国家的皈信者关于宗教皈信的经验和理念进行比较和分析。① 由此搜集到的大量宗教皈信的案例和资料,从不同方面支撑了其著作中的论点,使其理论建构和论证过程格外丰满、有力。

尤其值得一提的是,兰博曾于 1971 年在耶鲁大学获得神学硕士学位(Master of Divinity),经按立授予牧师圣职,他先后在多处教会担任全职或兼职牧师并主持过教会工作,对教牧人员与潜在皈信者之间的互动过程有亲历的经验,对宣教者进行入教劝诱的手法、策略和心理都有深刻的了解。兰博于 1975 年获取博士学位以后,便开始了教牧心理学教学和研究的学术生涯,而且长期担任《教牧心理学》杂志的编辑,并从事教牧心理和其他与宗教相关的咨询工作。正因为兰博先生具有如此多重的相关身份、丰富的理论和实践经验,加之严谨的治学态度和全身心的投入,② 他能够把握宗教皈信这个十分复杂的现象,并进行深入浅出的分析和解说。

二

那么,作为该研究领域的顶级专家,兰博是怎样理解宗教皈信的呢,是将其视作一种现象还是一种理念?

对我来说,什么是真正的皈信呢?对该问题的回答当然不可避免地要受到我本人曾经信仰的教派之影响,不过我把"真正的"

---

① 参见《宗教皈信》原著第 xix 页。
② 兰博在本书《序言》中坦言:"宗教皈信的研究课题在很大程度上(也许可以说,在首要意义上)占据了我的个人生活和学术生涯。"《宗教皈信》原著第 xii 页。

皈信视作在上帝的威力作用之下整个人格的彻底转变。……从我个人所受教育的视角切入，人类生存的诸多方面都是任性而堕落的，深受"世俗世界"的影响，大体是要将我们引向邪恶的方向。我相信，我的皈信是需要得到上帝之干预的，以便将深陷囹圄之中的我解救出来。①

正如引文所言，兰博的回答不可避免地要受到他本人曾参与的教派之影响。兰博出生成长在美国南部一个小镇上的相当保守的基督教社区，当地教会竭力强调人性的堕落、邪恶和必将面临的惩罚，信徒要为自己的堕落和罪孽深深忏悔，甚至在他们的教会里，真正永恒的事情似乎只有地狱的诅咒所带来的威胁，而不是救赎的问题。② 成年以后的兰博对于基督教教义和救赎的问题逐渐形成更为开明的认识，然而幼学如漆，上述这段关于人性、皈信和救赎的描述，在很大程度上折射出他早年宗教生活的印记。这段话是一位虔诚的基督徒从早年所受神学教育的角度抒发的感言，③ 不应成为学者兰博从多角度对皈信问题进行学术探讨的障碍，不过对中国读者来说，知道作者的信仰背景和基本立场有重要意义。

在本书中，兰博关于宗教皈信的讨论并未囿于神学的解释，而是强调指出，宗教皈信是通过社会、文化、个人和宗教等多方面的因素，在互动过程中产生的合力而发生的。④ 具体说来，兰博试图阐明以下三点：

> 首先，皈信是一个历时的过程，而不是一个单一的事件；其次，皈信发生于特定的情境，会影响到（同时受影响于）诸多的关系、期望，以及与情势一同构成的复杂组合；最后，皈信过程中的因素是多种多样的，并处于互动、累积的状态。⑤

---

① 《宗教皈信》原著第 xii 页。
② 《宗教皈信》原著第 xii-xiii 页。
③ 这类基督徒视角的叙述在书中多次出现。如，原著第 2 页，作者关于"皈信"一词多层意思的讨论。
④ 《宗教皈信》原著第 xii 页。
⑤ 《宗教皈信》原著第 5 页。

显然，作者是要从全位视角出发，对皈信这个十分复杂的现象进行综合性审察。这无疑是一个极富挑战性的研究路径。为此，兰博设计了一个多因子、多层面的研究框架，使全书的分析得以系统、有序、深入地展开。

首先，作者论证了宗教皈信并不是完成于某一瞬间的事件，而是一个历时的过程，在此基础上，皈信过程被划分为六个阶段：危机（Crisis），追寻（Quest），遭遇（Encounter），互动（Interaction），委身（Commitment），后果（Consequences）。这样的阶段划分当然是一种韦伯式"理想类型"的划分，目的在于对皈信过程进行有序的分析。在现实社会世界中，这样的阶段序列大体可以体现皈信发生的过程，当然，这个过程有时也会出现起伏或螺旋发展的情况，在不同的阶段之间徘徊，而且在许多现实案例中这六个阶段未必全都出现。

在这六个阶段的基础上，作者加上"情境"（Context）这一要素，由此构成一个有七个阶段的序列，逐个进行分析，每一个阶段围绕特定的主题，分析其特点、模式和过程。在具体的论证过程中，作者既采用前文提及的跨学科、多学科的不同视角，也采用不同学科的大量研究成果和文献，从而能够在广阔的视野中探讨每一主题，为在整体上深化对皈信的认识做出局部的铺垫。

所谓"阶段"可以视为皈信过程中的特定"时段"，也可以看作整个分析体系中的不同"要素"。[①] 而作为"七个阶段"之一的"情境"则很难说是一个时段，只能作为一个始终存在的分析要素。书中将"情境"列为七个阶段之一，主要是为了叙事的方便。在具体分析过程中，首先分析的是"情境"，因为情境是宗教皈信的背景，所有皈信都是在特定情境中展开的。然而，这里的情境既是皈信肇始的背景，也包括皈信发生整个过程中的伴随情况，所以书中关于情境的讨论并不局限于分析情境的那一章，而是贯穿各阶段分析的全过程。其实，在全位视角的研究中，划分阶段、要素、章节之类的目的主要是提供一个有序的分析框架，服务于整体的分析，而不在于区隔不同的、独

[①] 《宗教皈信》原著第 17 页。

立的要素或单元。事实上，本书所有阶段（或要素）的分析，虽说各自围绕特定的主题展开，但实际上都是在不同程度上结合其他要素进行的综合性系统分析。

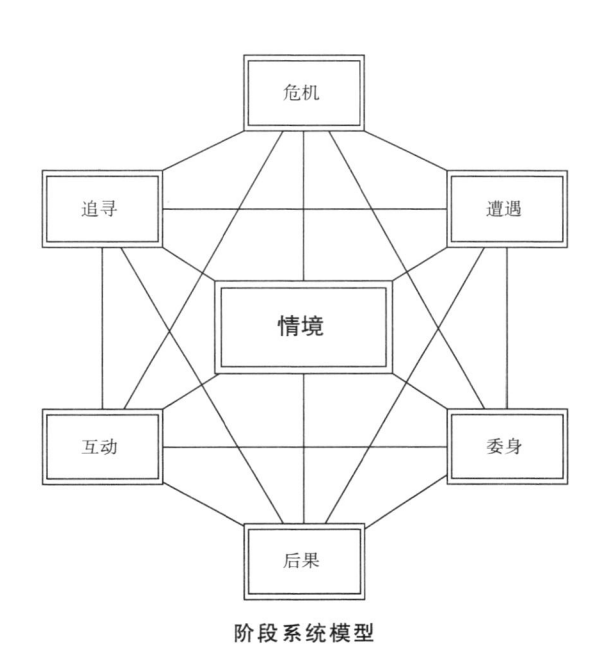

阶段系统模型

上图是书中"第二章 情境"的系统分析示意图。① 在正中间大方框中的"情境"是该章分析的主题，而周围六个小方框中的则是其他六个相关要素。从各方框之间的关联线条可以看出，处于核心位置的"情境"与所有其他要素都直接发生关系，同时其他各要素之间也都在直接或间接地发生关系。而且，各要素之间也多呈现为互相影响的动态关系，所谓"dynamic interactions"。书中对其他六个要素的分析与此类似，在各分析示意图中，作为主题的要素置于示意图正中的大方框，其余六个要素置于周边的小方框。这样的分析框架为我们展示出每一阶段错综复杂的互动场景，在各章节的具体分析中，参与互动的不仅仅是这些要素，而且有更为丰富的各种分析因子（涉及文化、社会、

---

① 《宗教皈信》原著第 21 页。

个人、宗教、历史等方面），正是这些具体的因子代表了皈信过程中种种正面或负面的力量，共同构成一个动态的力场（dynamic force field），在此力场中通过各种力量的互动形成一股合力，成为作用于皈信过程的主导力量，促成特定皈信过程的走向。

作者强调，他所提出的研究模型"不但是多层面和历史性的，而且是过程取向的（process oriented）"。① 在这个注重过程的研究中，作者通过对皈信过程各阶段逐一进行细致分析，渐进深化对皈信的过程和本质的认识，就好像在分片完成一个盲人摸象式的任务。可以说，这是以"一点聚焦、多点透视"的方式呈现出的一幅关于皈信过程全景图。作者聚焦"皈信"这个大主题，带领读者遍览了皈信过程的各个片段及其内涵的诸多可能性，但作者并不试图做出一个终结性的结论或提出一个所谓"权威理论"用以解释宗教皈信现象的因果关系，相反，兰博明确指出："皈信的过程不存在唯一的原因，不存在唯一的过程，不存在唯一的单纯后果。"② 这应是我们阅读和理解本书的基本出发点。

作者强调的"过程取向"主要是就全书的架构而言，在对皈信过程各阶段的具体讨论中，每一个阶段被进一步细分为若干主题或方面进行探讨。例如，第九章"委身"是关于通过特定仪式对皈信者的皈信决定做出见证的情况，这一章被分为决定、仪式、降服、见证（包括"语言转换"和"生平再造"）和动机重构等方面。在每一方面的探讨过程中，无论是描述、举例还是分析，作者都注重皈信者与周围人物、事件等发生互动的情况，其中包括劝诱者（牧师、宣教者等），教会的其他成员，皈信者的家人、朋友和其他社会关系，以及皈信者自己（内心活动）。从研究方法来看，作者采用的主要是符号互动（symbolic interaction）式的手法，这无疑是十分对路的。当初，乔治·米德（George H. Mead）正是在其开创性的"自我形成"学说中构建了符号互动理论，而宗教皈信正是一个"重塑自我"的过程。

---

① 《宗教皈信》原著第 17 页。
② 《宗教皈信》原著第 5 页。

三

当今中国，宗教问题越发成为社会关注的重要问题，人们的宗教或信仰生活复杂多元，皈信宗教或改宗的现象已经是相当普遍的话题。然而，宗教皈信的研究至今仍是中国宗教研究的短板。在社会生活中，人们为什么要皈信宗教或改宗？人们为什么会皈信某一特定宗教或教派？皈信过程中究竟发生了什么？宗教皈信的机制和本质是什么？其后果，即对具体个人的实际影响及社会意义，是什么？诸如此类的问题，往往会在不同的研究中有所涉及，然而真正聚焦宗教皈信或以宗教皈信为切入点的研究则十分少见。在这样的背景下，《宗教皈信》中文版的出版，无疑是极具价值的他山之石。

首先，该书为我们提供了国外学界关于宗教皈信研究的概况。该书参考了近四百种文献，读者可以直接或间接了解国外（主要是西方）学者在这方面的探索、发展和研究的情况，从中得到启发和借鉴。其次，该书为我们提供了一个研究方法的范本，这一点可以从两个维度来认识。其一，对于复杂现象的全位视角的分析。采用这样的视角，研究者的基本出发点是要更全面地认识和理解研究对象，通过将皈信过程划分为不同的阶段和层面进行分析，尤其注重情境在复杂现象中的作用，达到把握问题全貌、探讨问题本质的目的。在很大程度上，作者此举在于反对那种一味主张化约主义（reductionism）的研究理论和追求简单因果关系的研究方法。其二，跨学科、多学科的研究路径。可以说这个问题源于一个悖论：一方面，人类社会的方方面面本是互相关联、互相渗透、互相影响的，所以在很大程度上，社会存在是一个"有机的"整体，社会事件的发生往往是牵一发动全身的。另一方面，为了更好地认识和研究错综复杂的社会现实，人们分设了不同的学科，以便从不同的侧面和特定的视角对社会进行定向且深入的研究。然而，随着学术的发展，分科越来越细化，隔行如隔山成为普遍的现象，研究人员越发变得深陷于某专业学科（或者某学科中的某一个分支，甚至某一个问题）而"心无旁骛"的专家。其结果是，虽然需要研究的复杂社会事件涉及社会生活的方方面面，但专家的研究往往仅侧重其中的某一方面或某一个点，所得出的结论则难免是片面的或局部的。为了更全面地认识复杂问题、更好地把握复杂问题的本质，跨学科和多学科的研究十分必要。此点说来容易做来难，对于任何一位"术业有专攻"的研究者来说都是一种挑战。兰博的《宗教皈信》无疑是接受这一挑战并取得成功的范例。

兰博在书中列举了许多案例，其中有些是其亲历的研究，例如，作者在伊利诺伊州三一学院教书时，发现某些新近皈信基督教的年轻人从新入教者的情绪高涨状态很快又陷入低潮，甚至开始了新一轮人生危机。兰博就此进行了系统的调查研究，提出"后皈信抑郁症"（post-conversion depression）的理论，对这种"历经洗礼在组织上入了教，而身心并不能跟进"的情况进行了心理学和社会学的分析，揭示出皈信者和皈信过程的复杂性，并指出皈信过程的后续工作之重要性。[①] 这一理论对于宗教从业者和宗教研究者来说，都十分有意义。同时，兰博在研究中不走"寻常路"，他善于观察问题、发现问题的能力对本书读者来说无疑是具有启发意义的。

在具体问题或特定主题的讨论分析中，作者通过引用大量研究文献，向读者介绍了各路学者提出的诸多理论和观点。书中提供了详尽的注释和参考文献目录，有兴趣的读者可以通过交叉参考做进一步的检索，弄清相关研究和理论的来龙去脉，深化认识和理解。不过，在大多数情况下，即使不追根寻源，书中所涉理论或观点也可为我们提供有价值的参考。例如，书中多处论及皈信者的社会文化背景，尤其是潜在皈信者在特定社会中的社会地位与皈信意愿之间的关系。一般说来，在一个相对独立的社会环境中，社会地位低下的个人或群体，即那些处于社会底层或被边缘化的个人或群体，在面对外来宗教时，更容易产生皈信意愿，往往成为最先皈信外来宗教的那一批人。[②] 这是

[①] 参见《宗教皈信》原著第 136 页。
[②] 参见《宗教皈信》原著第 79~80 页。有关伊朗人如何分批分阶段伊斯兰教化的案例，参见原著第 95~97 页；关于印度的阿姆贝德卡组织数十万印度"贱民"皈依佛教的事件，参见原著第 149~150 页。译者按：原著两次提及"印度贱民皈依佛教"，两次数字不一致。

一个看似并不复杂的理论，其主要机制涉及三个方面。首先，是传教者，需要实现自身的使命，在当地社群中寻找薄弱环节争取突破；其次，是当地社会中处于边缘化的本土人，需要借助外力在现实环境中现实个人利益，往往成为最早的皈信者或潜在皈信者；最后，是当地社群中对本土文化和现实有较强认同的人，不易为外来文化所动。这三方面的人因各自的社会存在而对外来基督教持不同的立场和态度，进而导致了一场涉及诸多社会文化力量之间的博弈。这样的理论视角和分析路径为我们解读文献或探讨现实问题提供了一个有意义的框架。

关于社会边缘化与皈信外来宗教的理论，可以举一反三。兰博书中所列案例多发生在相对静态的环境中，结合中国现今的情况，我们也可以借此理论分析某些动态情境中的案例。例如，改革开放以来，大量农民工进城谋生，背井离乡，在陌生的城市中是否更容易皈信宗教呢？失去了原本在乡土环境中的主流身份，客观上处于一种边缘化的境地，他们是否更容易皈信宗教（包括外来宗教）呢？[①] 再如，大量中国青年出国留学，在异国他乡的环境处于身份边缘化的状态，加上文化冲击和各种压力，这些年轻人（与仍然在国内的年轻人相比）是否更容易皈信宗教呢？当然，在这种情况下，"边缘化与皈信"理论不可能解释皈信现象的全部，但至少提供了一个值得考虑的视角。

在《宗教皈信》中，关于皈信过程中扮演劝诱者角色的宣教者或传教士，作者引用文献中的案例讨论他们的某些世俗特点及其影响。十九世纪某些英属殖民地，英国传教士多出身贫寒家庭，缺乏良好的教育背景，而主持殖民当局的外交官则多出身富有阶层、接受过良好教育，这种折射出英国社会阶级矛盾的情况直接影响到传教士们的政治态度，致使当地差会与殖民当局之间形成紧张关系，进而影响到本土民众的宗教皈信过程。[②] 这样微妙的情况大大颠覆了人们对西方传教差会与殖民当局关系的一般认识，即人们往往认为这两方通常是彼此

---

① 参见陈纳《移民的困境与宗教的补偿作用：关于"百合团契"的初步研究》，《世界宗教文化》2016年第5期。
② 《宗教皈信》原著第69页。

合作互相支持的，而实际情况要复杂得多。① 尽管这样的情况并非差会与殖民当局关系的主流，但这样的案例还是提供了一个认识殖民地政教关系的不同视角，启发我们关注基督宗教的传播与殖民主义扩张之间关系的多种可能和复杂性。

兰博的书中也有一些关涉中国的内容。他将中国和日本并列为"拒绝、抵制和拒不接受"基督教的国家。尽管成千上万的西方传教士到中国和日本传教达数百年，投入大量人力、物力、财力，但收效甚微。"在日本，基督徒占总人口的1%。中国的基督徒则是远不足人口1%的零星数字。"② 究其原因，兰博认为，中国和日本的文化丰富、复杂并富有韧性，且具备良好的内在协调性和适应性，数千年来一直在抗拒或同化外来的威胁。③ 然而，到了2018年，中国基督徒的人数增至4400多万，约占总人口的3.2%，④ 而日本基督徒人数为190万，约占总人口的1.5%。⑤ 在最近三十多年时间里，两国基督教的发展速度有显著的差异。考虑到自1950年代开始中国不再有外国传教士传教，而日本则始终有大量外国传教士在传教，围绕两国基督教发展的情况进行比较研究将是有意义的。

需要强调指出的是，他山之石从来就是一柄双刃剑，对于外来研究成果（尤其是社会科学的研究成果）的借鉴必须谨慎。《宗教皈信》是一项强调"情境"因素的研究，我们借鉴这块他山之石同样要注重

---

① 对于这种具有颠覆性意义的案例，读者需要保持批判性思维，把握其中尺度。总体而言，西方传教士与西方殖民主义当局的合作是殖民地政教关系的主流，大量前殖民地国家的历史说明了这一点。参见萨义德《东方主义》中关于宗教的讨论；另见迈克尔·沃尔泽（Michael Walzer）《解放的悖论：世俗革命与宗教反革命》，赵宇哲译，商务印书馆，2017，尤其第一章关于"宗教与政治适应"的讨论。
② 《宗教皈信》原著第35~36页。该数据应为中日两国1980年前后的情况。由于历史原因，中国基督教的发展自1949年到1980年前后一直处于停滞状态，教徒人口的数量始终处于总人口的1%以下。
③ 《宗教皈信》原著第36页。
④ 中国基督徒数据，见2018年4月3日国务院新闻办公室《中国保障宗教信仰自由的政策和实践》白皮书，http://www.scio.gov.cn/zfbps/32832/Document/1626514/1626514.htm，2018年7月1日下载。
⑤ 日本基督徒数据，见 Christianity in Japan, in Japan Data/Society, May 24, 2018, https://www.nippon.com/en/features/h00200/，2019年9月30日下载。

产生这块他山石的情境。首先,作者的个人背景和经历深深浸淫于基督教文化传统,虽然作者在该书中的基本立场和态度已经相当开明,但"学者对于偏见并不具有免疫力",①仍无法完全摆脱基督教中心主义的影响。书中研究的重点主要是与基督教相关的皈信问题,兼涉犹太教和伊斯兰教,都属于亚伯拉罕传统的一神教。确实,书中也论及一些其他宗教,然而这方面的内容相对较少,而且讨论的视角和立场基本是以基督教或西方传统为中心的。这与当今中国的宗教研究学者普遍面临的情况相去甚远。首先,以孔儒文化为核心的中国大传统迥异于基督教或亚伯拉罕宗教传统,在中国传统中发生宗教皈信的具体情况和过程与亚伯拉罕传统也不一样。兰博引用的诺克(A. D. Nock)关于皈信问题的论述有助于说明这个问题。诺克认为,犹太教和基督教的皈信所带来的变化是强烈的、全面的、具有决定性意义的,而异教(包括中国宗教传统在内的多神信仰)在皈信过程中产生的变化则仅仅是一种在个人原有生活上的"附着"或"添加"。②作者并未就这段话进一步展开,不过这段话勾勒出两个传统在皈信特点方面的巨大反差,值得参考。其次,一百多年来,中国社会在走向现代的进程中体现出一系列"中国特色",社会和民众围绕宗教、文化、传统、法律、政治等形成了一系列特定概念,由这些概念支撑的中国社会现实与该书中设为分析背景的那些概念和情境是无法简单等同的。所以,尽管《宗教皈信》中提出的理论、观点、方法具有很好的参考价值,我们必须以十分谨慎的态度予以借鉴,切不可简单移用或强行套用于中国的现实。正如兰博指出的,相关概念和分析框架的构建主要是出于研究的需要,"但我们必须质疑,人们在现实世界经历皈信的实际过程中,这些条理化的概念究竟有多大用处。从事这方面的学术研究,执着于概念化的刻板态度只会有碍于研究的质量"。③

---

① 《宗教皈信》原著第142页。
② 参见《宗教皈信》原著第5页。将诺克的理论拓展一步有助于我们认识这两大传统在成员身份(membership)方面的差异。亚伯拉罕宗教传统的高度排他性在组织上尤其强调成员身份,而那种对于不同宗教选项采取相对包容态度的宗教传统则相对淡化了成员身份的问题。
③ 《宗教皈信》原著第6页。

具体地说，借鉴《宗教皈信》这块他山之石可以从两个方面着手。其一，在吃透作者提出的相关理论和观点的同时必须弄清楚与之相关的背景和相关事项，即所谓"情境"，通过比较该书所涉情境和我们所研究问题的情境，再确定是否借用或如何借用该书的理论、观点及方法。其二，未必直接移用该书的具体理论和观点，而是举一反三地借鉴其特定的视角或思路。例如，上面提及的关于传教士与殖民当局的关系的案例，就为我们提供了一个思路，将行政当局的情况作为探讨宗教皈信问题的一个情境要素。就中国社会的现实情况来说，上级部门的政策法规、行政人员的个人背景和专业素养、管理机构的制度和工作作风等，在当地民众的宗教皈信过程中可能直接或间接发挥什么样的作用？毕竟，最终促成一个人（或一个群体）皈信或不皈信某一特定宗教的是诸多社会文化力量的合力，而不仅仅是某一潜在皈信者与某一皈信劝诱者个人之间的事情。这也正是本文强调"情境"的意义所在。

四

能有机会翻译《宗教皈信》这部经典著作，我深感荣幸，谨此感谢刘易斯·兰博先生！我与兰博先生于十多年前在上海相识，自那以后，我们几乎每年见面。兰博和夫人朱迪·何莎居住在美国加州的旧金山湾区，他们在上海也有一个家，每年往返于太平洋两岸。兰博先生十分喜爱中国，视中国为第二故乡。三年前的一次聚会，兰博先生说到他的英文著作 *Understanding Religious Conversion* 已经翻译出版了西班牙文版和日文版，但还没有他的第二故乡语言的版本（中文版），甚以为憾。于是，我当仁不让地承担了该书中文版的翻译任务，由此开启了一段十分愉快的合作。

对我来说，翻译始终是一项有趣且具挑战性的工作，也是一种学习的机会。就其内容而言，《宗教皈信》是一部综合性很强的著作，在关于皈信过程的阶段或章节的讨论中作者引用了大量的案例和专题研究文献，其内容在时空上和所涉专业上跨度很大。在翻译过程中，我一方面仔细阅读原文,一方面通过交叉参考获取大量的相关信息,使得眼前这块研究宗教皈信的拼图越发清晰起来,在工作过程中总能感受到那种经过努力而汲取新知的享受。翻译整本书,难免遇到问题。以往翻译遇到问题,主要靠查阅工具书和其他文献资料,有时需要专门跑图书馆,有时还需要求教于相关领域的学者。这次情况不同,可以直接与原著作者联系。借助电邮或微信,敲击键盘即可使译者与作者沟通;时而小聚,杯盏之间亦可排难解惑。便利如此,更欲何求!

翻译的任务是将特定的内容从一个文化的符号系统移植到另一个文化的符号系统。原作者能够帮助译者的主要是对原文的理解,即对表述原著的文化符号进行正确的解码,这是翻译的首要问题。翻译的另一重要步骤是将所理解的原著内容用译入语的符号系统表述出来。在这一过程中,本书译者也遇到一些问题,例如,英文原著中的日本人姓名和韩国人姓名如何译为中文?某些特定宗教术语有多种中文表述,究竟哪一种更合适?为解决诸如此类的问题,译者得到多位学者和朋友的帮助,其中包括 Thomas Hastings 教授(美国普林斯顿神学院)、赵梦云教授(日本东大阪大学)、苏真莹研究员(韩国国立首尔大学)、白莉教授(南京师范大学)、彭新神父(武汉天主教中南神哲学院)、孙志奎先生(山东菏泽巨野县基督教两会)等,谨此致谢!

本书的翻译和出版是复旦大学社会发展研究中心"宗教与全球化"研究项目之一,项目得到张祥华和王翠玲夫妇的慷慨资助,译者由衷感谢!同样需要感谢的是中国社会科学院世界宗教研究所金泽研究员和梁恒豪副研究员,作为《宗教心理学》集刊的主编,他们始终对本书的翻译予以专业上的关注和支持,译稿的个别章节亦曾在《宗教心理学》上刊发。复旦大学范丽珠教授与译者长期合作,在本次译事中一如既往地关心和支持,谨此表示特别的谢意。本书承蒙社会科学文献出版社出版,尤其是范迎和孙美子女士,为本书的编辑和出版不辞辛劳,做出了不可或缺的贡献,谨此深表谢忱。

有几点技术性问题需要在此说明。本书引自《圣经》内容的汉译,主要参考中国基督教三自爱国运动委员会和中国基督教协会出版的《圣经》新标准修订版(简化字和合本)。本书的注释和参考书目涉及大量英文文献，中译本对其中部分说明性文字进行了翻译，而与文献相关的信息则仍以英文显示。原书的全书尾注在中译本中改为分章尾注。本书将原著"索引"部分原文移用并加汉译，索引条目所列页码是英文原著的页码，在中译本以边码印出，以便检索。尽管译者竭尽全力，试图将友人的著作译成一部好的中文版，但直至定稿仍有不尽如人意的地方，尤其突出的是 conversion 和 commitment 这两个术语的汉译问题，译者就此进行了专门研究并撰文作为译后记附于本书，供有兴趣的读者参考。

最后，让我们借刘易斯·兰博关于"宗教皈信"的一段感言结束这篇序文：

> 宗教皈信是一种悖论迭出的现象。它难以捉摸，且包罗万象。它既摧毁，又拯救。宗教皈信既是突发的，也是渐进的；既是全然由上帝的行动所创造的，也是全然由人类的作为所成就的。宗教皈信是个人的，又是社群的；是私密的，又是公开的。它既显被动，又呈主动。它是从现实世界退却的行为，是用以解决冲突的手段，同时又赋予人们力量进入现实世界并正视（如果不是创造）冲突。皈信是一个事件，也是一个过程。它既是结束，又是开始；它既是终结性的，又是开放性的。皈信的经历使我们遭受毁灭，同时得到再生。[①]

2019 年孟秋初稿

2021 年仲夏定稿

[①] 《宗教皈信》原著第 176 页。

目　录

引　论 / 001

第一章　模型与方法 / 006

第二章　情境 / 022

第三章　危机 / 048

第四章　追寻 / 061

第五章　宣教者 / 073

第六章　宣教者的策略 / 085

第七章　宣教者与皈信者的遭遇 / 098

第八章　互动 / 116

第九章　委身 / 141

第十章　后果 / 161

结　论 / 186

参考文献 / 199

索　引 / 229

译者后记 / 239

图目录

图 1　阶段序列模型 / 017
图 2　阶段系统模型 / 018
图 3　第一阶段：情境 / 023
图 4　宗教变化的周期 / 034
图 5　第二阶段：危机 / 049
图 6　危机的要素和范围 / 051
图 7　第三阶段：追寻 / 062
图 8　回应模式 / 064
图 9　第四阶段：遭遇 / 074
图 10　对皈信者的要求和限制 / 078
图 11　传教活动的参与程度 / 088
图 12　第五阶段：互动 / 117
图 13　胶囊化过程 / 120
图 14　转变的矩阵模型 / 121
图 15　仪式过程 / 129
图 16　第六阶段：委身 / 142
图 17　第七阶段：后果 / 162
图 18　皈信过程小结 / 189

引 论

人们怎样实现宗教皈信？人们为什么要皈信宗教？在过去二十年里，无论在美国还是在世界其他许多地方，宗教的生命力都出现了令人难以置信的复苏。大约四分之一世纪以前，多数社会科学家，以及为数不少的神学家，预言了社会世俗化的方向，宣称上帝的死亡。那些预言和宣称显然是错误的。

宗教的生命力并没有被摧毁，而只是在重组。[1]宗教的力量正在世界的许多地方显示出来，既显示为个人现象，也显示为公共现象。在中东地区和其他地方伊斯兰教再度崛起，基督宗教随着魅力人物和解放神学家的推进而得以复兴，佛教则在其源发地再逢新春。在美国和西欧，膜拜团体和新兴宗教运动吸引了成千上万的年轻男女，所有这些发展促使学者们再度审视宗教皈信过程的本质。

我选择"过程"（process）而不是"事件"（event）一词（用以描绘宗教皈信的现象），就是要刻意区别这两者，其原因在于我个人对于宗教皈信现象的理解——与大众传说的情况恰恰相反，皈信现象的发生绝少是突发于一夜之间、一瞬之间，且一旦发生则永远不变的全方位转变的事件。当然，我并不排除皈信突然发生的可能性；如果宣称任何一种可能的经历被置于考虑范围之外，那么这样刻意排他性的视角从一开始就是注定要失败的。与此类似的情况是，我认为，大众中流行的关于"宗教的"（即"机构/制度性的"）变化与"灵性的"（即"个人的"）变化的两极分法，与大多数人实际经历的情况是不相符的。我们都是通过社会文化的现实世界而产生内在关联性的，人们所感受到的灵性现实（spiritual realities）一般说来是共有的，而非独特的。所有的皈信（甚至是扫罗在去大马士革的路上所经历的皈信）都是以特定的人物、机构、社区和团体为媒介而发生的。

人类是脆弱的生灵。在遭遇生存现实的情况下，人们所激发起的不仅是恐惧，还有希望、疑虑和梦想。宗教皈信就是人们用以面对自我意识困境的方法之一，借此解决或重新解决有关人类的起源、人生的意义，以及人类的未来等神秘性的问题。②

一个人通过皈信，可能会获取某种关于终极价值的意识，可能会加入一个信仰社群，从而使他或她与某个既有丰富的过去又有秩序井然且鼓舞人心的现实机构之间相关联，由此生发出对未来的憧憬，产生力量，唤起自信。归属于某个团体并认可某种哲学思想，可能带来心灵的滋养、追求的方向、忠诚的对象以及行动的框架。参与神秘性、仪式性和象征性体系的活动，会给生活带来秩序和意义。与具有类似想法的人共享这些系统，有可能在更深的思想和情感层面上与其他人建立联系。

在本书中，"皈信"（conversion）一词有几层意思，下面关于这几层意思的讨论未必以侧重程度为先后顺序，未必出于任何加权衡量的价值体系，也绝不是说所有情况一下子同时发生。所要表述的情况是：从没有信仰认同的情况到笃信某种信仰的简单变化，从一种信仰体系的宗教属系关系转变为另一种宗教属系关系，或者在同一种信仰体系内，从某一个派系取向转变到另一个取向。所要表述的情况是：个人对生活态度的取向之变化，从随意的迷信到神圣的信仰，从依赖于死记硬背的教义和仪式到对上帝存在更为深切的信念，从相信一个令人生畏、惩罚性的和审判性的神到相信一个慈爱、支持、追求至善的神。这将意味着人生在灵性层面的转化，从在一切与"现实"世界相关的事物中只见到邪恶和虚幻，转化到将人世间的一切造物视为上帝的力量和仁慈的体现；从对于此世的自我之否定，转为期望获得后世的神圣之自我；从追求个人的满足，到坚信上帝的规约是人类得以自我实现的根本；由专注于个人福祉至上的生活态度，到关怀一切人所共享的、平等的公义。这将意味着一个跨越式的提升，把毫无生气的灵性生活提升到一个具有强烈的关怀、投入感和参与感的新水平。

【3】　仅此一个单词承载着如此广泛多样的可能性和意义！当然，"皈信"一词的核心意义是"转变"（change）。对于一位研究宗教皈信的学者来说，首要问题就是爱丽丝（Alice）与汉普蒂·邓普蒂（Humpty Dumpty）在《爱丽丝镜中奇遇记》（*Through the Looking Glass*）中探讨的那个问题——一个词是否一定要有一个给定的、具体的、可靠的定义，抑或是否可以表达说话者所想表示的任何意义。历史和经验所给出的教训是，爱丽丝的正直与义愤并不会使得她更加"正确"，而汉普蒂·邓普蒂对意义的多样性所持的开放性态度则至少是具有现实性的，尽管后者仅为臆断之举。

在犹太教—基督教《圣经》中，那些与"皈信"（conversion）对应的希伯来语和希腊语的词，其字面意义都是"转"或"回"（to turn or return），而"转"或"回"的具体意义则是根据前后文来决定的。同样，在本书中"皈信"的意义是"转自"或"转向"新的宗教群体、生活方式、信仰系统、神人关系的模式，或者对现实的本质之认识。我们的焦点（但并非以此作为排除其他一切的前提）在于，人们是怎样并且为什么改变自身在宗教群体中的成员身份的，包括（但并不局限于）发生在某些福音派教会或保守的基督教群体的"再生"（born-again）经验，以及发生在其他一些群体中的"强化"（intensification）经验。发生变化的多样性情况，正如人们可以预期的那样，在很大程度上是由特定群体的期望以及/或者宗教传统的期望所造成的。

这就是所谓皈信。"皈信"这个词，在许多不同情境下由许多不同的人以不同的方式使用着，引导具体当事人相信，所谓皈信的意义就是特定的个人或群体希望它（即皈信的过程）所具有的那份意义，不多也不少。正是该词所具有的这种"自由放任"的特点（延伸一步说，这也是皈信经验自身的特点，因为词只是具体经验的表示），使得数百年来关注皈信现象的学者们莫衷一是。"皈信"内在意义的含混性，使得任何一个意欲就该专题进行综合性研究的人都面临极大的风险——如果他试图采用某种诸多意义互相关联的模型，要在众多的分析因子中确定不同的模式、揭示不同关系的话，因为在这些分析因子中，包含种种零散分布的材料、不同的研究片段、往昔逸事的经验、散杂的理论分析,以及研究者所能接触到的那些或为归纳或为演绎的评述,可谓形若碎屑。

我相信,在一个越来越多元化的宗教环境中,进行这样一个宽面向的综合性研究是有必要的,而且是合乎时宜的。关于"皈信"更为专门化的、规范化的定义,是特定的灵性社群中予以保留的概念。随着所涉群体(甚至个人)数量之增长,以及试图确定"皈信"意义之紧迫感的加强,这些狭义的定义将会趋向于多样化并变得具有特定的含义。这一类给术语下定义的企图是难以把握的,而且定义最终会趋向过于专门化,对于我们所进行的研究来说不具有普遍意义。

本书的目标在于,应用多学科(主要是心理学、社会学、人类学、神学)的学术视角,探讨复杂的、多面的、最终将导致当事者走向皈信的经历,同时探讨一些可能与之相关的环节。从这些不同学科提出的每一种理论和模型,理想地说,应该考虑到特定宗教系统自身的皈信模型,应该能够把握所预见的变化及其相关的比喻和意象,并弄清楚特定的宗教社群为了实现其目标所采用的方法。对于一种特定的关于宗教皈信的理论或模型进行的任何评估,必须仔细审察研究者所设计的研究构想的强处和弱处,研究构想中的主要意象是如何左右着对研究现象的解释,而研究方法则影响着对皈信进行分析的视角。迄今为止,大多数关于宗教皈信研究的视角都过于狭窄,所用理论都过于受限于特定学科的视角,研究构想则过于深入地植根于相关的宗教传统。③

在面对一个新的生命、新的爱情、新的开端的时候,人人都心存一份渴望,期待着其中蕴涵的某种特定意义。宗教皈信则提供了这样一份希望,并为千百万人提供了这样一种现实。皈信发生的确切过程,因人而异,因群体而异,然而人们内心对于获取意义的解释和获取新生的需求是一致的,对于得到改变的可能性之渴望是普遍的。

注释

① 有关现当代宗教情况的描述和评估,参见 Frank Whaling, ed., *The World's Religious*

Traditions: *Current Perspectives in Religious Studies*, New York: Crossroad, 1984; Frank Whaling, ed., *Religion in Today's World: The Religious Situation of the World from 1945 to the Present Day*, Edinburgh: T. and T. Clark, 1987; Richard T. Antoun and Mary Elain Hegland, eds., *Religious Resurgence: Contemporary Cases in Islam, Christianity, and Judaism*, Syracuse, N. Y.: Syracuse University Press, 1987; and Richard L. Rubenstein, ed., *Spirit Matters: The Worldwide Impact of Religion on Contemporary Politics*, New York: Paragon House, 1987。

② 我所用的术语"宗教"(religion)和"宗教的"(religious)是依照彼得·伯格所谓"实质性"(substantive)而不是"功能性"(functional)意义定义的。尽管人们可以很好地辩称,关于宗教的功能性定义是有一定作用的,然而我还是倾向于从人文关怀(无论从个体角度还是集体角度)出发,结合现实存在中的灵性、超越或超自然领域来定义宗教。换言之,我用"宗教"一词指称印度教、佛教、犹太教、基督教、伊斯兰教,等等。关于这个问题一项有益的讨论,参见 Berger's, "Some Second Thoughts on Substantive versus Functional Definitions of Religion," *Journal for the Scientific Study of Religion* 13 (1974): 125-34。

③ Emefie Ikenga-Metuh, "The Shattered Microcosm: A Critical Survey of Explanations of Conversion in Africa," *Neue Zeitschrift für Missionswissenschaft* 41 (1985): 241-54. See also H. Byron Earhart, "Toward a Theory of the Formation of the Japanese New Religions: A Case Study of Gedatsu-Kai," *History of Religions* 20 (1980): 175-97. 这两项研究都强调,在建构理论的过程中多因子的重要性。

第一章
模型与方法

皈信是一种宗教变化的过程,发生在一个动态的力场(dynamic force field)之中,而作用于该力场的因素则来自人、事件、思想、意识、制度、机构、期望、取向,等等。本书将阐明以下三个方面:首先,皈信是一个历时的过程,而不是一个单一的事件;其次,皈信发生于特定的情境,会影响到(同时受影响于)诸多的关系、期望,以及与情势一同构成的复杂组合;最后,皈信过程中的因素是多种多样的,并处于互动、累积的状态。皈信的过程不存在唯一的原因,不存在唯一的过程,不存在唯一的单纯后果。[1]

定义(Definitions)

宗教皈信的定义有许多。[2]例如,在犹太教和基督宗教传统中,皈信意指(感受到)一个强烈的感召,摒弃邪恶,转而拥抱与上帝的信仰关系。某些从事人文社科的学者,将皈信局限于人们在信仰、行为,以及宗教派系归属方面突发的、强烈的改变。还有一些学者,例如诺克(A. D. Nock),他在基督教和犹太教的皈信与古代异教的皈信之间做出鲜明的区分,认为犹太教和基督教的皈信是强烈的、全面的、具有决定性意义的,而异教的变化则仅仅是一种在个人生活的原有状态上的"附着",或者添加。[3]

在讨论各种流行的、互相矛盾的定义的同时,还有一个问题,就是由"谁"来定义真正的皈信。经常出现的情况是,皈信者自己认为其皈信是真诚且深刻的，而促成皈信的人或者传教士（新的宗教选择的推行者）却认为皈信者的皈信并不到位。这样的问题是传教事业中的经典问题。一方面，西方的传教士试图发现"纯真的"皈信；另一方面，皈信者们则在以自身文化的相关观念来吸收、同化（基督宗教的）信仰，并非按照传教人所指令的那样。

【6】　处理定义问题的最好途径是要认识到，所谓（宗教皈信的）特征通常是基于"理想类型"来确定的，而在现实中，很少有人或情境会像这些定义描述的那样纯真或简单。建立纯真的皈信类型或许在概念意义上或学术意义上是有用的，但我们必须质疑，人们在现实世界中经历宗教皈信的实际过程中，这些条理化的概念究竟有多大用处。在这方面的学术研究中，执着于概念化的刻板态度有碍于提高研究质量。④

必须建立一项重要的区分，以便分清皈信定义方面的规范性途径与描述性途径。按照规范性途径，真正的皈信需通过特定传统中的神学确认程式。在传统中，存在某些关于何为有效皈信的具体期望或要求的详细说明。例如，在犹太教的皈信中，一个可望成为信徒的人必须同意遵守犹太教的法规，接受浸水礼并参与到犹太民族的生活和命运之中，（如果是男性）要施以割礼。⑤在许多保守的基督宗教传统中，皈信被定义为对自身罪孽的忏悔（也就意味着该人以往的生活是违背了上帝意志的），服从上帝的意志，确认由衷相信耶稣基督是上帝的儿子和世界的救主，并诚邀基督进入归信者心中。许多教会还会要求举行洗礼仪式。

描述性途径则试图描绘清楚宗教皈信现象的轮廓，而很少关注群体思想意识所叙说和发生的情况。描述性途径注重皈信过程的实质。本书将主要采用描述性途径而不是规范性途径，换言之，本书将探讨宗教皈信的多样性情况，而不是某个具体的神学视角下所规定的情况。在皈信过程中究竟发生了什么？有哪些行为在此过程中得到改变？哪些信念改变了？在此过程中引发了什么样的经验？通过聚焦于描述性途径，我们能够将皈信作为一个动态的、多面的变化过程来处理。对于有些人来说，那个变化是突发的、强烈的；对于另外一些人来说，该变化是逐渐的，对个人生活造成的影响是非常微妙的。

对于研究宗教皈信的学者来说，认识到皈信是一个有着诸多变因的现象很有必要；这个现象受制于诸多因素，涉及社会结构、意识形态、神学思想，以及传教人和潜在皈信者的个人需求。人们围绕着皈信进行种种辩论——皈信是突发的还是逐渐的，全部的还是部分的，主动的还是被动的，内在的还是外在的。如果说这些辩论是有意义的话，那么我们必须接受这样的看法——这些两极化的表述是由研究皈信的学者们和皈信者们自己构建起来的，而皈信则可能发生在这两极之间的任何地方。如前所述，皈信（conversion）是一个过程，并非一个特定的事件。或许，改用converting一词来表述，能够更好地捕捉皈信作为动态过程的现象。考虑到行文的可读性，我还是选用了名词形式的conversion，虽然该词意指一种静态的现象。然而，我们必须牢记，皈信是由宗教群体以及源于皈信者或潜在皈信者的愿望、期盼、追求等因素"积极构建"起来的。

从本书的目的出发，我认为所谓"皈信"是由某个群体或某个个人所"说定"的情况予以定义的。皈信的过程是多种因素互动的结果，这些因素包括皈信者的追求、需要、取向，她或他所要皈信的群体的性质，以及这些过程发生时所伴随的特定的社会因素。

全貌性模型（Holistic Model）

我所提议的关于皈信的全貌性模型，是一种探索性的研究方法，它将使研究皈信现象的学者能够正视一系列疑问和议题。这个模型还不是一个完整的理论，它只是一个理论框架的开端，建立该框架的依据来自广泛的文献研究、对皈信者的大量访谈，以及从事参与性观察的研究。

虽说没有任何模型能够涵盖现实存在的全部，然而我提议关于宗教皈信的研究至少必须包括以下四个组成部分：文化的、社会的、个人的和宗教的。[6]要想使对皈信的理解充分体现出丰富性和复杂性，必须将人类学、社会学、心理学、宗教研究这些学科通通考虑进来。对于政治、经济、生物等学科的考虑也是需要的，不过我还是主张主要聚焦于前面提及的四个组成部分，我认为它们对于理解皈信是最为关键的。

【8】　这四个组成部分（文化、社会、个人、宗教）在每一个特定的宗教皈信过程中所持的分量不一样。在有些案例中，作为社会机制的群体控制如此强大和有效，以至于对其作用力的考虑要超过对于文化、个人和宗教的考虑。在另一些情况下，则可能是宗教方面成为主导力量，远远超过了其他方面。然而，关键在于四个组成部分都应予以认真考虑，必须牢记每一种因素的相关性和影响力度。在以往的研究中，学者们倾向从自己学科的视角出发，给予本学科的因素过分的权重，即使他们对其他因素的影响采取开放的态度。结果，心理学家倾向于聚焦孤独的个人如何成为皈信者；社会学家倾向于将皈信视为由社会制度和社会机制构成的力量所导致的结果；宗教人士则强调上帝的主导性影响，而将其他因素的影响最小化。人类学家一直是最不易将视角局限于一个狭窄的方面的。作为一个对人类进行整体性研究的学科，人类学可以作为我们的模型或范本；我们这些人沉浸在更为狭小的学科视野中，要求对某一观点的专注，或者仅仅强调某一个特定方面。

　　在审察文化、社会、个人和宗教这些组成部分的时候，我们需要考虑以下问题：在考虑某个特定的皈信案例的时候，每一个组成部分应该予以多少的相对权重？这四个组成部分以什么样的方式互动呢？皈信者认为这些不同因素各有什么样的重要性呢？观察者认为这些不同因素各有什么样的重要性呢？（如果这些方面的评估有差异，那么我们必须探讨这些差异性问题。）在人类学、社会学、心理学、宗教研究或神学这些学科中，应该采用什么理论取向呢？对于所考虑的案例进行研究时，采用什么样的研究方法呢？学者的研究目标是什么（例如，与皈信现象相关的宣教问题、排斥问题，或者将皈信过程划分得过于琐碎）？

文化（Culture）

【9】　文化构建了人们生活中的思想、道德和灵性的氛围。一个文化中的迷思、仪式和象征提供了人们生活的指南，而这些方面往往为人们在无意识间采纳，习以为常。一个人对于现实的核心意识植根于语言，语言是传输文化意识和文化价值的中枢性工具。人类学家探究并描述

文化。他们认为，文化是人类创造性的展现，是对个人、群体和社会进行塑形和更新的强大力量。他们研究种种现象，诸如人生庆典、仪式、迷思和象征，而所有这些编织了文化的意义系统。人类学家还审察宗教变化中的文化象征符号及其影响宗教变化的途径，皈信过程中的文化影响，文化以何种方式阻碍或促进了宗教变化，以及在特定文化中新宗教取向的发展阶段性。

社会（Society）

社会学家审察皈信所发生的不同传统中的社会和制度方面的情况。他们考虑皈信发生时的社会条件，与潜在的皈信者相关的重要社会关系和社会制度，以及人们所皈信的宗教组织的特点和皈信过程。社会学家还聚焦于人与人的互动情况及其伴随环境的方方面面、人与人之间的关系，以及他们所参与群体对成员的期望。

个人（Person）

个人的思想、情感和行为之变化是心理学研究的领域。心理学所考虑的是自我、意识和经验的改变，无论是客观方面还是主观方面的改变。心理学关于皈信的经典研究是威廉·詹姆斯的《宗教经验之种种》（*Varieties of Religious Experience*）。[7]追随詹姆斯和其他早期研究者的研究模型，关于皈信的典型的心理学研究会注重皈信经常伴有的某些先行情况，诸如苦恼、不安、绝望、冲突、罪感，以及其他类似的困境。心理学的理论建构者从几个不同理论视角探讨皈信的问题，包括心理分析的、行为主义的、人本主义的、超个人（心理学）的、社会心理学的，以及认知心理学的。

心理分析学者注重内在的情感活动，尤其是亲子关系方面的情况。【10】行为主义学者强调个人的行为，并判别个人行为与其在社会环境中遭受赏罚的情况是否具有一致性。人本主义和超个人心理分析者强调皈信给个人带来更为丰富的自我实现的情况，侧重于皈信带来的助益与后果。最后，社会心理学和认知心理学学者则审察人际关系和思想方面的影响对个人和群体的作用情况。无论心理学对皈信做出什么样的解释，那些完全聚焦于个人的解释所产生的意义是有限的。皈信可以被视为一种个人的（personal）现象，但并非全然是单一个人的（individualistic）现象。

宗教（Religion）

宗教是神圣的——按照许多宗教的说法，是与神圣的存在之遭遇，这既是宗教皈信的源头也是宗教皈信的目的。笃信宗教的人士坚定认为，皈信的目的就是要将众人引入与神圣之间的关系，给他们提供一种新的意义和目的性。神学家们认为，就人类造化的过程来说，这是至关重要的一个方面，而其他因素则处于从属地位。

宗教研究的学者注重于超越，探寻皈信者的宗教性期望、经验和世界观。近来，有学者辩称，皈信是一个渐进的、互动的过程，并对社区/社群造成影响。皈信通常不是一个孤立的事件，而是一个逐步发展的过程，会影响到个人生活的诸多方面。

无论学者们选择以何种方式描述宗教皈信的原因、本质和后果，皈信在本质上仍是神学和灵性方面的问题。其他种种力量可以参与到皈信过程之中，但对于**皈信者**而言，皈信的内涵、意义和目的还是宗教的和/或灵性的。从现象学的意义来说，那些否认皈信的宗教层面的解释，既不能够深切领会皈信者的经历，又试图将这种经历置于（对这种现象而言）不合适甚至与之矛盾冲突的分析框架中去。有些心理学和社会学对皈信的解释是简约主义性质的，当皈信者的经历在分析过程中被简化的时候，这些皈信者即使不被研究者抛弃，也当然会被置于窘迫的境地。尽管如此，如果将皈信的神学层面的内容**暂且搁置一边**，从而发掘社会层面和个人层面的动态情况，那么对于研究者来说还是有价值的。好的学术研究应该始于对现象的丰富描述，且不放过整体的情况。另外，有些宗教学者倾向于将皈信研究灵性化，把一切与灵性不相关的情况归于邪魔鬼怪的领域或其他毫不相关的方面。

就方法论而言，探究宗教在皈信中扮演的角色是困难的。我们怎么能够理解、预测和控制那些对于局外人来说通常是见不到、摸不着的情况，而对于局内人来说神秘且神圣的情况，并且这些情况即使在传统的内部往往也是富有争议的呢？此外，我们作为学者也可能不愿意对宗教因素予以过多认真的考虑，因为这样做可能会使我们自身的世界观遭受挑战，会使我们面临一种具有冲突性的可能——我们并非尽善尽美的造物，我们自身需要依靠一个向我们提出道德责任和服从性要求的神灵。[8]

如果要在现象学意义上真诚地面对皈信的经验和现象，那么必须认真面对其中的宗教性范畴。我们不必全盘接受宗教的或神学的观点，但确实需要寻找方法将宗教因素整合到我们的分析中，否则我们对于皈信的审察仍将是单面向的研究。我们可以首先考虑形成皈信过程的宗教思想，影响到皈信者意识的宗教意象，以及宗教的机构——那里经常是皈信发生的地方，是诸多因素的交集之处。认真对待宗教面向，并非要求研究者具备**宗教信仰**，不过确实意味着要**尊重**这样的事实——皈信是一个宗教性的过程，涉及一系列具体繁复的力量、思想、制度、仪式、迷思和象征。[9]

历史（History）

对于宗教皈信历史面向的思考也是有价值的。历史学家收集和整合了关于皈信的具体细节。关注（皈信的）历史性特质可能会补充和完善研究的理论模型，提供一个与皈信过程相关信息的丰富详尽的数据库，还可能有助于从历时的角度追溯皈信的本质。一般说来，心理学和社会学是从事共时性研究的学科而不是历时性研究的学科，注重于某一特定时间段的情况，并不顾及先前的情况。像历史学这样采用历时性的研究途径，关注的是在时间过程中的变化。历史学的研究结论显示，皈信（即使是某一特定传统之内的改宗）在不同的时间和地点会出现不同的情况。理查德·威廉·布里埃（Richard William Bulliet）[10]、拉姆塞·麦克穆伦（Ramsay MacMullen）[11]，以及其他学者，以令人信服的研究指出，在特定的历史情境中，皈信在不同时段会有不同的动机。例如，那些在一个新的宗教运动的初始时期就皈信其中的人，他们的动机和社会人口特征就可能不同于那些在该宗教运动已经取得成功时期的皈信者。布里埃的研究显示，伊斯兰教最初的皈信者与那些

【12】

跟随了很长一段时间才皈信的人是不一样的。换言之，根据该宗教运动的具体情况——是一个初始的运动，或者是一个已经在社会上赢得尊重和权威的强大的运动——从现象学意义上来说，不同时间的皈信通常是不同的。对于这些现象的评述，并非要用来质疑某些皈信的有效性，而是要用来说明，在历史过程中的不同时期和不同地点，有着不同的皈信过程的轨迹。

有些学者认为，皈信的形式和结构是普世一致的，但是其结果（或影响）则因地因时而异。杰拉尔德·布劳尔（Jerald C. Brauer）评论到，在英格兰皈信为清教徒会因为不信奉国教而冒犯了政治当局，而在（美国的）新英格兰皈信清教则是取得合法身份的必要条件。[12]前者是一种革命行为，而后者则是对既定现实的接受，是一种受到鼓励的从众行为。我倾向于同意某些历史学家的论点，在不同的历史条件下皈信的过程是不同的。

皈信的类型（Types of Conversion）

通过描述不同类型的皈信能够更好地理解皈信的本质。提出一种"理想类型"是一种知识性的建构，以期有助于理解多种多样的皈信，其差异性的范围以及许多不同的特点。就此而言，我的描述分类法在于通过以下途径勾画出皈信的本质：**在社会和文化的层面上，一个人要经历多大的变化才能被认可为一个皈信者**。[13]

"叛教"或"脱教"（apostasy, or defection）是指曾经的群体成员与某宗教传统或某宗教信仰断绝关系。这个变化并不涉及对某一个新宗教观念的接受，却往往意味着接受了一套非宗教的价值体系。"去除洗脑"或"去程序化"（deprogramming）是一种强烈的方法，有时用来使人们脱离那些被认为是邪教的宗教运动，可被视为一种强制性的"去皈信"（deconversion）的手段，或者说，叛教。叛教被列为皈信类型之一，因为在现实背景下，失去信仰或者离开一个群体所带来的波动构成了"变化"的一种重要形式，无论是对个人而言还是对集体而言。

"强化"（intensification）是指皈信者对于某信仰之承诺（又译

"委身")的复苏,而此前他曾以正式的或非正式的方式属系于该信仰。这种情况发生的时机在于,当一个宗教机构名义上的成员将其对于信仰的委身置于生活的中心聚焦点的时候,或者说,当人们在面临深刻的宗教经历和/或人生转折的时候,诸如结婚、生子、临终之际,加深了对信仰社群的涉入程度。

"属系"或"附属"(affiliation)是指一个人或一个群体,对于某信仰机构或信仰社群,从没有或者仅有极低的宗教委身转向充分的涉入。近些年来,属系成为一个有争议的概念,常常有人提出对某些新兴宗教运动(诸如统一教会、印度教克利须那教派等)和基督教基要主义群体的指控,指控他们采取操控性的招募策略。许多新兴宗教运动的皈信者只有很少的宗教背景或者全然没有宗教背景,所以他们在面对是否归附某一新兴宗教意向的时候,几乎没有与之抗衡的力量和行动。

"机构转换"(institutional transition)是指某一个人或某一群体,在某一主要宗教传统之内从一个社群转向另一个社群的变化。例如,在美国新教传统中,皈信者从浸礼会转到长老会的情况。这个过程,社会学家称之为"教派转换"(denominational switching),可能涉及不同的情况,有可能是出于谋求便利的原因(诸如,地理距离更为接近)而产生的与某个教会之间在属系关系方面的简单变更,也可能是基于深刻的宗教经验而产生的重大宗教关系变化。【14】

"传统转换"(tradition transition)是指某一个人或某一群体,从一个主要的宗教传统转向另一个主要的宗教传统的变化。从一种世界观、仪式系统、象征世界、生活风格转变为另一种,这是一个复杂的过程,经常发生在跨文化的接触和冲突的情境中。纵观历史,这一类转变多有发生,尤其是在18~20世纪,欧洲的殖民主义扩张使大量不同群体卷入了这一类皈信过程。基督宗教和伊斯兰教开创了这类大规模的宗教传统之转换,同时也从中受益。

皈信主题分类(Conversion Motifs)

另一种关于皈信过程多样性的情况见于约翰·洛夫兰德(John

Lofland）和诺曼·斯科诺夫德（Norman Skonovd）的描述。他们提出了皈信主题的概念，由此来定义皈信的经历，以区分不同类型的皈信。所谓主题的概念将皈信者的主观经验与学者更为客观的、"科学的"观点综合起来。洛夫兰德和斯科诺夫德的论点是，有关皈信的不同观念和不同描述并非仅仅是不同理论取向的结果，事实上，这些是对造成皈信经验具有实质性差异的特质予以的不同描述。[14]

他们认定了六种主题：知识/思想性的（intellectual）、神秘主义的（mystical）、尝试性的（experimental）、情感性的（affectional）、复兴主义的（revivalist）、强制性的（coercive）。为了对每一种主题进行评估，需要检测潜在的皈信者遭受社会压力的程度、皈信过程在时间上的持续程度、情感唤起的程度、情感性的内容，以及信仰形成与参与宗教活动的前后关系。

在第一种主题**思想性的**皈信过程中，个人寻求关于宗教或灵性问题的知识，途径是通过书籍、电视、文章、讲座以及其他不需要显著社会性接触的媒体。当事人主动寻求并探索不同形式的途径。一般来说，信仰的产生先于积极参与宗教仪式和宗教组织。

有人认为，第二种主题**神秘主义的**皈信是皈信的标准原型，就像大数的扫罗所经历的那样。神秘主义的皈信一般是将内心的渴望以突发的、身心震撼的方式爆发出来，伴随着具有诱导作用的幻视、幻听或其他奇异超常的经历。

第三种主题是**尝试性的**皈信，在20世纪呈现为宗教皈信的主要途径，因为出现了更为广泛的宗教自由，以及更为多样性的宗教经历。尝试性的皈信涉及对可供选择的不同宗教进行的主动探索。潜在的皈信者有一种"展示给我看"的心态，基本上是在说："我将要追随这种可能性，试试看，它将在灵性方面给我带来什么样的好处。"许多群体鼓励这样的模式，对这种准科学的立场持欢迎态度。人们鼓励潜在的皈信者不要执着于信仰，而是要尝试对神学、仪式和组织进行亲身体验，从而发现该系统对他们来说是不是所求之真（即，是否有助益或支持作用）。

第四种主题是**情感性的**皈信。对该主题的确认首先见于约翰·洛夫兰德和罗德尼·斯达克（Rodney Stark）的论文《成为一个世界拯救者》（"Becoming a World-Saver"）。该主题强调人际亲和力（纽带关系）作为皈信过程中的重要因素。[15]其中的核心思想是，在与某群体及其领导者交往中，直接感受到关爱、培育和肯定的个人经历。

复兴主义是洛夫兰德和斯科诺夫德讨论的第五种主题。该主题在20世纪已经不如19世纪那样突出；这一种皈信通过群体趋同性的途径唤起人们的行为。不同的个人都在情感上得到唤起，通过群体的压力促进新的行为和信念。例如，复兴主义的聚会以情感强烈的音乐和布道为特色。在群体经历之外，家庭成员和朋友有时候会找上某些个人，对潜在的皈信者直接施加影响。[16]

第六种主题是**强制性的**。因为要实施这样的皈信过程必须具备某些具体的条件，所以洛夫兰德和斯科诺夫德认为这种类型的皈信相对较少。洗脑、强制性的说服、思想改造和思想程序编码是这类过程的其他标签。这一类皈信的过程或多或少是具有强制性的，具体情况要根据当事人的参与程度、趋同情况和忏悔深度的要求，以及所施加之压力情况来确定。剥夺当事人的食物和睡眠，会使他失去抵抗压力的能力，从而降服于某群体的思想并听命于其生活方式。有人宣称，这类主题的皈信过程以恐吓、体罚和其他心理暴力的方式来达到控制当事人生活的目的。

洛夫兰德和斯科诺夫德的主题理论是对皈信研究的重要贡献，该理论确认了不同类型皈信过程的不同经历、不同主题、不同目标。他们正确地指出，因为某些学者谈论皈信问题就好像它是一种单一的、普遍一致的过程，这样就将关于皈信研究的理论在很大程度上复杂化了。事实上，皈信过程中存在一系列不同的类型，没有一种是所谓标准规范的。

阶段模型（Stage Model）

前面我已经简要介绍了研究途径的多样性，至此，读者可能已明显感受到一种理论超载或信息超载的情况。在此，我要向原创这则寓言，即十位盲人"看"大象的故事的人致歉。我认为，我们现在描述的情况，很像是有视力的人分别从不同的门进入了同一间暗室，那是一间勉强能够放下那头大象的暗室，而每一个人都只能用一个微型电筒来观察这头巨兽同时又试图描述这头巨兽。我们在此的努力必然是要找到墙上的电源开关，以便能够照亮整个大象，这样的话所有那些试图做出解释的、精确的、有助的但又是碎片化的努力就能够被整合起来。

在上述情况下，如果（身处暗室中的人）能够有更多的光和更大的空间距离，那都可能有所助益。如果我们建立一个解释性的模型，将皈信发生的过程分成阶段，则可以为整合不同学科的研究提供一个框架，可以对多层面的皈信过程提出更为深刻、更为复杂的理解。采用一种分阶段的模型是合适的方法，因为皈信是一个历时性的变化过程，一般展现为呈序列的发展过程，尽管有时也会出现螺旋状发展的情况，即在不同的阶段之间前后徘徊。每一个阶段可被视为变化过程中的某一个特定的要素或时段。每一个阶段都会显示该阶段特点的种种主题、模式、过程。通过对现有关于皈信研究的文献之分析，判定我们能够通过怎样的方法，在多大程度上，将它们安置于这个研究框架。这将使我们得以在更宽广的视野中考量相关的研究，并揭示需要进一步研究的内容。

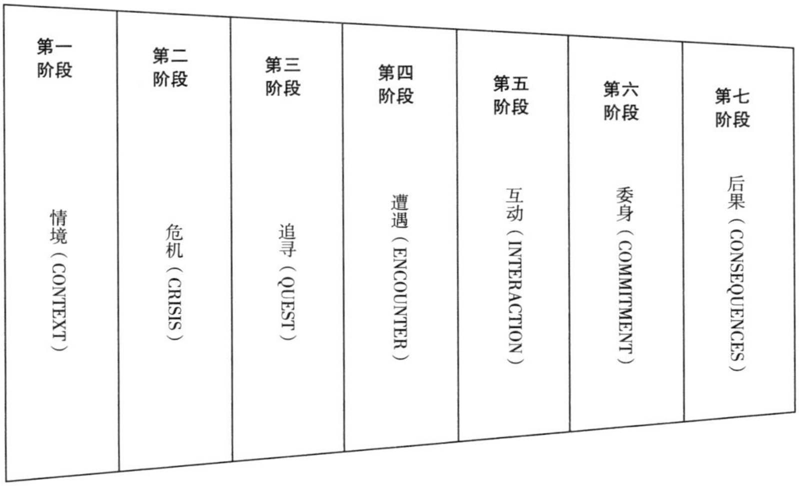

【17】

第一阶段	第二阶段	第三阶段	第四阶段	第五阶段	第六阶段	第七阶段
情境（CONTEXT）	危机（CRISIS）	追寻（QUEST）	遭遇（ENCOUNTER）	互动（INTERACTION）	委身（COMMITMENT）	后果（CONSEQUENCES）

图 1　阶段序列模型

我将提出的模型，不但是多层面的和历史性的，而且是**过程取向的**；也就是说，皈信过程被分析为一系列的要素，这些要素之间是互动的，而且顺着时序呈累积性发展。目前为止，这些文献没有一种过程性或阶段性研究模型能够让所有人满意，不过洛夫兰德和斯达克的研究，以及阿兰·蒂皮特（Alan R. Tippett）提出的传教学研究的模型，为我们提供了有价值的范本。⑰我提议，要借鉴、改造他们的阶段性模型，作为处理复杂数据资料的途径，而并非作为一种普遍一致、没有变化的工具。科学地理解皈信过程，只是人类想要认识一种现象的企图，这个现象就是神秘的上帝与具有无限潜能、刚愎任性，而且极其复杂的个人之间的遭遇。

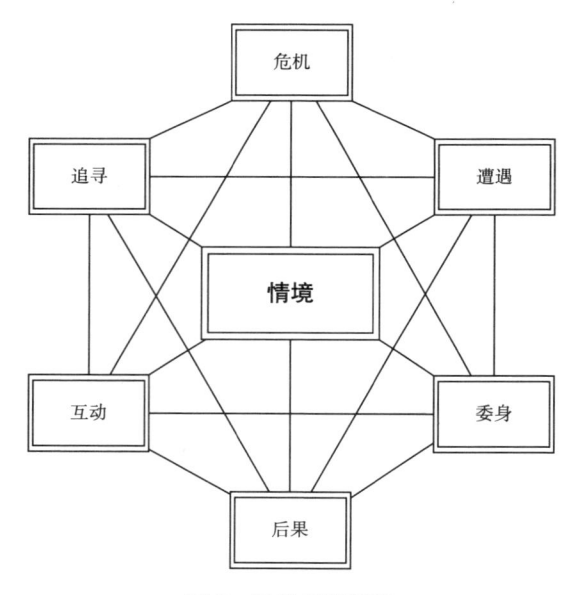

图 2　阶段系统模型

【18】

研究方法（Methodology）

"观察"（observation）显然在研究方法指南中处于首要位置，然而使我经常感到诧异的是，许多研究都缺乏细致、客观和系统的观察，很少做出显著的努力使研究者与个人偏见之间保持距离，从而使新的视角和新的观点成为可能。

第二，对现象的"描述"（description）是必要的。克利福德·格尔茨（Clifford Geertz）主张"厚描"，就是说描述要丰富、复杂和全面。[18]

第三，"移情"（empathy）是需要的，也就是说要试图从被研究的个人或群体的观点/视角来看待和感受世界。移情永远不能达到至善的境地，但至善的移情总是一个值得追求的目标。在最大程度上承认研究者自身的观点，将自身的偏见搁置一边，这样能够使学者从中解放出来，更好地涉入皈信者的经历、思想、情感和行为，提高自身能力，以一种与皈信者相近似的方式去观察和感受世界。

第四，"理解"（understanding）对于全貌性地研究皈信过程是具有核心意义的。所谓理解是要掌握研究对象的世界观、经验和认知系统，要尽可能地用他们的视角和取向去观察他们的生活场景，这样努力的结果将会提高我们的移情能力。

第五，一旦前面这几个阶段工作已经切实完成，"阐释"（interpretation）就可以开始了。阐释，使得皈信的过程和内容，能够在学者的参考框架下得到更加充分的理解。对于学者来说，要能够敏锐地认识到研究视角之刻意的改变，从皈信者的视角转向学者自身的视角，该视角或许是有价值的，但在本质上并不比那个被分析的皈信者视角更为高明。

第六，"解释"（explanation）是系统地运用另一个参考框架进行分析，而且是距离皈信者的经验世界更加遥远的分析框架。解释是阐释的一种形式，采用不同学科的理论对研究现象进行分析。理想地说，解释是探讨性的，怀着对不同意见的尊重，并且是细致入微的。阐释和解释是密切相关的，不过阐释更加体现了人文精神的观点，而解释则更具有社会科学的典型性。与宗教研究、历史学和神学所体现的人文学科的模型相比较，社会科学则更加倾向于分析性、批判性和简约主义。解释性的模型更加倾向于世俗性，对于人文意义和深度灵性的层面则表现出较少的兴趣。

注释

① James R. Scroggs and William G. T. Douglas, "Issues in the Psychology of Religious Conversion," *Journal of Religion and Health* 6 (1967): 204-16.

② 有关基督教历史上关于皈信定义的种种方法之研究,见 Marilyn J. Harran, *Luther on Conversion: The Early Years*, Ithaca, N. Y.: Cornell University Press 1983, pp. 15-53。

③ A. D. Nock, *Conversion*, New York: Oxford University Press, 1933, pp. 1-16.

④ 关于定义过于僵化且视野狭窄的例子,参见 Richard V. Travisano, "Alternation and Conversion as Qualitatively Different Transformations," in *Social Psychology through Symbolic Interaction*, ed. Gregory P. Stone and Harvey A. Farberman, Waltham, Mass.: Ginn-Blaisdell, 1970, pp. 594-606。另见 David A. Snow and Richard Machalek, "The Convert as a Social Type," in *Sociological Theory* 1983, ed. Randall Collins, San Francisco: Jossey-Bass, 1983, pp. 259-89; and Snow and Machalek, "The Sociology of Conversion," *Annual Review of Sociology* 10 (1984): 167-90。

⑤ See Aharon Lichtenstein, "On Conversion," *Tradition* 23 (1988): 1-18, trans. Michael Berger.

⑥ 有关这些议题,我的基本态度受到 Robertson 的影响,见 Roland Robertson's *Meaning and Change: Explorations in the Cultural Sociology of Modern Societies*, New York: New York University Press, 1978。尤其参见这一章 "Conversion and Cultural Change," pp. 186-222。

⑦ William James, *The Varieties of Religious Experience: A Study in Human Nature*, New York: Modern Library, 1902 and 1929.

⑧ 很少有人,尤其是世俗的知识分子,愿意有意识地持续置身于一个超然存在物(即使是上帝)的权威之下。当我与一位皈信者在一起,听他报告了一个触动人心的与上帝接触的亲身经历的时候,我意识到那样的经历如果是真的话,可能会对我产生决定性的影响。由此,我感受到自己如果要对宗教问题进行切实评估的话,还是会有所保留的。我内心的某种存在宁愿让自己继续逃离上帝,置身于一个相对平和、安全的思智世界,保持着那份能够自我掌控的幻觉。

⑨ William R. Garrett, "Troublesome Transcendence: The Supernatural in the scientific Study of Religion," *Sociological Analysis* 35 (1974): 167-80.

⑩ Richard W. Bulliet, *Conversion to Islam in the Medieval Period*, Cambridge, Mass.: Harvard University Press, 1979.

⑪ Ramsay MacMullen, *Christianizing the Roman Empire: A. D. 100-400*, New Haven: Yale University Press, 1984.

⑫ Jerald C. Brauer, "Conversion: From Puritanism to Revivalism," *Journal of Religion* 58 (1978): 227-48. 尽管 Brauer 关于不同后果的评估是确切的,然而他声称皈信的动机、形式和方法是一致的,对此我不能苟同。

⑬ 我从 1980 年代初期开始使用这种关于皈信的分类,但我一直未能查到这种分类的精确源头。在这篇文献(V. Bailey Gillespie, *The Dynamics of Religious Conversion*, Birmingham, Ala.: Religious Education Press, 1991, pp. 14-15)中,Gillespie 提及了这种分类,但没有提供相关参考文献。

⑭ John Lofland and Norman Skonovd, "Conversion Motifs," *Journal for the Scientific Study of Religion* 20 (1981): 373-85.

⑮ John Lofland and Rodney Stark, "Becoming a World-Saver: A Theory of Conversion to a Deviant Perspective," *American Sociological Review* 30 (1965): 862-75.

⑯ 关于复兴会的一篇优秀文献,见 Ted Ownby *Subduing Satan: Religion, Recreation, and Manhood in the Rural South, 1865-1920*, Chapel Hill: University of North Carolina press, 1990, especially pp. 144-64。另见 Norman Pettit, *The Heart Prepared: Grace and Conversion in Puritan Spiritual Life*, 2d. Ed., Middletown, Conn.: Wesleyan University Press, 1989。

⑰ See Lofland and Stark, "Becoming a World-Saver." Alan R. Tippett, "Conversion as a Dynamic Process in Christian Mission," *Missiology* 2 (1977): 203-21. See also Robert F. Berkhofer, Jr., "Protestants, Pagans, and Sequences among the North American Indians, 1760-1860," *Ethnohistory* 10 (1963): 201-32.

⑱ Clifford Geertz, *The Interpretation of Cultures*, New York Basic Books, 1973; see especially pp. 3-30.

第二章
情　境

宗教皈信/改宗（conversion）发生在动态的情境之中。[①]这个情境犹如一幅广阔的全景画，各种冲突的、融合的和辩证多变的因素包含其中，在促进的同时也在阻碍着皈信的过程。如果从一个宏大的视角看去，皈信是人类戏剧的组成部分，它贯穿历史的不同时代，既形成于也受制于地理的扩张与收缩。情境拥含着一个包罗一切的矩阵，其中由人物、事件、经验、制度和机构形成的力场（the force field）作用于皈信的过程。

情境并不局限于皈信过程所经历的第一阶段，而是指皈信发生全过程的整体环境，所以情境的持续影响贯穿皈信发生的其他阶段，反之亦然。皈信，无论是因为非常的（超自然的）力量而发生的皈信还是由于累积的力量而发生的皈信，都会产生交互性质的影响而作用于情境。情境塑形了皈信的本质、结构和过程。约翰·格莱辛（John Gration）是这样说的："在非常真实的意义上来说，每一例皈信都是在情境中发生的，而情境是多面向的存在，包括他或她在皈信时所生活的社会环境中的政治、社会、经济和宗教等领域。所以，不管是在什么意义上的皈信，皈信绝不会发生在文化情境之外。"[②]

格莱辛所强调的仅仅是外在的情境。然而，皈信的过程不仅受到客观的、外在力量的影响，也受到主观的和内在的动机、经验和愿望的影响。否认其中的任何一方面，都是在裁截我们对皈信问题的理解。

情境是与皈信相关的上层建筑和基础结构两者的结合体，它包括社会的、文化的、宗教的和个人的层面。情境因素造就了人们沟通的渠道、可供选择的宗教范围，以及人群的流动情况、灵活程度、社会资源和各种机会的丰富程度。这些力量直接影响谁将皈信，以及皈信的过程将如何发生。人们常常会因外在于个人的因素，在接受或者拒绝皈信的过程中，受到诱导、鼓励、阻碍、强迫。这方面很少在既往的皈信问题研究中得到考虑。然而，我相信研究皈信问题的学者必须更为系统地细致描述这方面的情境，以便使相关的模式、主题和问题能够表达得更为详尽，此事势在必行。

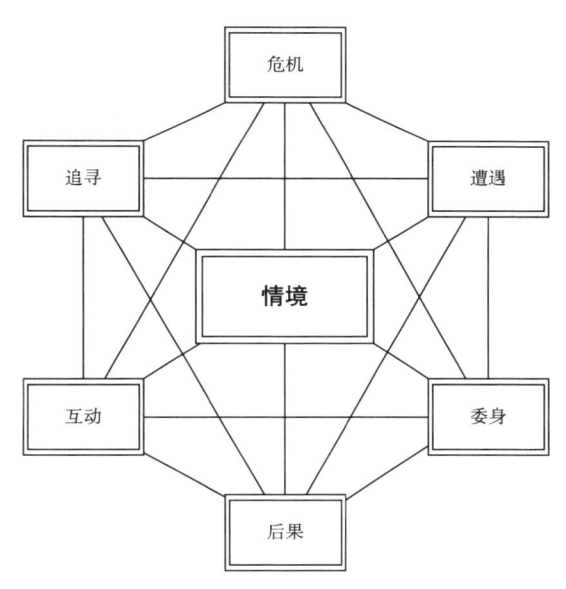

【21】

图 3　第一阶段：情境

宏观情境："大图景"（Macrocontext："The Big Picture"）

为了更好地理解情境，有必要区分"宏观情境"和"微观情境"。宏观情境是指整体的环境，包括诸如政治体系、宗教组织、相关的生态考虑、跨国公司，以及经济体系。这些（社会文化的）力量既可能促进也可能阻碍皈信，既可能产生个人性的影响也可能产生广泛的社会层面的影响。例如，在美国和英国，宏观情境包括了工业

【22】

化的影响、广泛的大众传播,以及传统基督教力量范围内的影响衰退等因素。这样的情况允许人们在巨大的,有时甚至是无法控制的范围内进行选择。多元主义可能会造成异化感和困惑感;因而,个人可能会急于选择一个新的宗教选项,以此来减少焦虑、寻求意义或者取得归属感。

微观情境:地方性背景(Microcontext: The Local Setting)

微观情境是由个人的家庭、朋友、族群、宗教社群和周边邻里构成的更为直接的社会环境。在形成个人的认同意识和归属感方面,以及在形成个人的思想、情感和行动方面,这些微观情境因素的直接影响扮演着重要的角色。宏观情境和微观情境之间以多种形式互动;微观情境的某些因素认可和助长了大的情境(例如,某宗教组织强化了爱国主义价值),而又会有某些微观情境的因素寻求改变宏观情境(例如,某群体对主流政治价值的挑战)。微观情境能够发挥很大的效能,抵消宏观情境的影响。例如,某些宗教群体刻意将自己孤立于更广大的世界,保护(或者控制)他们的成员与外部世界的交际沟通与互动,以此强化个人和群体聚焦于他们自己与神圣之间的关系。

情境的轮廓(Contours of Context)

在审察情境的时候需要考虑的相关问题包括:明确地说,宏观情境和微观情境的实质究竟是什么?这两者之间如何相关?它们之间是否彼此促进和助长?它们之间是否彼此干扰和危害?在这些方面,它们之间在多大程度上是互相协调、整合的?

要回答这些问题,我们必须审察情境范围内的具体方面。首先,我们必须审察情境范围中的文化、社会、个人和宗教层面的一般情况。其次,我们必须调查具体情境中某些特别的机制,诸如文化适应的情况,信息传播的渠道,抵制和排斥的力量,小范围的接受容纳程度,一致性和融合性之间的互动活力,皈信的类型和皈信的模式。本章的

【23】

目的，就是要描绘出建构具体情境的各种力量和动因所形成的一幅全景图，及其如何促进和/或阻碍皈信过程的情况。正如在引论中所提及的，我意识到如果要以刻板的手法将不同的文化、社会、个人和宗教予以区划，那是人为武断的。人类存在的这些特征是彼此密切交织且难分难解的。我做出这些区分的目的只是阐明情况。

文化与情境（Culture and Context）

安东尼·华莱士（Anthony F. C. Wallace）的重要文章《复兴运动》（"Revitalization Movement"）对于理解皈信过程所处情境中的文化方面至关重要。[3]华莱士将文化视为一个动态的存在，始终处于过程之中。其观点的实质在于，文化具备某些内在机制，使之能够在出现衰败或危机的时候自我更新。文化，像一切有机体一样，有其生命的历史。当一个文化开始走下坡的时候就会出现一个过程，在此过程中该文化的核心迷思、仪式和象征符号系统趋于崩溃同时又得以再造，从而给人们一派自我复兴的憧憬和用以提升与维护生活状态的新策略。

这个过程，华莱士称之为"迷宫式的再造"（mazeway reformulation），发生在一个人经历某种憧憬和/或皈信经验的时候，其间旧的思想方法受到了改造，使之能够更加适应于目前的情形。新的憧憬传递给了信徒，再由信徒将信息传到更大的文化范围。在传递的过程中，信息得到了进一步的调整以适应环境，如果成功的话，就可以发起一场运动，根据新的憧憬来改造文化和社会。这样取得新生的过程之所以能够发生，是因为文化的迷思、仪式和象征符号系统有其自身的生命，并且深深地植根于每个人心灵之中。在经历严重危机的时候，这些迷思、仪式和象征符号系统就会以个人的睡梦、憧憬，或者其他经历的形式出现，给个人带来复兴的感觉。由此，个人和群体就会经历一个变化的过程，给他们送来一套新的规则、想象和价值。

华莱士相信，这样的文化复兴的动态过程，在世界三大宗教——基督教、伊斯兰教和佛教——的创始人那里得到了体现。这些宗教创始人自身经历的深刻变化，促成了复兴运动的产生。创始人的皈信或者转变为其门徒提供了榜样，并为新社群的创建提供了指南。

华莱士关于复兴运动的理论主要建立在一则个案研究的基础之上，这个人名字叫汉德萨姆·莱克（Handsome Lake）（他是印第安人，本土名字叫 Ganiodaiio），是易洛魁联盟的一位部落首领。1799 年，汉德萨姆·莱克 54 岁，病得很厉害。在妻儿都死后，他酗酒成瘾，陷入绝望，抑郁消沉，几乎丧命。1799 年 8 月 8 日，汉德萨姆·莱克开始经历一系列的幻象，连续八小时的昏迷状态被误认为是死亡，人们在为他准备葬礼的时候，他从昏迷中醒来，向人们报告了自己的幻象。受到这一系列幻象的深深震撼，汉德萨姆·莱克不仅改造了自己的生命，还改造了许多其他人的生命，而最终改造了整个易洛魁。④

这一类以群众运动形式呈现的复兴过程，通常是从个人生活的经历中迸发出来的。艾尔德立基·克里夫尔（Eldridge Cleaver）在其著作《着火的灵魂》（*Soul on Fire*）中描述了一个关键性的时刻，提供了一个极佳的例子。⑤克里夫尔是一位黑豹党的领袖，因为身陷法律困境而逃离美国；最终，他和家人在法国安顿下来。⑥在度过了几年旅居生活以后，克里夫尔开始觉得自己对黑人权力运动已经不再有用，也不再有能力对政治变革和社会变革产生影响。一天晚上，在把家人送回在巴黎的住处以后，他独自坐在戛纳附近寓所的阳台上，俯视着地中海，将一支手枪搁在膝部。克里夫尔回忆道：

【25】

> 我……开始考虑通过自杀结束这一切。我真的在开始考虑这个问题。一天夜里，我坐在寓所的阳台上，在十三层楼上——就这样坐在那儿。那是地中海一个美丽的夜晚——天空，繁星，月儿高悬在静谧的苍穹。我沉思着，心绪不宁，感到走到了生命的尽头。我抬头看了看月亮，看到了一些阴影……那些阴影幻化为一个人，在月亮上，我看到了自己的侧面像（就是我们以往用来制作黑豹党告示的那个侧面像——我看过上千次）。我原本就心神不宁，这一下让我惊恐起来。当看到月亮上那个影像时，我开始颤抖。那是发自内心深处的震颤，中间夹着恐怖，使我的心情和整体气氛变得越发糟糕，我似乎要当场崩溃、瓦解了。就在我注

视着那个影像的时候，影像发生了变化，我看到往日的英雄们一一浮现在眼前。菲德尔·卡斯特罗、毛泽东、卡尔·马克思、弗里德里希·恩格斯依序浮现在眼前并转瞬即逝，就像那些英雄的逝去一样。最后，在这一系列英雄的末尾，在一片耀眼闪烁的光芒之中，耶稣基督的形象出现了。那是压断骆驼脊梁骨的最后一根草。

我一下子崩溃了，大哭起来。我跪倒在地，紧握着阳台的扶栏。就在这震颤、大哭的当儿，主祷文和第23首赞美诗涌现在我的脑际。⑦

那天夜里晚些时候，克里夫尔开始感到回归平静、希望和新生。那个经历是他的皈信过程之开端。克里夫尔常常被人问及，在他的幻象中耶稣看起来是什么样子；他的回答是，耶稣看起来就像挂在他祖母厨房里的传统耶稣肖像一样。克里夫尔的经历是一个关于文化符号再生力量的生动例子。那些曾经被一个人直接且明确地摒弃了的文化符号，仍然会是他或她心灵中极其重要的一部分。克里夫尔在童年记忆中的耶稣的形象，铭刻于他的下意识之中，在关键的时刻作为一种治疗心理创伤和实现精神转变的符号再现了。

华莱士的理论对于理解大规模的新生和复兴的社会运动是有意义的，例如，解读在威廉·麦克劳夫林（William G. McLoughlin）的著作《复兴、觉醒与改革》(*Revivals, Awakenings, and Reforms*) 中所描述的情况，而且该理论对于理解文化符号在个人皈信过程中的作用同样是有意义的。荣格学派的心理学家约翰·威尔·佩里（John Weir Perry）认为，与此类似的情况是，在文化转折过程中发挥的能动作用，同样会在个人的皈信过程中发挥，不过是在更加私密和个人的层面上。⑧

类似的力量在克利福德·格尔茨（Clifford Geertz）的关于"原始的革命"（"primordial revolutions"）的理论中得到了描述。⑨格尔茨认为，多数文化都倾向于创新，不过创新是有限度的。一旦已经达到限度，就有必要重申那些核心的文化符号，以便使社会和文化能够回归到那些基本的和结构性的符号。在有些案例中，回归是对核心符号的重新解释和重新概念化的过程；而在另一些案例中，则是试图以逐字逐句的方式、在基要主义的立场上重申核心的符号。所以，现代化在任何国家中都具有强大的力量，但是一个国家原来的文化体系能够在多大程度上被修改或被摒弃则是有限度的。当这些限度被突破，社会就可能经历一场爆发性的追求传统核心符号的回归，常常造成对现代化过程和要素的强烈排斥。伊斯兰教基要派的复兴就是这个理论引人注目的例证。

社会环境与情境（Social Milieu and Context）

社会情境是极其复杂的，至少有以下几方面的要素需要仔细审察。

交通和传播（Transportation and Communication）

宗教皈信可能发生在某些特定的地方，这些地方具有交通、商贸和传播通道的便利，尤其是那些被军事或商贸强权所渗透的地方，随之而来的是新奇的宗教信仰、行为模式和生活方式。世界性的军事、经济或政治开发的力量，宗主国的统治地位和剥削者的关系，这些在历史上都为传教士提供了机会，使之能够在数以千计的地方与本土民众接触。

例如，15世纪，随着所谓新世界的开放，非同寻常的、井喷式的开发机会成为可能，最先是葡萄牙人和西班牙人（随后有法国人、荷兰人和英国人），使得基督宗教的传教事业能够扩散到今天的北美、中美和南美，整个非洲，日本的部分地区，朝鲜，中国，菲律宾，以及其他许多地方。罗马天主教的传教差会跟随西班牙、法国和葡萄牙的开发者和殖民者，而新教的差会则跟随荷兰、德国和英国的开发者和殖民者。[10]

尤其需要注意的是，宏观情境使这样的接触和互动成为可能。政府的力量或者其他力量，无论是停止还是阻碍传教士与本土民众的接触，便能够降低或消除皈信的可能性，至少在短期内如此。例如，尽管耶稣会士在16世纪初就到达了日本，但日本人很快就驱逐了葡萄牙人并毫不留情地迫害日本基督教徒。中国人也曾在一定程度上控制基督教传教士与民众的接触。早期传教士被限制在北京、澳门和广州。直到后来欧洲人和美国人采取了军事的和外交手段,以及私人贸易活动的展开,传教士才能够到达其他地方。[11]

今天,有些国家规定劝诱改宗为非法行为。印度、以色列、多数的伊斯兰国家和社会主义国家不允许以劝诱改宗为动机的行为。许多伊斯兰国家,例如苏丹,即有禁令不允许民众脱离伊斯兰教。在一些国家,有依法禁止叛教(即脱离国教)的规定,违者处以死刑。[12]显而易见,在以死刑为代价的国度里,若要改宗(或劝诱改宗)将是困难的。伊斯兰国家很少用这样的法律,但他们的社会中对待皈信/改宗持有某种特定的态度,与世俗社会的情况是大不一样的。

另外,在美国,社会气氛在整体上是允许(甚至鼓励)个人在他或她自己的生活中做出选择性的决定的,包括宗教信仰的决定。家庭其他成员可能会对个人提出某些约束性的意见,但是对于进入新的宗教和在"宗教超市"中进行挑选的相对自由,似乎培养了宗教流动的气氛,同样也培养了个人选择的传统。

世俗化(Secularization)

影响皈信过程的另一主要社会力量是世俗化。在过去的一百年,宗教研究学者,尤其是社会学家一直在提议,认为宗教无论作为社会性机构还是个人的经历,其影响力正在日趋缩小。[13]尤其在西方,宗教不再是唯一的道德仲裁者、教育内容的规定者,或者政治合法性的掌控者。在许多国家,宗教不再具有它曾经一度拥有的权力、地位和影响。这种情况尤见于前社会主义国家的社会;现在,随着相关禁令的取消,这些社会越来越暴露于西方的世俗影响之下,宗教在这些社会的未来将扮演何种角色,仍然非常不确定,难以预料。

彼得·伯格(Peter L. Berger)认为,世俗化的主要源头是现当代文化中蔓生的、占主导地位的多元主义。随着城市化、大众传播和现代技术的发展,社会生活诸多方面趋于理性化,统一的宗教世界观似乎不那么可行了,于是宗教被降为私人领域的事务。社会的公共领域受制于政治和经济;私人领域则受制于个人所持的种种信仰,并以此来构建围绕家庭的个人生活和内心经验。

就其核心而言，世俗化的过程是宗教的机构、思想和信众失去权力和地位的过程。多数世俗化理论是以欧洲的历史经验为基础的，罗马天主教在欧洲占主导地位有一千多年的历史。教育、政治、思想意识、经济，当然还有灵性生活，通通出自帝国教会的模具。尽管教会的财富在历史上有盈缩涨落，但其巨大的影响力是人们无法逃脱的。然而，随着欧洲的扩张、新教的宗教改革、工业化，以及现代科学的发展，罗马天主教的影响式微了。

围绕世俗化问题的争辩极其复杂。在其一端的是安德鲁·格利来（Andrew M. Greeley），他将该问题从整体上视为虚幻而加以拒绝。[14]格利来认为，对于很大一部分人来说，宗教仍然是重要的；在其另一端的是布莱恩·威尔逊（Bryan Wilson），[15]他声称世俗化已经确实成为一种普遍的存在，尽管宗教对于千百万人来说仍然重要，但其重要性只在于个人的选择，而并不对广泛的社会现实产生重大的意义。事实上，宗教已经成为一种个人自娱消遣的形式，或者说是业余时间的活动。与格利来和威尔逊形成对照的是大卫·马丁（David Martin），他的研究通过探询不同地域的历史和政治力量的变迁，来评估世俗化的本质和重要后果。[16]

我自己的研究受到的最大影响来自彼得·伯格。[17]对伯格来说，世俗化最重要的方面是多元主义。因为现代传播和交通运输体系的发展，人们意识到世界上存在许多可供选择的可能。不再像过去的欧洲，由一个统一的教会控制着人们的思想意识和命运前途，今天的人们非常清楚地知道存在其他的宗教和政治传统。伯格认为，人们关于其他宗教选择的知识（以及这些宗教选择对于不同人群的开放性）颠覆了人们"习以为常"的现实，而使得"习以为常"成为可能的原因就是只存在一种"现实"。

伯格的视角与皈信之间具有相关性，原因如下。首先，现代世界中，多元选择意味着人们能够选择一个与他们与生俱来的宗教不一样的宗教。数以百万计的人游历四方，而更多的人则因为报纸、杂志、书籍、电台和电视的原因，知晓了其他的种种可能性。在《异端的必然》(*The Heretical Imperative*)[18]一书中，伯格对当代宗教情况做了一个相当精到的评估。他断言，当下存在着三种宗教的选项或策略：演绎法的（deductive）、还原法的（reductive）和归纳法的（inductive）。演绎法的宗教性依赖于某种权威，诸如由《圣经》或某位宗教领袖提供的关于人生和上帝的"合法性的"解释。追随者认可这些出自权威的启示性的告诫，并严格地遵照执行。在以演绎为取向的情况下，皈信的过程依照相关的规范，描绘出对信仰、行为和情感的具体要求。

还原法作为一种策略被这样的人群采用，他们觉得"现当代"的哲学和神学取向在认识论的意义上比其他所有的取向都更为优越，所以就将传统的宗教思想和信仰转译为今天的习语，用于意义的建构和解释。还原取向的策略倾向于将宗教皈信解释为受到非宗教性需要所驱动的行为，诸如出于顺从的需要，为了提高身份，或者为了减轻罪感。这样，皈信就被视为一种披着宗教外衣的，用以应付现实的机制。

归纳法是第三种选项。伯格的观点是，如果一个人对人类经历和宗教传统有深刻的尊重，那么正在出现的（多元）辩证思想将会提供一种相对的、似乎可以自圆其说的世界观，一种生活系统，以及信仰社群。归纳推理法的视角倡导以现象学的途径对待皈信问题，容许多样性和复杂性的现象。我同意伯格的观点，就现当代的情形而言，归纳推理的方法是最具综合性的且适当的方法。

情境中的个人层面（Personal Dimensions of Context）

具有典型意义的情况是，心理学家并不讨论宗教皈信的情境问题，因为他们所强调的是个人。直到最近，他们一直倾向于忽略或淡化文化变因影响。然而，如果不将一个人的心态置于特定的情境之中，我们就无法充分讨论这个人的心理状态。在偏僻小镇上长大的人，他所生活的世界是不同于在城市环境中长大的人的，后者的环境中有种种社会、道德和宗教选项，构成一个可供选择的"超级市场"。一个印度的佛教徒与一个美国的基督教徒，有着不同的、自成体系的象征符号、仪式和迷思，用以表达和经历宗教生活。

情境不仅仅提供了造就一个人的迷思、仪式、符号和信仰的社会文化方面的矩阵，它还在其他方面有着强大的影响力，诸如个人的社会接触面、社会流动的程度，以及是否有机会接触到新的宗教并受其影响。例如，现代社会的流动性增强，这使得宗教推广者（传教士）更容易进入新的区域宣传宗教思想，也使潜在的皈信者更易于将他可能感到有约束性的原先的社会关系模式抛于脑后，从而更加便于发现新的选项。

精神病学家罗伯特·杰·利夫顿（Robert Jay Lifton）确认，宏观情境在创造个人心理现实（psychological reality）过程中扮演着角色。[19] 利夫顿辩称，在现代社会中，由于文化传统的销蚀、高度的流动性、即时传播沟通的网络及世俗化的增强，个人的自我不再是明确定义的了，而且变得越来越脆弱。他提出了"多变无常型"人格（"protean" personality）的概念，用以描绘一种随着所在社会文化情境的变化而变化的自我。由于我们的文化情境蕴含着很大的可变性，他提出，在这样的情境中，人们的认同和自我定义都经历着很大的波动和变化。

利夫顿所描述的自我的脆弱性，可以成为一个人皈信到某个保守性宗教的强有力的动因，不管它是基要主义的基督教，正统派的犹太教，基要主义的伊斯兰教，或是统一教会。皈信到一个能够提供明确答案和信仰体系的宗教，可以为个人提供一种解脱感，将其从铺天盖地的多样性选择中解脱出来，从那些令人无所适从的不和谐的杂音中解脱出来。它可以提供一个从内在逻辑上来说协调一致的中心点，从此点出发，在一个已经失去中心的世界上安排个人的生活。这种提供聚焦点的情况，可以视为负面的，即对诸多选项的挤压，也可以视为正面的，即一个稳定的创造性的中心或者一个不变的核心，由此可以丰富和扩展个人的生活。

心理学理论家菲利普·库西曼（Philip Cushman）也探究了影响个人皈信的情境因素。他列举了一些他认为具有负面效果的现代生活的要素，诸如放任自由的养育孩童的方法、增大的流动性、社会变迁，这些使原本统一的文化体系受到侵蚀；他构建的关于（现代人的）自我的观点是：自我欣赏、空虚、渴望得到肯定。[20]库西曼觉得，努力寻求灵性的滋养以填补内心空虚的状态，使得人们易于屈服魅力型的领袖人物、僵化的信仰体系，以及严格管控的生活方式。尽管利夫顿关于"多变无常型"人格的思想发展于1960年代而库西曼的思想发展于1980年代，两位作者都确认了情境因素的重要性，并提出了关于理解皈信心理的相似路径。心理学家们应该循着这个脉络从事系统的研究和理论建设，厘清个人人格与大的社会文化环境之间的关系，这是势在必行的。[21]

情境的宗教方面（Religious Sphere of Context）

人们对于圣神和具有圣神感之经历的追求、对于超越的向往，以及对于与超自然力量互动的渴望的例子在人类历史上不绝如缕。情境中的宗教方面，正如文化、社会和个人等方面一样，在皈信所发生的动力场中是一个至关重要且复杂的面向。宗教是从宏观情境研究皈信过程的关键性力量。强烈的宗教性动机使得皈信的经历充满活力，这样的案例遍及世界和各历史阶段。对于充分理解皈信过程，宗教经验的强大力量、宗教领袖和宗教机构至关重要。

佛教传遍了整个亚洲，正是通过由佛陀自身、他的弟子以及他们创建的制度/机构所唤起的宗教经验的力量。[22]基督宗教传遍了整个罗马帝国，后来又传到世界的其他地方，因为追随者们深信由拿撒勒的耶稣带来的关于上帝的启示。[23]有关的信条、仪式以及由此发展起来的教会，都是经过设计用来分享救赎福音的，并用来维护那些既面临外部反对又面临内部分化的信众群体。伊斯兰教的传播受到了穆罕默德的神启之推动——神圣的安拉号召人们开启新的生活、创造新结构的社会。[24]在所有这些运动中，关于神圣的经验、超越感，以及对于形成敬神的且团结的社群之憧憬，都在鼓舞着宗教领袖和追随者。

社会学家詹姆斯·杜克（James T. Duke）和贝利·约翰逊（Barry L. Johnson）最近提出了一个关于宗教变化的宏观情境理论。[25]他们声称，宗教变化的特点通常是呈周期性循环的而不是线性的。杜克和约翰逊建立理论的数据来自大卫·贝利特（David B. Barrett）编撰的《世界基督教百科全书》(*World Christian Encyclopedia*)。㉕他们声称，宗教遵循一种循环发展的模式，上升至统治地位，稳定增长，达到增长和统治的顶峰，然后逐步衰退。有些宗教能够调动力量进行改革，延缓衰退的发生。还有一些宗教，开始慢慢地衰退，接着衰退的速度加快，直至信徒人数大幅度减少。主流宗教的衰退常常伴随着新宗教运动的发展，后者逐步取得主流的身份。

衰退	既有的宗教失去影响力；新宗教萌发、成长、发展，并挑战既有的宗教
主导	成长中的宗教发展成多数派宗教，要么通过取代原主导宗教，要么通过竞争提升地位
持续发展	新的多数派宗教巩固所取得的地位并增强其影响力
过渡期	多数派宗教达到其影响力的顶峰，并开始出现衰势
改革	通过发起宗教成员的复兴运动和招募新成员，衰势中的多数派宗教试图重新赢得主导地位

图 4　宗教变化的周期

杜克和约翰逊的视角对于研究皈信有重要意义，因为它使我们在更为开阔的情境中，即关于宗教与社会文化的矩阵中，理解皈信过程。皈信的模式在杜克和约翰逊勾画出的每一个阶段是不一样的。一个处于衰退阶段的宗教会花费较少的精力来吸收新成员，同时也会有更多的成员离去。尽管杜克和约翰逊没有提及这一点，但是我猜测，当一个宗教失去影响力的时候，信教的父母想把子女留在该信仰中是更为困难的。那些取得社会权力并持续发展壮大的宗教在吸纳新成员方面会显得生机勃勃。一个处于上升期的宗教，对于潜在的（皈信）成员来说也更具有吸引力。在其过渡阶段，则会有越来越少的人皈信入教；如果说还有什么发展新成员活动的话，那只是出于保护机构现状的需要，而不是出于真正的宗教活力。在走向衰退的初期，其特点是皈信率的减少,随着时间的推移,皈信率会越来越快地递减,而离去者的数量则会增加。那些寻求自我改革的群体则会试图加强新成员的发展吸纳,同时强化现有成员的宗教委身的深度,以期推延衰退。

下列情况会促使宗教皈信的发生:(1)个人或群体与某个宗教社群建立关系的时候;(2)举行仪式,培养宗教经验和行为以满足宗教的要求和目标的时候;(3)关于人生意义的话语或解释体系转换到宗教的参考框架中的时候;(4)当一个人的自我角色的定位或者关于(人生)地位和目的的意识,被设置到宗教的情感和构架中并受之引导的时候。

在很大程度上,宗教皈信的本质是在宗教要素的矩阵中形成的。换言之,一个宗教传统的言辞、思想、意象、方法和比喻塑形了皈信经历的本质。同样值得提出的是,当我们在考虑不同的宗教体系之间互相接触的时候,宗教要素的矩阵是重要的。有些宗教传统,尤其是本土固有的传统和民间传统,具有更大的灵活性,而且对外来者采取开放的态度。犹太教、基督教和伊斯兰教有更大的排他性,他们要求皈信者去除所有其他宗教的门径,要求自身门下的追随者完全忠诚。如此的差异性显然会影响到宗教接触的本质,以及所发生的宗教皈信的本质。诺克(A. D. Nock)是最早发现这种情况的人之一,即先知宗教(犹太教、基督教和伊斯兰教)一般会要求其成员与其他宗教完全断绝关系,同时要求对自身的宗教系统具有完全的、排他性的忠诚。所以,皈信到这些先知宗教中的任何一个,常常会涉及对以往所信宗教在具体层面上的摒弃,以便能够充分拥抱新的宗教。我们将会在本书后面部分见到,这类关于皈信的宗教性要求,将会在不同的环境中对宗教变化(即皈信或改宗)的模式产生不同的影响。[20]

情境对皈信的影响(Contextual Influence on Conversion)

至此,我们已经看到皈信之情境的大轮廓。下面,我想聚焦一些具体的过程,即在情境内部不同力量之间变幻不已的交互作用之关键特点。这些过程将文化、社会、个人和宗教的要素混合起来,形成影响皈信过程的强大力量。

抵制与拒绝（Resistance and Rejection）

情境中的各种力量可能促成皈信，也可能发挥强有力的作用阻碍皈信的发生。确实，我认为无论是个人还是社会，抵制是对皈信的企图做出的正常或典型的反应。然而，大多数关于皈信的研究，或许本研究也包括在内，强调了皈信而很少注意到抵制。通过仔细阅读文献，显而可见，大多数人事实上是拒绝皈信或改宗的。即使在特定的背景下数以千计的人皈信了，但很少有人注意到那些拒绝皈信或改宗的人。在克拉夫特（Kraft）的研究中，在地处尼日利亚东北部（与喀麦隆相邻）的希吉人（Higi）当中，基督教人口显著增长，研究强调数以千计的人皈信了基督教。但事实上，绝大多数人拒绝了这个新的宗教选项。克拉夫特告诉我们，当地在 1958 年有 242 名基督徒，1962 年有 2131 名基督徒，到了 1976 年大约有 10000 名。毫无疑问，在不到 20 年的时间里，这是很高的增长率。然而，据克拉夫特自己估计，希吉人的人口在 150000~200000 之间！所以，90%以上的人拒绝了基督教。[28]

在有些背景下，拒绝、抵制和拒不接受是显而易见的情况。中国和日本是两个主要的例子。尽管有成千上万的西方传教士在中国和日本倾其一生，数以百万计的钱财用于建设学校、医院、教堂和孤儿院，但却反响平平。在日本，基督徒占总人口的 1%。中国的基督徒则是远不足人口 1%的零星数字。中国和日本的文化丰富、复杂并富有韧性。他们的文化具备如此的内在协调性，强大且具有适应性，数千年来一直在抗拒或同化外来的威胁。

飞地（Enclaves）

情境是很少处于同质状态的。一般来说，大多数社会和文化都存在族群、文化和社会诸方面的不同程度的多样性。遍布世界各地的不同群体，各自过着相对独特和独立的生活，尽管周围的环境可能是与其价值相敌对的。这些飞地常常在语言、饮食和仪式等方面与周围环境保持距离。在西方，犹太人是一个很好的例子。其他的例子包括阿米什人（the Amish），哈特派信徒（the Hutterites）和黑人穆斯林。这些群体的存在提醒我们，尽管宏观情境常常对特定的宗教取向持敌对态度，但如果有足够的力量并尽最大的努力，特定的群体还是能够将自己区隔于周围更为广泛的文化，并发展出独立的生存空间。这些飞地可以作为特定的环境，使得特定的皈信过程在那里发生、发展、兴旺，或者作为情境的因素，成为抵制劝诱改宗之企图的强有力的资源。

飞地能够沿着不同人种或族群分界的沿线形成，根据宗教信仰、政治信仰以及其他认同差异，甚或根据坚定的哲学信仰。罗伯特·巴尔赫（Robert Balch）和大卫·泰勒（David Taylor）辩称，人们皈信于一个以不明飞行物（UFO）为中心的膜拜团体的主要因素，是他们称之为"膜拜环境"（"cultic milieu"）的存在。对于外人而言，皈信于一个声称要通过飞碟得到救赎的群体实在是无稽之谈。然而，据巴尔赫和泰勒报道，他们研究过的所有皈信于飞碟膜拜群体的成员，都是长期参与玄学（超自然）冥想、神秘主义实践和其他搜寻灵性现象的人。巴尔赫和泰勒描绘了这样一个存在——成千上万的人、数百家的书店、许多组织和群体，以及数以百计的老师，他们在美国培育并助长了一个巨大的亚文化，相信那些超越于普通观念之外的存在体系。所以，在他们的信仰体系中，皈信于一个 UFO 膜拜群体并没有引发过激的变化。在这个新的信仰选项与他们长期持有的信仰之间，存在一种延续性的关系。㉙

皈信的路径（Paths of Conversion）

情境影响皈信过程的一种途径，就是沿着既存的社会、文化、族群、政治的界限来形塑皈信的过程。阿兰·提佩特（Alan Tippett）在其对大洋洲民族的研究中发现，接受和/或排斥某种劝诱改宗的情况，往往是沿着社会中业已存在的社会裂隙而发生的。此外，提佩特还报道，在南太平洋岛屿，皈信不同教派的模式与皈信者的交友和亲属网络有一致性。由此可见，某人以某种特定方式皈信于某一个特定的教会，在很大程度上是由传教士到来以前就已经建立的家庭和社会关系模式决定的。皈信的形式因为不同教派的规范不同而有别，然而，不

幸的是教派之间冲突的产生往往也循着不同部落之间的差异模式。㉚

融合（Congruence）

融合——在多大程度上新宗教的要素与既有的宏观和微观情境的要素能够啮合——是关系到皈信发生的另一个重要的决定性因素。克拉夫特关于尼日利亚的希吉人的研究提供了一个好的例子。他描绘了种种文化因素的融合怎样促成了希吉人皈信基督教。尽管穆斯林就生活在紧邻的地方，希吉人并不考虑皈信伊斯兰教，因为该地区的穆斯林是富拉尼人（the Fulani），在传统上与希吉人为敌。事实上，富拉尼人是一个好斗的族群，他们早先曾经捕捉其他非洲人并将他们卖为奴隶，所以希吉人有拒绝伊斯兰教的倾向，因为该宗教令人产生与富拉尼人的联想。另外，在希吉人的文化中有对白人特别尊重的强烈倾向。希吉人中有一种说法："敬畏上帝，敬畏白人。"因为基督教传教士是白人，他们受到很大的尊重。而且，基督教的神是人像，与希吉人传统神话中的神（Hyelatamwe）相呼应。依据当地传统的说法，Hyelatamwe离开了，因为他的儿子被杀了。当地人渴望听到基督徒的故事，因为他们的神也离开了。毋庸置疑，基督教关于上帝和耶稣的信息与希吉人部落的宗教故事之间有深刻的共鸣。

这些与融合相关的非常重要的情况，通过当时发生的其他一些事件得到了进一步印证。有些希吉人因患麻风病被送到 80 英里以外在嘉庆达（Garkinda）的一个麻风病院。那些仍然在村里的家人和朋友以为这些麻风病人死了，永远不会再相逢了。而在麻风病院里，这些病人接触到其他一些是基督徒的麻风病人，与他们讨论基督宗教的荣耀和责任。1950 年代，磺胺类药物已经研发成功，多数麻风病人都治愈了，或者通过用药控制了病情。当他们重新回到家里的时候，家人和朋友们都觉得死人又复活了。痊愈了的麻风病人为上帝的神力和他们新建立的对耶稣基督的信仰作证。就这样，情境中的不同要素汇聚起来，有助于培育和引发希吉人当中的皈信。㉛

特定情境中不同种类的皈信（Types of Conversion in Context）

理解特定情境之重要意义的另一种途径，是通过将不同种类皈信的情况结合起来审察情境。"传统的转变"（"tradition transition"）一般是在两个不同文化接触以后发生。最常见的例子就是传教士到来的情况，由此引进了一种外国的宗教。两种不同文化接触的方式多种多样。例如，传教士被允许接触当地人，因为他或她是对本地区实施殖民统治的强大政府的代表。在其他的案例中，允许这样的接触是因为潜在的皈信者所在社会已经开放给外来者活动了，或者就是简单地因为该社会太弱了，无法阻止这样的接触。㉜

"机构的转换"（institutional transition）发生在这样的情境下——在现存的传统中，有转向新的宗教选择之可能（或允许）。如果在一个城市环境中，有不同的教派随时供选择，而且对个人选择离开一个教派并参与另一个教派几乎没有限制，那么用社会学的观点来看，从卫理公会的教会转向罗马天主教的教会是相对容易的。㉝

"属系"（affiliation）涉及参与一个要求在很高程度上投入（或委身）的群体，这样的情况通常要求当事人不再有或完全去除对以前群体的投入（或委身）。例如，一个年轻人参与到克里希那教派运动（the Hare Krishna movement）或者联合教会（the Unification Church）的情况。㉞ 允许这样流动的情境必须是鼓励宗教多元化的，或者至少不会在很大程度上反对它，这样才能让不同的群体自由地从事劝诱改宗活动。

"强化"（intensification）发生在一个传统内部，尤其重要的情境是该运动自身形成的环境。强化的模式主要是由该宗教群体的思想意识及其实现强化的方法所决定的。目前，一种流行于欧洲和北美的强化方法是"信念强化运动"（the cursillos movement），设计成一种灵修活动，对象是那些已经是基督徒的男女信众，但这些人希望加深对信仰的领会和投入（或委身）程度。㉟

"脱教"和"叛教"（apostasy and defection），至少在美国和西欧的情境中是十分常见的，在那里对于参加宗教组织很少有或者完全没有物质性或社会性的回报。事实上，许多神学家认为在美国和在欧洲的大多数地方，教育所提供的训练是以世俗模式对现实进行的一套解说，从而在意识形态意义上阻止以宗教学说建构现实。㊱

情境与规范性的皈信（Context and Normative Conversion）

情境影响皈信过程的一种途径是通过提供皈信的比喻、意象、期望和模式。因而，有些模式的皈信就被视为规范的形式，皈信者必须通过这样的规范性程序才能成为被认可的皈信者。一个特定的皈信程式所提供的比喻和期望，能够对个人意识和经验的形成产生强大的影响。㊲奥利夫·斯顿（Olive Stone）研究报道，在大西洋的某海岛（虚拟的岛名为"河流岛"，River Island）上的一个遥远的村庄里，（1943 年，当她在那里进行田野研究的时候）当地的人"要在教会取得教徒身份唯有通过皈信的过程，而（被接受为有效的）皈信过程则需要伴有幻象予以表达"。㊳在河流岛的 746 名居民中，除了 7% 例外，其他都是教会的成员。斯顿对于幻象内容的具体分析在此并不重要。重要的是，需要幻象来确认皈信经验的要求，事实上诱发并促成了这般幻象的产生。在此，我并不是要质疑这些幻象的确实性，而是要强调情境对皈信的要求影响了皈信过程中的实际经验。当然，这些幻象的细节是多种多样的，但是幻象经验本身作为"真正的皈信"之必须有的证明，得到了普遍的报告。

比尔·伦纳德（Bill J. Leonard）在南方浸信教会的经历是另一个极好的例子，显示了社会文化的条件在皈信过程中可能扮演的角色。㊴在伦纳德成长的文化中，人们认为只有某种特定形式的皈信是唯一"真正的"皈信经验。为了得到拯救，当事人必须有皈信过程中的意识上的经历。其中必备的要素包括罪感意识，向着"渴望之台"的"前行"，做罪人祷告，承认自己的罪过，并邀请耶稣进入皈信者的心怀。

出自情境的假说（Hypotheses Emerging from Context）

为了促进讨论并聚焦于具体的问题，也为了启发进一步的研究，我在此提出一些对皈信过程进行动态分析的假说。

1. 如果本土文化是稳定的、坚韧的、有效的，那么将很少有人接受皈信改宗。

1.2. 一个强大的文化会褒奖（与本文化）一致的行为，惩罚（与本文化）偏离的行为。

1.2.1. 行为与（情境）期望一致的人将得到好处。

1.2.2. 凡是打破文化规范的人，无论是偏离者还是外来者，都将受到惩罚。

1.3. 那些在敌意的背景下还要皈信改宗的人是社会的边缘分子。

1.3.1. 造成边缘状态的原因会有许多。

1.3.2. 在许多情况下，边缘化的人与权力源头处于脱离状态，并失去传统文化的支持。越是处境边缘化的人就越容易皈信改宗。

1.3.3. 可以有许多途径造就边缘化的状态。

2. 比起处于稳定状态的社会，处于危机中的本土文化会有更多潜在的皈信改宗者。

2.1. 危机的持续时间、强烈程度以及所涉范围，影响到人们（对皈信改宗的）接受程度。

2.2. 对很多人来说，在严重的（文化）危机时期，该文化的弱点就越发明显，从而激发起人们对新的（文化）替代物的兴趣。

2.3. 在文化危机期间，影响到皈信模式的一个重要因素就是，危机是由外部原因还是内部原因造成的。

2.4. 在殖民地的背景下，所能够感受到的殖民当局的力量是一个关键的变因。

2.5. 在文化危机中，可能会出现这样的情况——最有才华、最具创造力的人会带头皈信改宗，因为他们可能察觉到对个人及对整个群体的有利之处。

3. 就文化接触的情境而言，不同文化体系之间越是协调一致，皈信改宗就越可能发生；文化体系之间越是不和谐，皈信改宗可能性就越低。

3.1. 文化体系之间的和谐和不和谐的相对程度将决定皈信改宗率。

3.1.1. 文化体系之间在核心价值和符号方面的和谐将会促成皈信改宗。

3.1.2. 文化体系之间处于价值和符号金字塔顶端的价值和符号之

间的和谐，将会促进皈信改宗。

4. 在文化多元主义的情况下，对于皈信改宗会有差异性的反应，其根据在于不同的文化和社会因素。

5. 除非在强迫皈信改宗的案例中，皈信者根据自身感受到的对自己有利情况选择新的信仰选项。

6. 皈信者有选择性地采纳和适应新的宗教的要求，以满足自身需要。

7. 宣教者与潜在皈信者之间的直接接触是一个双向动态的过程。

7.1. 宣教者和接受宣教者之间的相对权力关系影响着他们之间的互动。

7.2. 两者接触时的环境影响互动的情况。

7.3. 相对于他们自身文化而言，宣教者和接受宣教者的个人特点（尤其是处于边缘状态还是主流状态）影响两者的互动。

上述内容使我们看到，情境在调节着一个由人物、制度/机构、思想意识、期望以及人们面对困境的整体背景等因素构成的动力场。个人、群体、社群、族群以及国家都处境于（同时也受影响于）不同的上层建筑和基础结构，这些因素影响着"皈信与抵制"这出戏剧的内容和形式。融合与冲突两者并行，以令人眼花缭乱的方式阻碍或促进着危机舞台的建构。

注释

① 从新教福音派视角撰写的关于文化情境之重要性的两篇优秀文献，见 Hans Kasdorf, *Christian Conversion in Context* (Scottsdale, Pa. Herald Press, 1980), and Charles H. Kraft, *Christianity in Culture* (Maryknoll, N.Y.: Orbis Books, 1979)。从罗马天主教的视角撰写的文献，见 Louis J. Luzbetak, *The Church and Cultures* (Maryknoll, N.Y.: Orbis Books, 1988)。

② John A. Gration, "Conversion in Cultural Context," *International Bulletin of Missionary Research* 7 (1983): 157–63.

③ Anthony F. C. Wallace, "Revitalization Movements," *American Anthropologist* 58 (1956): 264–81; "Mazeway Resynthesis: A Biocultural Theory of Religious Inspiration,"

Transactions of the New York Academy of Sciences, 2d. series, 18 (1956): 626-38; and "Mazeway Disintegration: The Individual's Perception of Socio-Cultural Disorganization," *Human Organization* 16 (1957): 23-27.

④ 关于复兴运动以及该现象心理学和神经学基础的近期研究，见 Barbara W. Lex, "Neurological Bases of Revitalization Movements," *Zygon* 13 (1978): 276-312。

⑤ Eldridge Cleaver, *Soul on Fire*, Waco, Tex.: Word Books, 1978. 与此书形成强烈对比的是他本人更早出版的一本书，见 *Soul on Ice*, New York: McGraw-Hill, 1968。

⑥ 需要注意的是克里夫尔在黑豹党中扮演的角色是有争议的。他关于妇女和同性恋问题，以及其他方面的一些观点，遭到了尖锐的批评。感谢 Elizabeth L. Morgan 向我指出这些问题。

⑦ Eldridge Cleaver, *Soul on Fire*, pp. 211-12.

⑧ William G. McLoughlin, *Revivals, Awakenings, and Reform*, Chicago: University of Chicago Press, 1978. 这个过程也可以用荣格学说的观点予以分析，参见 John Weir Perry; *Roots of Renewal in Myth and Madness*, San Francisco: Jossey-Bass, 1976。

⑨ Clifford Geertz, *Interpretation of Cultures*, pp. 255-310.

⑩ 关于欧洲对外扩张和开拓过程的一项非常全面而细致的研究，见 Eric R. Wolf, *Europe and the People without History*, Berkeley University of California Press, 1982。关于这方面现当代情况的一项杰出研究，见 Theodore H. Von Laue, *The World Revolution of Westernization: The Twentieth Century in Global Perspective*, New York: Oxford University Press, 1987。

⑪ See Morton H. Fried, "Reflections on Christianity in China," *American Ethnologist* 14 (1987): 94-106. 关于基督教在中国的简史，见 G. Thompson Brown, *Christianity in the People's Republic of China*, Atlanta: John Knox Press, 1986。关于中国人回应早期传教士的一项极为突出的研究，见 Jacques Gernet, *China and the Christian Impact: A Conflict of Cultures*, trans. Janet Lloyd, New York: Cambridge University Press, 1985。关于基督教在日本的评估性研究，见 Richard H. Drummond, *A History of Christianity in Japan*, Grand Rapids, Mich. Eerdmans, 1971; Tetsunao Yamamori, *Church Growth in Japan*, South Pasadena, Calif.: William Carey Library, 1974。

⑫ Abdullahi Ahmed An-Na'im, "The Islamic Law of Apostasy and Its Modem Applicability," *Religion* 16 (1986): 197-224.

⑬ 围绕世俗化问题的论争是极其复杂的，有关这方面的综述性研究，见 Larry Shiner, "Six Meanings of 'Secularization,'" *Journal for the Scientific Study of Religion*

6 (1968): 207-20。

⑭ See Andrew M. Greeley, *Unsecular Man*: *The Persistence of Religion* (New York: Schocken Books, 1971) and *Religious Change in America* (Cambridge, Mass.: Harvard University Press, 1989).

⑮ See Bryan Wilson, *Religion and Secular Society* (Harmondsworth, U.K.: Penguin Books, 1966), and *Contemporary Transformations of Religion* (London: Oxford University Press, 1976).

⑯ See David Martin, *A General Theory of Secularization* (New York: Harper and Row, 1978).

⑰ See Peter L. Berger and Thomas Luckmann, *The Social Construction of Reality* (Garden City, N.Y. Doubleday, 1967) also *Berger's Sacred Canopy* (Garden City, N.Y. Doubleday 1969), and *Facing Up to Modernity* (New York: Basic Books, 1977).

⑱ Peter L. Berger, *The Heretical Imperative*, Garden City, N.Y. Doubleday, 1979. 有关宗教与现代性的更为一般性的讨论，见 Berger's, *Sacred Canopy*。

⑲ Robert Jay Lifton, "Protean Man," *Partisan Review* 35 (1968): 13-27。

⑳ Philip Cushman, "The Self Besieged: Recruitment-Indoctrination Processes in Restrictive Groups," *Journal for the Theory of Social Behavior* 16 (1986): 1-32。

㉑ 据我所知，Stephen M. Sales 在1970年代早期所做的研究是这方面唯一的实证研究，该研究探讨了大环境与皈信动机之间的关系。他的研究聚焦华盛顿州西雅图地区，当经济动荡时，不同类型教会的信众出席率变化的情况。他的研究发现，当西雅图地区经济出现问题时，人们皈信威权性教会的比率就会提高。见 Sales's "Economic Threat as a Determinant of Conversion Rates in Authoritarian and Nonauthoritarian Churches," *Journal of Personality and Social Psychology* 23 (1972): 420-28。

㉒ 有关佛教的一项简要的概论，见 E. Zurcher, *Buddhism*: *Its Origin and Spread in Words*, *Maps*, *and Pictures*, London: Routledge and Kegan Paul, 1962。

㉓ 关于一世纪的皈信过程和基督教传播情况的一项说明性的论述，见 Wayne A. Meeks, *The First Urban Christians*: *The Social World of the Apostle Paul*, New Haven: Yale University Press, 1983。关于1~4世纪皈信情况的一项极佳分析，见 MacMullen's *Christianizing the Roman Empire*。有关基督教在世界范围扩散情况的纵览，见 Stephen Neill, *A History of Christian Missions*, Harmon-dsworth, U.K.: Penguin Books, 1964,

2ded., 1986, revised by Owen Chadwick。

㉔ 关于伊斯兰教发展扩散的经典著作是 T. W. Arnold's *Preaching of Islam*: *A History of the Propagation of the Muslim Faith*, Westminster U. K.: Archibald Constable, 1896。有关这方面的一般性概览，见 F. R. J. Verhoeven, *Islam*: *Its Origins and Spread in Words*, *Maps and Pictures*, New York: St. Martin's Press, 1962。一部可读性很高的关于伊斯兰教的著作，见 Malise Ruthven, *Islam in the World*, New York: Oxford University Press, 1984。

㉕ James T. Duke and Barry L. Johnson, "The Stages of Religious Transformation: A Study of 200 Nations," *Review of Religious Research* 30 (1989): 209 – 24, and "Religious Transformation and Social Conditions: A Macrosociolo8ical Analysis," in *Religious Politics in Global and Comparative Perspective*, ed. William H. Swatos, Jr., New York: Greenwood Press, 1989, pp. 75 – 109.

㉖ David B. Barrett, ed., *World Christian Encyclopedia*, Nairobi: Oxford University Press, 1982.

㉗ Nock, *Conversion*, pp. 9 – 10.

㉘ Charles H. Kraft, "Cultural Concomitant of Higi Conversion: Early Period," *Missiology* 4 (1976): 431 – 42.

㉙ Robert W Batch and David Taylor, "Seekers and Saucers: The Role of the Cultic Milieu in Joining a UFO Cult," *American Behavioral Scientist* 20 (1977): 839 – 60. See also Robert W. Batch, "Lookin Behind the Scenes in a Religious Cult: Implications for the Study of Conversion," *Sociological Analysis* 41 (1980): 137 – 43.

㉚ Tippett, "Conversion as a Dynamic Process in Christian Mission," pp. 203 – 21.

㉛ Kraft, "Cultural Concomitant of Higi Conversion," pp. 431 – 42.

㉜ 要说明这一点，可以列举出数以千计的书籍和论文，不过在此列举两项足矣：Vicente L. Rafael, *Contracting Colonialism*: *Translation and Christian Conversion in Tagalog Society under Early Spanish Rule* (Ithaca, N. Y.: Cornell University Press, 1988), and Vincent J. Donovan, *Christianity Rediscouered*: *An Epistle from the Masai* (Maryknoll, N. Y.: Orbis Books, 1978)。如需更为全面的文献目录，见 Lewis R. Rambo, "Current Research on Religious Conversion," *Religious Studies Review* 13 (1982): 146 – 59。

㉝ 有关这些问题的极佳的综合性研究，见 Frank Newport, "The Religious Switcher in the United States," *American Journal of Sociology* 44 (1979): 528 – 52, and Wade

㉞ Charles Selengut, "American Jewish Converts to New Religious Movements," *The Jewish Journal of Sociology* 30 (1988): 95–110.

㉟ 关于这一类皈信的最初想法，源自有关葛培理传教活动的文献。虽然我同意其中的某些评估，但我确信至少对其中部分人来说，他们得到了深刻的经验，我称之为"强化"。参见 Ronald C. Wimberley et al., "Conversion in a Billy Graham Crusade: Spontaneous Event or Ritual Performance?" Sociological Quarterly 16 (1975): 162–70, and Weldon T. Johnson, "The Religious Crusade: Revival or Ritual?" American Journal of Sociology 76 (1971): 873–90。此外，我还认为威廉·詹姆斯的经典著作《宗教经验之种种》报道的许多皈信案例，实际上是一些出生并成长在基督教环境中的人的故事，所以他们的皈信在更大程度上是一种强化过程，而并非那种完全不具（基督教）宗教背景的人的皈信。目前对皈信问题的探讨常常关注的是这类皈信。参见 Walter Conn, *Christian Conversion: A Development Interpretation of Autonomy and Surrender* (New York: Paulist Press, 1986), and Jim Wallis, The Call to Conversion (San Francisco: Harper and Row, 1981)。目前一些世俗犹太人回归到正统犹太教的情况同样可以视为强化，参见 Janet Aviad, *Return to Judaism: Religious Renewal in Israel*, Chicago: University of Chicago Press, 1983。

㊱ 有关脱教/叛教的研究很少，但这方面的文献正在多起来。参见 David G. Bromley, ed., *Falling from the Faith: Causes and Consequences of Religious Apostasy* (Beverly Hills: Sage Publications, 1988), and Stuart A. Wrihgt, *Leaving Cults: The Dynamics of Defection* (Washington, D.C.: Society for the Scientific Study of Religion, 1987)。

㊲ 关于皈信模式的研究可以从许多不同的视角切入。Anne Hunsaker Hawkins 在其优秀的著作中采用了原型的概念，见 *Archetypes of Conversion: The Autobiographies of Augustine, Bunyan, and Merton*, Lewisburg, Pa.: Bucknell University Press, 1985。关于美国的皈信研究历史中，人们对清教徒皈信模式的探讨为数最多。这方面的经典著作之一是 Norman Pettit 的研究，见 Norman Pettit, *The Heart Prepared*, New Haven: Yale University Press, 1966。更为新近的著作是 Patricia Caldwell, *The Puritan Conversion Narrative*, New York: Cambridge University Press, 1983; John Owen King 的著作 *The Iron of Melancholy* (Middletown, Conn.: Wesleyan University Press, 1983) 则激起了关于这方面的新一轮讨论。按照我个人的观点，这方面最具价值的是 Cohen 的著作，见 Charles Lloyd Cohen, *God's Caress: The Psychology*

㊳ *of Puritan Religious Experience*, New York: Oxford University Press, 1986。

㊳ Olive M. Stone, "Cultural Uses of Religious Visions: A Case Study," *Ethnology* 1 (1962): 330.

㊴ Bill J. Leonard, "Getting Saved in America: Conversion Event in a Pluralistic Culture," *Review and Expositor* 82 (1985): 111-27.

第三章
危 机

　　研究宗教皈信的学者面临的问题之一，就是要理解构成皈信过程一系列事件发生的顺序。在皈信之前通常会发生某些形式的危机，这是被大多数从事皈信研究的学者所认可的情况。危机发生的源头可以是宗教的，政治的，心理的，或者文化的。学者们意见无法取得一致的地方是，这种迷茫状态是发生在当事人与劝诱改宗者接触之前还是之后。例如，路德·格尔拉赫（Luther P. Gerlach）和弗吉尼亚·海恩（Virginia H. Hine）的研究发现，他们研究对象的皈信过程开始于与传教人接触的时候，传教人试图说服他们用一种新的眼光来看待世界、看待他们自己。[①]那无疑是（宗教皈信）过程中一个有效的开始。然而，我认为一个同样有效的假设可以是，许多（实际上是大多数）皈信者在自身皈信过程中是积极主动的参与者。本书各章的排列顺序反映了后者的观点：情境，危机，追寻，遭遇，互动，委身，后果。如果从另一种视角看的话，这个发展阶段的顺序就需要重新排列：情境，遭遇，危机，追寻（或者，作为一种回应，对新的选项予以抵制或拒绝），互动，委身，后果。

　　关于危机阶段的讨论，有两个基本的问题尤其紧要。第一个问题是，情境因素的重要性；第二个问题是，皈信者的主动或者被动的程度。让我参考基督教的情况来说明第一个问题。在美国、西欧以及其他一些地方（例如菲律宾），基督教是主导性宗教，基督教是文化整体的组成部分。在这些地方，当人们想要得到"拯救"时，寻求基督教顺理成章。然而，在那些基督教不是主导性宗教的社会文化背景下，或者在某些更为极端的情况下，对基督教甚至闻所未闻的背景下，那么皈信基督教就具有根本性的差异了。

【45】当传教士试图劝诱那些对基督教一无所知的人皈信基督教时，相比在那些对基督教习以为常之人，这个过程是非常不一样的。就定义而言，潜在的皈信者是更为被动的，因为他或她缺乏相关的知识和权力，而传教者则懂得并控制着皈信的过程。不过，除非在罕见情况下，潜在的皈信者还是有一定的权力的，主要表现在他或她对新的信仰的回应方式和吸收方式，能够说"不"则是最大程度的权力控制。

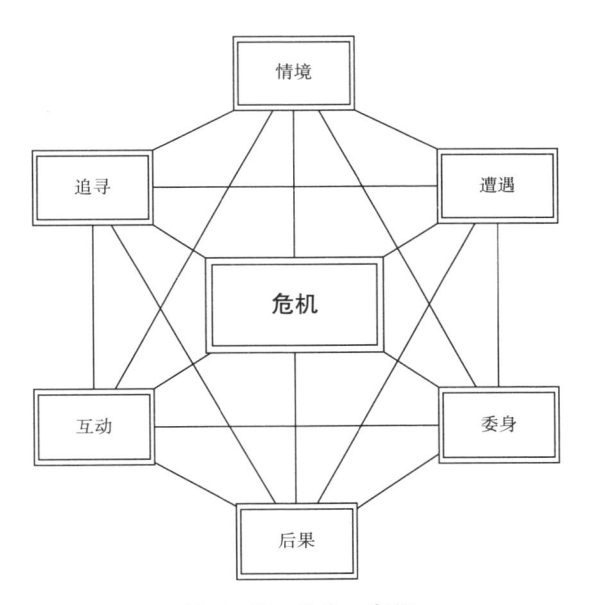

图 5　第二阶段：危机

【46】皈信者在皈信过程中究竟是主动的还是被动的，这是研究宗教皈信的学者长期争议的问题。问题的真相是，这不是一个非此即彼的因素而是一个彼此/抑或的因素，在一个程度序列的范围内存在多种选项。就像皈信研究中许多令人烦恼的问题一样，问题的答案在于，要承认同时存在不同的可能性，继而在建立连续体序列的基础上寻求更为丰富的理解。[②]

危机的本质（Nature of Crisis）

对于危机的阶段必须进行仔细的评估。[3]究竟什么是引起或者促成皈信过程中危机之本质？对于皈信的过程，是否所有的危机都同样重要呢？危机的强度、持续的时间和范围究竟怎样？真正的问题所在，是危机的严重性呢还是危机的确切本质呢？正如判断皈信者的主动程度或被动程度一样，危机应该被看作是一个沿着连续体序列存在的变因，而不是一个绝对的非此即彼的状态。人的迷茫状态和危机有许多不同的类型。大量人文学科的文献强调，社会分裂、政治压迫或者某种戏剧性的事件，扮演着危机的肇始因素。然而，危机也可能由某些并不那么戏剧性的事件引发，例如有人会被一场打动人心的布道所触动，深信自身有罪，从而开始一个自我反省和寻求拯救的过程。

有两种基本类型的危机在皈信过程中具有重要性：引起当事人质疑其生活根本取向的危机；危机本身内容和性质是相当温和的，但其作用正如谚语中所说的那样，成为压断骆驼脊背的最后那一根草。显而易见的是，死亡、灾难和其他痛苦的经历会令人质疑自己对人生意义的解释，将一切都诉诸疑问；然而，其他一些看起来似乎无关紧要的事件，也可能最终成为危机的触发点——回顾起来，那就是危机。累积性的事件和过程常常是促成皈信的关键因素。或许有人可以振振有词地辩称，仅仅听到孩童的声音说道"拿起来，朗读"是件微不足道的事，然而对于奥古斯丁来说，这些话触发了一个长期累积过程所达到的高潮，而这个过程对他的宗教旅程有着极其重大的意义。[4]

危机的"情境"所体现出的灵活性、坚韧性、创造性也需要予以考虑。某些文化、社会、个人和宗教能够经受得住严重的危机，以建设性的态度采取适应和调整的方法，而其他一些文化、社会、个人和宗教在面对外来影响时则更容易受到伤害。我们知道，有一个大多数研究宗教皈信的学者都同意的一般性原则：在那些地区，如果（本土）宗教有良好的组织结构，有书面的经典、规制等文字传统，并得到当

【47】

地的经济、政治和文化力量的支持，那么就很少发生皈信改教的情况。基督教很少从伊斯兰教那里得到改教皈信者。事实上，从所有的所谓世界性宗教那里，都很少得到改教皈信者。在派遣传教差会的背景下，最为"肥沃"的皈信入教的土壤倾向于在所谓泛灵论者当中，诸如在非洲、南美和印度的不同部落群体。面对世界性宗教，尤其基督教和伊斯兰教，民间宗教与其抗衡的韧性较差。泛灵论者很少有联系其村落之外民众的广泛组织和意识形态。缺乏这些内部的结构和外部的资源，他们就更容易脱离本土的思想和行为模式。

危机强度：	轻微·················严重
持续时间：	短期·················长期
涉及范围：	有限·················广泛
危机源头：	内在·················外在
旧/新危机：	连续·················不连续

图 6　危机的要素和范围

危机的相对重要性（The Relative Importance of Crises）

长期以来，关于紧张状态或危机是否扮演了促成皈信的重要角色，有激烈的争辩。早期社会科学家中，注意到危机在皈信过程中具有重要性的是约翰·洛夫兰德（John Lofland）和罗德尼·斯达克（Rodney Stark）。[5]他们将这样的危机描述为"人们感受到的某种想象的理想状态与现实环境之间的不一致性，而这些人自认为深陷于现实环境之中"。[6]通过观察某城市地区参与膜拜团体的活动的人，他们发现这些人生活中产生的某种紧张状态触发了他们对宗教的追寻。

有些研究者肯定了洛夫兰德和斯达克的发现，但其他一些学者则拒绝接受紧张或危机作为皈信触发因素的必然性。[7]马克斯·海立克

（Max Heirich）的研究课题是关于紧张因素所扮演的角色之最为复杂的统计学研究之一。[8]他比较了一些罗马天主教神恩派教徒和一个控制组的非神恩派罗马天主教徒，分析了与紧张因素相关的几个变因。两个组都经历了多种紧张和危机。然而，海立克报道，仅有的具有统计意义的发现是，魅力型的皈信者"比其他人更少否认紧张，而不是更倾向于报告有些紧张"，他的结论是"紧张……不足以说明所发生的情况"。换言之，皈信者是知道紧张的存在的，不需要否认其在生活中的角色。显然，仅仅用紧张、张力或危机是不足以解释皈信的，虽然某种刺激因素常常是皈信过程的肇始因素，所以危机的确切本质会因人而异，因情势而异。

危机的催化作用（Catalysts for Crisis）

神秘经历（Mystical Experiences）

在我进行的50多个访谈中，以及我所读过的难以计数的书籍和文章中，皈信的发生常常是受到某次非同寻常的经历（而且在有些案例中是神秘的经历）的刺激。这类经历的实质各不相同，但对于大多数人来说，神秘的经历，尤其是意想不到的神秘经历，是令人深为不安的。这一模式的典型例子是大数的扫罗的经历。根据《圣经》中的描述，促使（催化）扫罗皈信的是一次由神灵干预而触发的神秘经历。依照早期教会中路加的叙述记录，见之于《圣经·使徒行传》，当时犹太教中的弥赛亚运动是一个新的教派运动，而扫罗原本是反对这个新教派运动的总设计师。就在他要执行一项任务，去迫害在叙利亚大马士革城的耶稣追随者的时候，遭遇了一场改变他人生的变故。根据路加的说法，扫罗受到复活了的耶稣之面责。扫罗双目失明，被送到大马士革，由耶稣的门徒亚拿尼亚给他施洗入教。[9]不管这个经历的确切意义何在，扫罗的人生显然得到了深刻的改变。这个神秘的经历使他深信，自己所投身的迫害（基督徒的）行为是不可行的，必须改变自己所效忠的对象。扫罗，基督徒的迫害者，变成了保罗，颂扬基督教的领头人。

几年前，我访谈了一位妇女，她告诉我她的皈信过程始自一次身心震撼的经历。有一天，她正在泡澡，收音机一下掉到水中。她说，自己的整个身躯被从浴缸里提升起来，移放到地板上。她相信，上帝的的确确把她从水中捞了出来，救了她的命。这次经历激发了她对《圣经》的强烈兴趣，一连好几个星期，她几乎没有做其他事，只是读《圣经》，试图弄清奇迹般经历的意义。后来，她与一个保守派教会的人取得联系，皈信了；不过，她皈信过程的开端是由一个戏剧性的、关涉生死的经历所激发的危机。

濒死的经历（Near-Death Experience）

在过去的 20 年，许多书籍和文章详述了濒死体验。⑩这些经历往往是相似的，通常是在一场几乎导致死亡的事故之后或者手术期间。当事者经历了他或她的灵魂与躯体的分离。经常报道的情况是，这个人感到好像行进在一个很长的隧道里；隧道的尽头一片光明，朋友和家人聚集在一起。一般来说，这个人在此经历中感到喜悦和快乐，有时并不急于要回到物理现实的生活中来。至今，对于皈信与这种濒死体验之间的具体关系，很少有直接的研究。然而，如果一个人有了这样一种经历，有时会相信在我们通常的感知之外存在另一个现实。这样的经历可能成为一种触媒，改变当事人对人生的"正常"看法，引发其在灵性方面深刻的觉醒。

疾病与疗伤（Illness and Healing）

严重的疾病或者从严重疾病中康复，常常是皈信的另一种触媒。⑪据一位皈信到锡克教的皈信者报道，他的经历是全身疲惫、身体状况不好。他开始修瑜伽课，很快就感到好转。过了一些时候，他进行了一次腹部手术，结果导致了肠粘连，十分痛苦。他将情况告诉瑜伽老师，老师要他开始练习一种难度更大的瑜伽，并且改变饮食。他的痛苦症状消失了，整个身体状况大大改善。改善健康状况的经历使他开始相信，瑜伽不仅仅是一种体能的锻炼，还有其他的意义。接着，他开始探索瑜伽身体运动的灵性基础。

这就是全部吗？(Is That All There Is?)

现实中经常见到的情况是，危机发生的情况并不像我们刚刚讨论的经历那么具有戏剧性。对于有些人来说，"开化"的过程是由模模糊糊、逐渐增长的对现实生活不满意的意识所导致的。当事者会感到，普通的做事方法和思考问题的方法都不够综合全面、令人信服，达不到理想的水准。或许，这个人已经实现了他或她要追求的全部目标，然后发问道："这就是全部吗？"或许，晋级提升、建立家庭，或者实现某一个中心目标，这一切都不如期望的那样令人满足。当事者可能会感到，现实生活并不具有生活应该有的意义和目的性。这样的感悟可能会激发一个人去寻找新的选项，或者试图在自己成长起来的传统中重新发现具有根本性的源头。

渴望超越(Desire for Transcendence)

如果我们不从危机的角度考虑，而是从渴望超越的角度考虑，这样可能更有助益。有人可能会声辩，尤其是从神学的观点来看，人类有着在超越自己的层面上寻求意义和目的的动机。许多人渴望有遇到上帝的经历，以此来丰富和扩展自身的生活。社会科学家很少会认为这样的皈信动机是具有确切性的，而是倾向于视之为将"深层的"（常常是病态的）、以宗教思想面具遮掩着的动机进行了理性化。无论情况如何，有些人似乎并没有经历明显的危机，但他们还是要皈信。简言之，他们就是渴望更多。不管出于什么原因，所谓"更多"是在宗教意义上的定义，他们所追求的就是超越。

【51】

改变了的意识状态(Altered States of Consciousness)

有许多人，他们的新幻象始之于使用药物（毒品）。尤其在1960年代，毒品成为人们换一个不同视角看现实的触媒。等到人们明确认识到，使用毒品常常伴随着非常严重的危害，许多人开始寻找替代品，同样能够达到改变意识状态的效果。詹姆斯·唐顿（James Downton）

在其对圣光使团组织（the Divine Light Mission）的皈信者之研究中注意到，大师马荷罗基（the Guru Maharaj Ji）的追随者大多曾是吸毒者，他们想要得到"更高层次的意识状态"，比起吸毒产生的快感具有更小的危险性、又能够在时间上维持更久。⑫

多变无常的自我（Protean Selfhood）

理解危机之本质的另一种途径，是要领会现代世界的文化结构是以什么方式搜寻意义的，并且搜寻更加稳定的关于自我受命或获取使命感的意识。罗伯特·杰·利夫顿的经典文章《多变无常的人》阐明了这个观点。由于现当代的人面临着种种可供选择的替代性选项，利夫顿提出，对某些人而言，不可避免的情况就是，自我形塑处于一种永远可变的状态。因为不再存在某种单一的文化模型，这样的人可能会不停地追寻自我存在的新方式。宗教皈信既提供了一种新的变化经历，又提供了一个躲避持续变化的庇护所，所以有些人对宗教皈信感兴趣，是因为想要尝试新事物；而就某些特定形式的皈信而言，他们旨在寻求一个核心或中心，以便在一片混乱之中能够提供稳定性。

病理性（Pathology）

在探讨皈信动机的心理学文献中，许多是以心理分析为取向的，其主要观点是危机即意味着身心衰弱或崩溃。从这个视角出发，皈信的动机来自因为畏惧、孤独或者绝望而产生的缺失感，皈信过程则被看作是一种调适机制，试图化解心理的冲突。

人本主义心理学家和超个人心理学家的研究提供了一种别样的视角，他们认为，自我实现的愿望可以是与缺失感同样强烈的动机。根据这样的研究取向，有些人是灵性追寻者，他们总是在成长、学习、发展、成熟的过程中。这些人不应被视作强势宣教者的牺牲品，这些人自身的特点就是要积极地搜寻新的选项、新的刺激、新的思想，以及参与的新深度。

就心理分析学家而言，因为他们的研究对象主要是处于"情感病态"的人（或者是从病案中选取的例子），所以他们对皈信主要动机的见解是寻求情感问题解决。而对人本主义心理学家来说，他们将研究对象视为从整体上说是心理"健康的"人，所以他们将皈信视为追寻在思想的、灵性的和感情的变化和成长。

在这个领域有少量的比较研究，试图通过审察更为多样化的样本来超越上述两分法的研究，其中之一是由加纳·乌尔曼（Chana Ullman）主持的研究。[13]乌尔曼的研究对象是：10名正统派犹太教皈信者，10名罗马天主教皈信者，10名克里希那教派皈信者，10名巴哈伊教皈信者，另外还有一组30个人作为匹配对照组。乌尔曼的研究中进行比较和对比的因素有：皈信者在童年和少年时期生活中经历的心理创伤或家庭冲突的数量，他们对宗教性问题和存在主义问题的兴趣程度，他们对宗教群体的参与程度。虽然乌尔曼最初的理论构想是，皈信的主要动机是满足对认知意义的需求，然而事实上她发现触动40名皈信者（与匹配对照组相比）的主要问题是情感问题、卷入与父亲的不良关系、不愉快的童年生活，以及曾经有过混乱、扭曲的个人关系。

乔尔·埃里森（Joel Allison）也对皈信者进行了比较研究。[14]他在一所基督新教神学院挑选了20名男性学生。在这一群人当中，他将7名曾经有过强烈宗教皈信过程的学生，与7名有过比较温和的宗教皈信过程的学生以及6名从未有过宗教皈信经历的学生进行比较。埃里森发现，那些有过皈信经历的人，几乎没有例外，都有缺席的父亲、软弱的父亲，或者酗酒的父亲。那些没有过皈信经历的人则来自完整无损的家庭。他提出理论认为，这些年轻人的皈信过程，是个人调适和成长过程中的产物，通过认同一个强有力的父亲角色，即上帝和耶稣，使得他们能够从对母亲的依赖中解脱出来。埃里森的研究将皈信的调适因素视为积极的，这是少有得出此类结论的心理分析研究之一。乌尔曼和埃里森的研究指出，有必要在成年人当中对皈信问题展开进一步的综合研究和比较研究，为我们提供关于宗教改变（即皈信或改宗）之本质的更为确切的图景。

【53】

叛教（Apostasy）

另一个引发危机和皈信改宗的触媒是离开某一个宗教传统。不管造成这种分裂的原因是什么，许多人在离开某个特定宗教取向时，就被抛入了一场危机，促使他们寻求新的宗教性经历、机构、学说和社群。

或许，换言之，有些形式的皈信过程也需要经历一种叛教。[15]某些皈信过程要求皈信者明确表达并诉诸行动，摒弃以往的（宗教）属系。不过，所有的皈信过程都有某种未必确切说明的要求，将皈信者以前的生活方式和那套信念弃之脑后，或者予以重新解释。当然，（与自己以往的宗教传统）分离未必总是一场重大的决裂，但就其定义而言，一个人通过皈信过程从一个宗教取向转向另一个宗教取向，就是要有一定程度上的个人变化。

在叛教过程中，不可避免地要损失既有的关系、思想、信仰、仪式、朋友和与家人的亲情，从而产生忧伤。[16]当我们注意到，一些新近的皈信改宗者将其原有的、很重要的关系切断了，或者依照新的宗教取向予以重新调整了，那么我们就能够理解，他们因为否定和诋毁自己的过去而产生的苦涩和痛楚。叛教是令人悲伤的，因为要放弃以往生活的诸多方面是困难的：原有的确定性、周期性仪式的节奏、领导者的力度、与许多人的关联，以及一个传统的象征符号系统的丰富性。在现代世界上，这些失落的问题没有得到很好的处理。我们被简单地告知要忘却过去，像拨动某个电源开关那样，用一个动作就抛弃了许多年的经历。持有这样的态度，没有能够认识到一个人的过去所具有的强大拉力，即使那是一个被看作是罪孽的和破坏性的过去。过去是强有力的，因为那是我们曾经生活了许多年的世界，而且它继续生活在我们的头脑中和心田里。没有简单的方法逃避过去，也没有简单的方法过渡到未来。对于许多人来说，皈信的过程是痛苦的，因为它将皈信者从他们的过去连根拔起，又将他们抛入一个新的未来。无论新的选项可能有多么令人兴奋，皈信者可能并不想放弃过去的关系和生活方式，那些在许多方面仍然是他或她的核心认同的一部分。那么，（对过去的）否定和诋毁则是使得这种变化显得更可以接受、更名正言顺的工具。

外部原因激发的危机（Externally Stimulated Crises）

很显然，有些危机是由外部力量造成的，最显著的情况是殖民强权打乱了（在有些案例中是摧毁了）本土民族的社会文化现实。面临具有灭顶之力的外来强权，一个文化的根本结构就可能被完全打碎。当然，多数文化，即使是最脆弱的文化，都有一定程度的抵制能力，但他们很少有能力完全抵御外来者的力量。

遭受殖民扩张的民众，尤其是"较小的"、不那么强大的族群——诸如生活在撒哈拉沙漠以南的非洲，以及北美、中美和南美的土著族群——没有能力抗拒葡萄牙和西班牙的影响，后来则是荷兰、英国、法国和德国的影响。欧洲人极其巨大的强权成功地破坏了这些本土族群的社会文化的基础结构。

外部力量激发危机的另一个重要形式是传教士或宣教者的活动。正如我在本章第一部分提及的那样，皈信过程的阶段性序列在一定程度上受到情境因素的影响。宣教者的在场有可能激发潜在皈信者的不满情绪，而潜在皈信者此前并没有明确地感受到这种不满情绪。我们在下面将会看到，说服过程的设计，在一定程度上是要培养（被说服者）对现实情况不满的意识，以此激起对新的替代性选项的寻求。【55】

在任何情况下，不管是从什么方面兴起的危机，它都非常可能激发起行动，以减轻不舒适感、平缓不和谐状态、去除紧张的意识。对许多人来说，这样的行动可以被确认为追寻。

注释

① Luther P. Gerlach and Virginia H. Hine, *People, Power, Change Movements Social Transformation*, Indianapolis: Bobbs-Merrill, 1970. See also their "Five Factors Crucial to the Growth and Spread of a Modern Religious Movement," *Journal for the Scientific Study of Religion* 7 (1968): 23-40.

② 有关这方面争论的一项有价值的综合性研究，见 James T. Richardson, "The Active vs. Passive Convert: Paradigm Conflict in Conversion/Recruitment Research," *Journal for the Scientific Study of Religion* 24 (1985): 163-79。争论尤其激烈的是关于新兴宗教运动或膜拜活动招募成员的问题，参见 Richardson's "Psychology of Induction: A Review and Interpretation," in *Cults and New Religious Movements*, ed. Marc Galanter,

Washington, D. C.: American Psychiatric Association, 1989, pp. 211-33。

③ 关于这个问题的一项代表性研讨,见 William B. Bankston, H. Hugh Floyd, Jr., and Craig J. Forsyth, "Toward a General Model of the Process of Radical Conversion: An Interactionist Perspective on the Transformation of Self-Identity," *Qualitative Sociology* 4 (1981): 279-97。

④ Augustine, *The Confessions of St. Augustine*, trans. John K. Ryan, Garden City, N. Y.: Doubleday, 1960. See especially pages 202 and 203, the last few pages of book 8.

⑤ Lofland and Stark, "Becoming a World-Saver," pp. 862-75.

⑥ *Ibid.*, p. 864.

⑦ See Bankston, Floyd, and Forsyth, "Toward a General Model," pp. 279-97, and David A. Snow and Cynthia L. Phillips, "The Lofland-Stark Conversion Model: A Critical Reassessment," *Social Problems* 27 (1980): 430-47.

⑧ Max Heirich, "Change of Heart: A Test of Some Widely Held Theories about Religious Conversion," *American Journal of Sociology* 83 (1977): 653-80.

⑨ 关于保罗的皈信过程,有大量的研究文献。本章目的就是要说明一种情况的重要性,即作为个人危机的宗教经验,进而成为皈信过程的催化剂。关于《圣经·使徒行传》中路加所做陈述的价值,以及在保罗自己的书信中关于其身世的评述之价值,人们并没有形成共识。有关这些问题的一项极佳的综合性研究,见 Beverly Roberts Gaventa, *From Darkness to Light*, Philadelphia: Fortress Press, 1986. 关于这方面的新近研究,参见 Alan F. Segal, *Paul the Convert*, New Haven: Yale University Press, 1990。

⑩ 关于这些问题的两项综合性研究和评述见之于 Kenneth Ring, *Heading toward Omega* (New York: William Morrow, 1984), and Carol Zaleski, *Otherworld Journeys: Accounts of Near-Death Experience in Medieval and Modern Times* (New York: Oxford University Press, 1987)。

⑪ 皈信过程与治疗/康复的过程互相平行或者构成一个互动的过程,这是一种有趣的现象。有关这个问题更为详细的信息,参见 Jerome D. Frank, *Persuasion and Healing*, rev. ed. (New York: Schocken Books, 1974); James Dow, "Universal Aspects of Symbolic Healing: A Theoretical Synthesis," *American Anthropologist* 88 (1986): 56-69; and Brock K. Kilbourne and James T. Richardson, "A Social Psychological Analysis of Healing," *Journal of Integrative and Eclectic Psychotherapy* 7 (1988): 20-34。

⑫ James V. Downton, Jr., *Sacred Journeys: The Conversion of Young Americans to Divine Light Mission* (New York: Columbia University Press, 1979), and "An Evolutionary Theory of Spiritual Conversion and Commitment: The Case of Divine Light Mission," *Journal for the Scientific Study of Religion* 19 (1980): 381-96.

⑬ Chana Ullman, "Cognitive and Emotional Antecedents of Religious Conversion," *Journal of Personality and Social Psychology* 43 (1982): 183-92.

⑭ Joel Allison, "Religious Conversion: Regression and Progression in an Adolescent Experience," *Journal for the Scientific Study of Religion* 8 (1969): 23-38; "Adaptive Regression and Intense Religious Experience," *Journal of Nervous and Mental Disease* 145 (1968): 452-63; and "Recent Empirical Studies in Religious Conversion Experiences," *Pastoral Psychology* 17 (September 1966): 21-34. 【186】

⑮ See Robert F. Weiss, "Defection from Social Movements and Subsequent Recruitment to New Movements," *Sociometry* 26 (1963): 1-20, and Janet Liebman Jacobs, *Divine Disenchantment: Deconverting from New Religions* (Bloomington: Indiana University Press, 1989).

⑯ 我接触过最好的关于人们离开重要社会角色过程的研究是 Ebaugh 的著作：Helen Rose Fuchs Ebaugh's, *Becoming an Ex: The Process of Role Exit*, Chicago: University of Chicago Press, 1988。

第四章
追 寻

人类持续对世界进行建设和再建设，以便从中产生意义和目的，维持心理的平衡，并保证（自身行为和意义的）连贯性。近年来，诸如詹姆斯·理查德森（James Richardson）这样的社会科学家，开始将人类视作在创造意义和选择宗教的过程中积极的社会要素。[①] 如果要用一个词（从许多可用的词中选择其一）来概括这个创造意义的过程，无论其推动力是什么，那么这个词就是"追寻"（quest）。

追寻的概念始于这样的构想，即人们要寻求将生活的意义和目的最大化，要去除无知，并解决缺乏连贯性的问题。在不正常状态或出现危机的状态下，这样的寻求变得迫在眉睫；人们积极地寻找资源以图实现增长和发展来"填补空白"，解决问题或丰富生活。追寻是一个持续进行的过程，不过在危机时期会被大大地强化。下面三组要素有助于对追寻阶段的探讨：回应的风格、结构的可用性，以及动机的结构。

回应的风格（Response Style）

回应的风格将两类人区分开来：一类是对皈信积极回应的人，另一类是对皈信消极回应的人。[②] 本书立论的基本构想是，在人们的皈信过程中皈信者常常是其中的积极动因，这一点是许多当代研究者的共识。例如，罗杰·施特劳斯（Roger A. Straus）在科学论派的教徒（Scientologists）中进行了广泛的田野研究，他认为这些皈信者积极地寻求参与建构和管理自身的皈信过程。③施特劳斯提出，宗教寻求者有时会沉浸于"创造性的摸索"。他们通向宗教转变的道路并不总是那么明确和直接的，然而他们能够找到那些满足自身观念所需要的信仰、群体和组织。

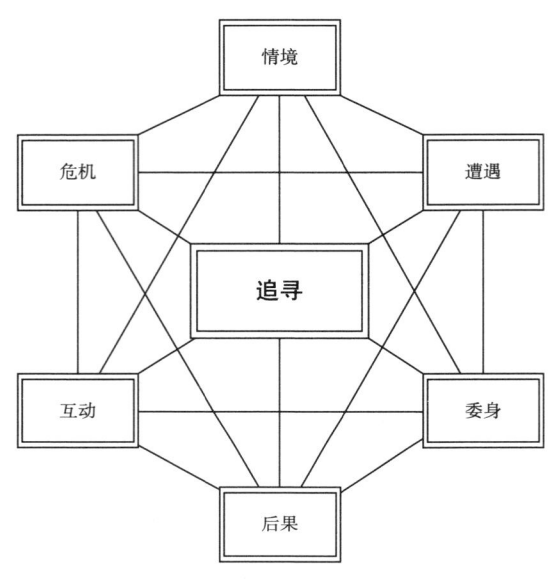

图 7　第三阶段：追寻

　　关于皈信者作为积极动因的一个戏剧性的案例，见之于阿姆贝德卡率众皈依佛教的事件。④阿姆贝德卡（B. R. Ambedkar, 1891—1956）是最早在英国接受高等教育的所谓"印度贱民"之一。当他学成返回印度以后，坚信在很大程度上，印度教僵化的种姓制度是族人（指印度教中的贱民，译注）痛苦的源头。一连好几年，他刻意搜寻一个能够给族人带来福祉的宗教。他审察了伊斯兰教和基督教；显而易见，这两个宗教在当时的印度是可供参考的选项。然而，在仔细考虑了这些可能性以后，他选择了佛教。毕竟，佛教源自印度；阿姆贝德卡最终认为，佛教是满足其族人需求最合适的宗教。在经过大量准备以后，1956 年 10 月 14 日，据估计他带领约二十万的"印度教贱民"改教皈依了佛教。

　　另一个关于积极动因的例子发生在印度的喀拉拉邦。那里的山地阿里安人听说，该地区有从英国来的基督教传教士。根据丹尼尔（K. G. Daniel）的研究，山地阿里安人先后去找了英国海外传道会的小亨利·贝克（Henry Baker, Jr.）五次，贝克最后才动心，同意去给他们布道并帮他们建一座学校。⑤不管动机是什么，山地阿里安人显然迫切地想要一位传教士到村子里并给他们提供基督教的知识。

奥古斯丁当然是基督教最著名的皈信者之一，他曾经投身于长期的宗教追寻的过程，从北非到意大利。他搜寻精神满足的动机促使他在多种宗教和哲学传统中探究，有人认为他经历了一系列的皈信过程，直到最后拥抱了罗马天主教。⑥

这些仅是关于皈信者自身就是积极动因的几个例子。确实，有一些皈信者无疑是被动的接受者，然而阐明许多（如果不是大多数的话）皈信过程中的主动性特征是具有重要意义的。长久以来，皈信者被认为在皈信过程中主要是被动的。这方面的辩论在两派人之间尤其激烈：一派是所谓反邪教运动/反膜拜组织运动（the anticult movement）的追随者；另一派要么是直截了当地鼓吹新宗教运动的人，要么是认为这些运动并非使用洗脑或强制说服手段的人。反邪教/反膜拜组织运动的主要参与者，是膜拜组织的前成员、他们的父母和朋友，以及那些为离开新宗教运动的人进行心理咨询的治疗师。反邪教运动者将这些运动的招募行为解释为欺骗性的皈信过程，因为膜拜组织的鼓吹者用了操控性和欺骗性的手法诱惑人们加入。玛格丽特·辛格（Margaret Singer）被一些人认为是膜拜组织的头号敌人，她辩称招募者使用了"系统地操控社会影响和心理影响"的手法。⑦她认为那些被招募到膜拜组织的人，不是理性的和自主的宗教追寻者，而是处于脆弱且易受伤害状态的牺牲品。其他一些新宗教运动的学者则将研究聚焦于目前已经身为膜拜组织成员的人，他们一般认为加入膜拜组织的人是通过自身的自由意志做出的决定，因为他们在追寻意义和目的。

过去十年里，这方面的冲突在数十次庭审案例中被戏剧化了，因为反邪教/反膜拜组织人士起诉新宗教运动从事非法监禁和欺诈。⑧法庭辩论往往聚焦于当事人参与膜拜组织是一个被动的牺牲品还是一个主动的追寻者。根据美国司法制度下特定的抗辩模式，当案情被置于法

| 主动追寻 | 接受 | 拒绝 | 冷漠 | 被动 |

主动追寻型	追寻新（宗教信仰）选项的人，其原因在于对旧的方式不满意，同时/或者怀有创新愿望，同时/或者寻求自我实现和成长
接受型	因为种种原因，"随时准备"接受新的宗教信仰选项的人
拒绝型	认真拒绝新的宗教信仰选项的人
冷漠型	对新的宗教信仰选项没有兴趣的人
被动型	性格软弱异变的人，他或她容易受到外部影响而改变

图 8　回应模式

庭进行审察时，实证的现实情况和皈信过程的复杂性一般都不再是关注的要点。而真实情况是：有些人是被动的，有些人是主动的，还有许多人在某些时候主动，而其他时候又被动。当然，要对这个问题追根寻源的话涉及哲学思辨的一个基本问题，即人的终极性本质是什么？他们是否有为了达到目标而主动行动的能力，抑或只能在外部力量或内部力量的指引下行动而并无自我控制能力？我们无法就这些辩题给出答案，但我们可以看出，在表示回应风格的系列连续体上，人们能够以不同的方式而处于连续体的不同位置。

【60】

结构的可用性（Structural Availability）

对追寻阶段产生影响的另一重要问题是社会学家所说的"结构的可用性"（或"结构的可获得性"），[9]即一个人或一群人具备这样的自由——可以从原先的情感、思想和宗教的机构，以及从原先的承诺（或委身状态）和义务转移到新的（宗教信仰的）选项。形塑着我们生活的种种网络结构或系统——家庭、工作、友谊、宗教组织，等等——有力阻碍甚至阻止这方面的变化和发展，无论涉事的具体个人对这种变化何等渴望。无论一个人内心对于新的宗教选项的回应情况如何，他或她可能会因为种种原因而觉得新的选项不合适，不可企及，或者说不具备可用性。

例如，个人拥有多少时间可以自由支配，就是一个现实问题。如果一个宗教群体要求其成员过集体生活或者参与全日制的教育和劝诱改宗的活动，那么对于许多中产、已婚、有工作的人来说，加入这样一个群体似乎是不现实的。那些可以对这样的群体做出（积极）回应的人，通常是单身或者失业者，或者因为某种原因有足够的闲暇时间和精力来追寻新宗教选项的人。那些有自知之明的群体在寻找/招募新成员的时候，对于人们生活中这些多样化的结构性情况，是会予以特别考虑的。例如，摩门教（耶稣基督后期圣徒教会）会筛选出有完整家庭的人（作为发展新成员的对象）。他们劝诱改宗的策略包括，由摩门教家庭主动与非摩门教家庭接触，通过邀请吃饭发展友谊，陪伴他们参加摩门教会的聚会，在宣教者的家里进行后期圣徒教义的宣讲。[10]

我们同样需要记住，有些人是具有皈信动机的，其动机恰恰是因为可以将皈信的过程作为应对不愉快家庭关系的有效武器。换言之，有些皈信基督宗教的犹太人可能是借此象征性地断绝与血缘家庭的关系，他们明知皈信基督宗教对于大多数犹太人来说是一种冒犯。同样的情况也见之于南方浸礼会背景的人皈信罗马天主教，反之亦然。

当然，置身某个传统当中的个人如何构想这些问题，主要受制于他将加入的那个宗教群体的思想意识。有些宗教群体坚持要求皈信者断绝一切以往的属系关系，只要这种关系不能够支持和强化当事人与新选择的宗教群体的关系。例如，有些基督教基要派的群体要求，所有新加入的成员必须以积极的态度与他们以往的罗马天主教或犹太教的背景断绝关系。

情感的可用性（Emotional Availability）

在整体结构的可用性之外，我们还需要考虑情感方面的情况。先前存在的深厚依恋关系，一般会限制个人对任何新的依恋关系的主动追寻，从而阻碍劝诱改宗的成功进行。例如，马克·加兰特尔（Marc Galanter）的研究显示，某些经历过统一教会（the Unification Church）教义灌输活动的人（或者已经加入统一教会的成员）会相信该教会的教义和组织，甚至会相信文鲜明（Sun Myung Moon）的救世主身份，然而这些人还是会选择离开这个教会，因为他们在外部世界有着重要的情感关联。⑪或许因为夫妻关系、重要的家庭纽带和/或其他情感纽带，阻碍他们对统一教会追随。

思想方法的可用性（Intellectual Availability）

思想方法的可用性是另一个关键性的变因，它影响到一个人是否能够并以怎样的方式投入宗教追寻或者回应宣教者。一个宗教运动或者宗教选项的认知框架，必须在一定程度上与这个人以前的思维取向相匹配，要不然就没有吸引力。如果一个宗教选项的思想框架与该人以前的观点有根本性的区别，那么很少会有人皈信于这个宗教选项。在我研究过的大多数宗教皈信的案例中，如果说新宗教选项的形式和内容对一个人有吸引力的话，那是因为相对于该人以前的思维取向，它们提供了某些重要的连续性和相关性。例如，詹姆斯·唐顿有关皈信到圣光使团组织（the Divine Light Mission）的研究显示，大多数皈信者深陷毒品文化。那种（因为用毒品而）改变思想意识的经历以及对这样的经历采取开放性态度，促成他们皈信到一个鼓励这类经历的宗教组织。⑫

罗伯特·鲍尔奇（Robert Balch）和大卫·泰勒（David Taylor）的研究发现，那些愿意皈信不明飞行物膜拜组织（the UFO cult）的人通常都来自某种"膜拜环境"。在那样的环境中，相信这一类的事物十分常见。这样，他们的皈信就成了先前信仰和相关活动的延伸行为。⑬对于有些人来说，他们的皈信过程在实质上是回归到原先持有的信仰。

大卫·戈登（David F. Gordon）关于"耶稣子民"组织（the "Jesus People"）的研究，描述了这个特定的基督教基要派组织的皈信者们，如何通过基要派基督教在他们的反文化的观点与他们的家庭背景之间寻找一种妥协。⑭该研究的要点并不在于说明皈信过程所带来的思想变化是无关紧要的，而在于说明在皈信过程中存在着普遍的思想方面的连续性，远甚于人们通常所认识到的情况。

宗教的可用性（Religious Availability）

宗教的可用性意味着，一个人原有的宗教信仰、宗教实践和生活方式在一定程度上是与新的宗教选项相匹配的。社会学关于宗教群体内部的运动模式之研究，经常发现皈信者先前的取向具有延续性。斯蒂文·提普顿（Steven M. Tipton）的著作《从六十年代中获救》（*Getting Saved from the Sixties*）系统地调查了不同群体皈信过程的本质，包括神恩派基督教、禅宗佛教，以及名为"est"的人类潜能运动组织。⑮ 提普顿发现，加入这些群体中的人，虽然表面上看似离经叛道，但如果探究这些皈信者的生活史以及发生皈信过程的社会文化情境，还是有其内在道理的。这些新兴宗教群体所倡导的道德价值以及生活方式和工作风格，是皈信者们先前持有生活取向的延伸。

一个人的宗教背景还会以其他方式影响到该人的皈信过程。例如，易克莱（Yeakley）的研究显示，如果一个人的家庭宗教背景是由多种宗教混合构成的，与一个来自家庭宗教背景单一的人相比，就更可能改变宗教取向。⑯ 可以从两种视角来看待这个现象。一种看法认为，有多样宗教背景的家庭对新的宗教选项更为宽容，这样就形成了一种宽容的气氛，人们能够自由探索新的宗教选项。另一种解释认为，具有多样混合宗教背景的家庭传统，与单一宗教背景的家庭传统相比，对其家庭成员具有较少的控制力；对于一个已经是多种宗教的家庭来说，某家庭成员要改变宗教信仰基本上不会遭遇多大阻碍。我的观点是，皈信过程是吸引、抵制和排斥等不同力量之间的互动过程。一个人如果深深地依恋于他的家庭，且全家投身于同一个宗教取向，那么他就不易改宗到一个新的宗教选项，除非有某些强大的力量能够与家庭体系的力量相抗衡。

动机的结构（Motivational Structures）

还有一种方法可以审察一个人在追寻宗教变化过程中的主动性程

度,或者面对宣教者时被动接受劝诱的程度,这就是评估其皈信动机的结构。在复杂的现代心理学中,有许多关于动机的理论。有些理论试图找出一种解释皈信过程中高于一切的动机因素,诸如解决冲突、释放罪感,或者屈从于家庭压力,然而更为精确的解释则认为,人们皈信改宗是受到相当广泛的不同因素促动的,而这一切会随着时间发生变化。西摩尔·爱泼斯坦(Seymour Epstein)提供了一个能够说明这种观点的动机模型,这个模型综述并整合了许多不同的可能因素。[17]爱泼斯坦提出关于人类的四个基本动机的假定:需要经历愉快并避免痛苦,需要有一个概念体系,需要提升自尊,需要建立和保持(社会)关系。爱泼斯坦提出,每一种动机的力量都因人而异,而且就同一个人来说,在不同的时间和不同的环境中,每一种动机的力量也不同。例如,一个强调集体生活并提供温暖伙伴关系的宗教运动,会对一个正在寻求发展社会关系的人具有吸引力。如果一个人想要更深刻地理解自我和世界,那么他就可能有皈信宗教的动机,因为一项宗教运动会为此提供一套自圆其说的且具有强制性的概念系统。

我想给爱泼斯坦的模型增加两个动机因素,这些因素很少在关于皈信的文献中讨论:权力和超越。詹姆斯·贝克福特(James Beckford)在他的文章《将权力复归于宗教社会学》("The Restoration of Power to the Sociology of Religion")中论及了宗教权力角色之重要性。[18]他提出,在1960年代后期和1970年代早期曾经有一项显学研究,聚焦于讨论宗教的功能在于产生意义和认同,但它忽略了这样的事实——在宗教经历、宗教思想和宗教机构中,权力是一个非常明确的组成部分。贝克福特列举出多种多样的权力,这些权力近年来被提升为在宗教现象中发挥着中枢作用的角色,从治愈疾病的权力到取得成功的权力,到得以控制自己生活的权力,直至超越死亡的权力。

沃尔特·康恩(Walter Conn)辩称(我相信,他是有说服力的),应将渴望超越的核心思想作为宗教皈信的一个基本动机。[19]他研究了许多发展心理学家的理论和研究,诸如劳伦斯·科尔伯格(Lawrence Kohlberg),埃里克·埃里克森(Erik H. Erikson),让·皮亚杰(Jean Piaget),罗伯特·科甘(Robert Kegan)和詹姆斯·福勒(James

Fowler)。康恩认为这些人的研究工作提供了关于超越对个人的内在吸引以及个人需要超越的线索。康恩感到，一个人经历一系列的发展阶段，在此过程中他或她努力在认知上成熟起来，情感上成熟起来，道德上成熟起来，这个过程为"超越"作为人的基本渴望提供了证据。康恩提出，这种试图超过个人现阶段发展水平的内在驱动力足以成为皈信的动机因素，而不是要将皈信看成仅仅是自我保护性的应对机制，源自诸如缺席的父亲（缺失父爱）或缺乏养育性的母亲（缺失母爱）。所以，康恩眼中的皈信不是一个脱离常轨的过程，而是人类健康成长和追寻过程中的一部分。发展心理学的理论有一定的局限性〔人们可以发问，正如卡罗尔·吉利根（Carol Gilligan）所做的那样，[20]发展阶段论是不是普世的？是不是像有人常常声称的那样没有变化？〕，不过康恩的研究确实提供了一种从神学和哲学意义上都显得具体而周全的方法，由此可以发展一套关于皈信的规范性理论。

这些在追寻阶段发挥作用的种种心理动机，也将成为转向新的宗教取向的吸引力，延伸到遭遇阶段和互动阶段并贯穿其始终，而且最终会延伸到委身的阶段，作为巩固投身于信仰的理由。然而，非常紧要的是，需要认识到皈信的动机是多样的、复杂的、互动的、累积的。认识到这种多样性，是充分理解宗教皈信过程的更深一步。[21]

注释

[1] Richardson, "The Active vs. Passive Convert". See also Roger A. Straus, "Religious Conversion as a Personal and Collective Accomplishment," *Sociological Analysis* 40 (1979): 158-65. 从被动角度看待皈信者的研究中，最为重要的同时也可能是最为人们知晓的论证见之于 Flo Conway and Jim Siegelman, *Snapping: America's Epidemic of Sudden Personality Change*, Philadelphia: J. B. Lippincott, 1978。关于皈信过程中的"洗脑"模型问题的复杂论证，有一项非常突出的评估研究，参见 Thomas Robbins, "Constructing Cultist 'Mind Control,'" *Sociological Analysis* 45 (1984): 241-56。在有传教士的环境下，认为皈信者扮演主动角色的一项有力的论证，见 Jack Goody, "Religion, Social Change, and the Sociology of Conversion," in *Changing Social Structure in Ghana: Essays in the Comparative Sociology of a Neat*

State and an Old Tradition, ed. Jack Goody, London: International African Institute, 1975, pp. 91-106。关于皈信者扮演主动角色的一项案例研究，参见 John C. Rounds, "Curing What Ails Them: Individual Circumstances and Religious Choice Among Zulu-Speakers in Durban, South Africa," *Africa* 52 (1982): 77-89。关于这一问题的一项复杂细致的理论探讨，参见 Lorne Dawson, "Self-Affirmation, Freedom, and Rationality: Theoretically Elaborating 'Active' Conversions," *Journal for the Scientific Study of Religion* 29 (1990): 141-63。

② 一篇全面探讨这个问题的优秀论文见之于 Richardson, "The Active vs. Passive Convert" 在这篇论文里，Richardson 就该论题进行了一项综合性的探讨，是一项出色的研究。然而，令我不能苟同的是，关于皈信者是主动的或是被动的问题，作者采取了一种非此即彼的态度，并在研究报告中将两种情况分别表述。

③ Roger A. Straus, "Changing Oneself: Seekers and the Creative Transformation of Life Experience," in *Doing Social Life*, ed. John Lofland, New York: John Wiley and Sons, 1976: 252-73. See also Straus, "Religious Conversion as a Personal and Collective Accomplishment".

④ 关于阿姆贝德卡的研究有多方面的文献。对于相关文献的优秀综述，参见 A. Bopegamage, "Status Seekers in India: A Sociological Study of the Neo-Buddhist' Movement," *Archives européennes de sociologie* 20 (1979): 19-39; B. G. Gokhale, "Dr. Bhimrao Ramji Ambedkar: Rebel Against Hindu Tradition," *Journal of Asian and African Studies* 11 (1976): 13-23; J. B. Gokhale, "The Sociopolitical Effects of Ideological Change: The Buddhist Conversion of Maharashtrian Untouchables," *Journal of Asian Studies* 45 (1986): 269-92; and J. B. Gokhale, "Castaways of Caste," *Natural History* 95 (October 1986): 31-39。

⑤ See K. G. Daniel, "The Conversion of the 'Hill Arrians' of Kerala State in India from 1848 to 1878: The Implications for Twentieth-Century Evangelism in India," D. Min. diss., San Francisco Theological Seminary, 1989. 有关这方面最初情况的描述，参见 Henry Baker, Jr.: *The Hill Arrians* (London: British Book Society 1862), and *The Hill Arrians of Travancore and the Progress of Christianity among Them* (London: British Book Society, 1862)。

⑥ 关于奥古斯丁的最佳传记或许出自 Brown 之手，参见 Peter Brown, *Augustine of Hippo: A Biography*, Berkeley: University of California Press, 1967。

⑦ Lewis Rambo 访谈 Margaret Singer 笔记，Berkeley, 18 November 1989。另见"皈信

研究讨论班"资料：Graduate Theological Union, 13 February 1990。参见 Richard Ofshe and Margaret T. Singer, "Attacks on Peripheral versus Central Elements of Self and the Impact of Thought-Reforming Techniques," *Cultic Studies Journal* 3 (1986): 3-24。

⑧ See Frank K. Flinn, "Criminalizing Conversion: The Legislative Assault on New Religions et al.," in *Crime, Values, and Religion*, eds. James M. Day and William S. Laufer, Norwood, N. J.: Ables, 1987, pp. 153-91, and Stephen G. Post, "Psychiatry, Religious Conversion, and Medical Ethics," *Kennedy Institute of Ethics Journal* 1 (1991): 207-23.

⑨ See David A. Snow, Louis A. Zurcher, Jr., and Sheldon Ekland-Olson, "Social Networks and Social Movements: A Microstructural Approach to Differential Recruitment," *American Sociological Review* 45 (1980): 787-801.

⑩ See Ernest Eberhard, "How to Share the Gospel: A Step-by-Step Approach for You and Your Neighbors," *Ensign* 4 (June 1974): 6-12. 摩门教在总体上的传教策略，至少在美国国内，是诉诸整个家庭。事实上，摩门教的电视和电台的多数推广性节目都聚焦于改善家庭生活。摩门教传教士在与人接触时常常会发问：你是否愿意改善家庭生活？有关皈信摩门教的一项优秀研究，见 Linda Ann Charney "Religious Conversion: A Longitudinal Study", Ph. D. diss., University of Utah, Salt Lake City, 1986。

⑪ Marc Galanter, "Psychological Induction into the Large Group: Findings from a Modem Religious Sect," *American Journal of Psychiatry* 137 (1980): 1574-79.

⑫ Downton, *Sacred Journeys*, pp. 101-15.

⑬ Balch and Taylor, "Seekers and Saucers," pp. 839-60.

⑭ David F. Gordon, "The Jesus People: An Identity Synthesis," *Urban Life and Culture* 3 (1974): 159-78.

⑮ Steven M. Tipton, *Getting Saved from the Sixties: Moral Meaning in Conversion and Cultural Change*, Berkeley: University of California Press, 1982.

⑯ See Flavil Ray Yeakley, Jr., "Persuasion in Religious Conversion," unpub. diss., University of Illinois at Urbana-Champaign, 1975, 或参见该文献的另一个供教会使用的版本 *Why Churches Grow*, 3d ed., Broken Arrow, Okla.: Christian Communications, 1979。

⑰ Seymour Epstein, "The Implications of Cognitive-Experiential Self-Theory for Research in Social Psychology and Personality," *Journal for the Theory of Social Behavior* 15 (October 1985): 283-310. See also Seymour Epstein and Edward J. O'Brien, "The Person-Situation Debate in Historical and Current Perspective," *Psychological Bulletin* 98 (1985): 513-37.

⑱ James A. Beckford, "The Restoration of 'Power' to the Sociology of Religion," *Sociological Analysis* 44 (1983): 11-33.

⑲ Walter Conn, *Christian Conversion*. 关于 Conn 思想的一个极佳的简介,参见其论文 "Adult Conversions," *Pastoral Psychology* 34 (Summer 1986): 225-36, and "Pastoral Counseling for Self-Transcendence: The Integration of Psychology and Theology," *Pastoral Psychology* 36 (Fall 1987): 29-48。

⑳ Carol Gilligan, *In a Different Voice: Psychological Theory and Women's Development*, Cambridge, Mass.: Harvard University Press, 1982.

㉑ 关于动机问题有一种考察途径,就是要考虑其在广泛讨论过程中涉及内在宗教虔诚性和外在宗教虔诚性的内容。关于这种考察途径的一项很好的全面综述,参见 Donahue 的文章 "Intrinsic and Extrinsic Religiousness: Review and Meta-Analysis," *Journal of Personality and Social Psychology* 48 (1985): 400-19。

第五章
宣教者

此时此刻,世界上有成千上万的传教士正在努力工作,试图劝诱潜在的皈信者入教。摩门教就有三万七千多名传教士,散布在世界各地的城镇、村落和乡野,奔波于大街小巷之间。1988年,他们声称成功劝诱了二十多万皈信者。来自加拿大和美国的至少三万九千名基督新教传教士,正工作在新加坡的城区、巴西的丛林、坦桑尼亚的村落以及其他许多地方,试图劝诱潜在的皈信者入教。同时,来自北美的九千名罗马天主教传教士分布在许多不同的地方,为民众提供服务并布道。犹太教在寻找他们失落的兄弟姐妹们,号召他们回归犹太教的礼仪和传统。全世界的佛教徒和穆斯林则试图以佛教和伊斯兰教的真理和价值说服民众。[①]

如果一位宣教者和一位潜在皈信者相遇,开始进入一系列过程,并(使得谋些潜在的皈信者)以皈信结束,那么这将是一个非同寻常的事件。这样令人着迷且复杂的遭遇是一个动态的过程。为什么有些人会拒绝某个新的(宗教)选择,而其他一些人则予以热情拥抱呢?传教士是什么样的人呢?皈信者是什么样的人呢?这些人当中的每一组是否各自存在某些共同点呢?怎样才可能弥合不同文化、宗教和社会之间的鸿沟,使人们皈信一个新的宗教呢?

以往,研究宗教皈信的学者几乎将全部关注点聚焦于皈信者方面,然而在宣教者和潜在皈信者之间,事实上存在着一种具有关键意义的、动态的交互作用的过程。在两者遭遇的过程中,双方都在开动脑筋、谋划策应,涉及种种沟通交往的方法和技巧。宣教者会评估潜在的劝诱对象，形成劝诱说服对方的策略，以期将潜在的皈信者带入宗教团体；而潜在的皈信者也寻求提高他或她所认为的最大利益。在学者中，宣教者和潜在皈信者之间互相满足对方需求的方法，是直到最近才开始探究的一个新领域。传教学研究者对这方面的情况进行了丰富的描述：宣教者在与潜在的皈信者遭遇的互动过程中，是如何受到潜在皈信者及其文化的影响并被其改造的；因为双方在遭遇中的影响并不是单向的。②

【67】

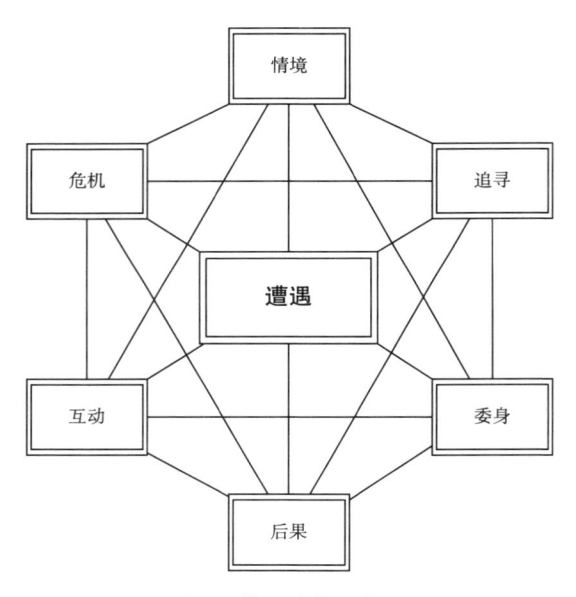

图 9　第四阶段：遭遇

【68】

扩展与传教使命（Expansion and Mission）

传教士（或宣教者）在与潜在的皈信者遭遇过程中扮演了什么角色？在我们集中讨论该问题以前，需要先区分一般情况下的宗教扩展与刻意组织的传教活动。

宗教扩展是指一个宗教运动通过诸如提高儿童出生率（或者说，通过吸收新成员，但在新皈信者中并没有一个具体的且自我意识到的皈信过程）的途径而实现的增长。传教则是通过一个宗教群体的刻意努力，以达到劝诱和招募新成员的目的；在有些情况下，会要求新成员与先前效忠的宗教断绝关系，并（与新加入的宗教）确立一个排他性的成员关系。只有基督宗教和伊斯兰教有明确的专项传教事业；基督宗教似乎比其他任何宗教都更为关注对所谓"异教徒"（"pagans"）的劝诱皈信工作。在制度化的教会中，皈信成为一个明确的神学目标受到社会情境的影响。这样的关注有时会处于休眠状态，有时会显得强烈。例如，当罗马天主教是欧洲的主导性力量时，就很少有必要关注劝诱皈信的问题，因为大多数人已经是罗马天主教徒了。与伊斯兰教的接触，以及后来与美洲新大陆的接触，重新唤起了天主教对传教事业的兴趣。教会认为，基督宗教以外的人有必要皈信基督宗教。[3]

宣教者的本质（Nature of the Advocate）

宣教者（或传教士）的本质以及他们的活动包含许多值得思考的问题。劝诱皈信是他们使命的中心任务吗？在劝诱皈信过程中，他们的个人经验是什么？他们所理解的皈信是什么？他们参加传教工作的动机是什么？从整体上来看，传教事业的目标是什么？宣教者所认为的"理想的皈信"是什么？显而易见，一名传教士的风格和思想意识，与其传教事业所吸引的皈信者的类型之间有相关性。在皈信研究中，对宣教者的方法和动机做出确切、系统的表述，具有重要意义。[4]

贝德尔曼（T. O. Beidelman）的报告为聚焦于宣教者的研究做出了重要贡献。[5]作为一位人类学家，贝德尔曼的兴趣在于，将传教士和传教事业视作对欧美殖民扩张有重要意义的人物和复杂组织。他将传教士视为一种"社会变化过程中的动因"，他相信传教士和传教使团自身就是值得研究的。在这方面，他建立起由五个关注点组成的分类体系，为本书写作提供了一个有用的框架。

世俗特点（Secular Attributes）

传教士的世俗特点——出身的族群、阶级和经济背景——会影响到他或她的态度和策略的诸多方面。例如，在19世纪，有许多英国海外传道会（Church Missionary Society）的宣教者，与英国政府外交人员相比，出身贫寒且缺乏教育。结果，这些传教士对于殖民当局就有着不同的取向，更不要说有关生活方式的态度和实践方面的差异，例如，他们拒绝消费含酒精的饮料。

传教士常常被视为殖民统治的支持者，对后者不予批评；然而，实际情况并非总是这样。例如，服务于某一殖民地的外国传教士，面临强加于当地民众之上的外国统治，经常成为本土民众的重要代言者。有趣的是，有人注意到某些本土民众把传教士视为欧洲人中的"失败者"。换言之，当本土人将传教士与殖民统治者相比较时，他们有时会发现传教士在智力、生活方式和权力方面要远远低于后者。这样的考虑有时会导致本土人拒绝传教士（以及他们传递的信息），因为在他们眼中传教士并不是权威人士的真正代表。另外，传教士往往是本土人可以直接接触到的仅有的欧洲人。在许多案例中，传教士是相当出色的人物，他们为本土人的福祉而奋斗，并且以利他主义的姿态努力为其服务。

在伊斯兰教的案例中，关于宣教者世俗特点的情况则有所不同。【70】伊斯兰教原本并没有专业的、全职的传教士，直到最近才改变了这种情况。在伊斯兰的整个历史当中，军人、商人和圣人都被认为是伊斯兰化和劝皈伊斯兰教的重要媒介或参与者。多数学者并不接受伊斯兰教以刀剑使得许多人皈信这样的说法；不过，人们现在的共识是，伊斯兰教的征服为伊斯兰化架设了舞台，因为反对者被打败了，伊斯兰教的制度和机构得以建立和维持，最终（数百年以后）许多个人和整个社会的皈信过程得以完成。这样，军人尽管不是皈信的直接媒介或动因，但还是充当了皈信过程的主要先驱角色，使穆斯林商人行商至全世界成为可能，在穆斯林商人所到的边远地区建立起穆斯林的前哨基地。穆斯林商人经常在遥远的地方——伊斯兰帝国的范围内或范围外——建立起商贸基地。通过与当地人通婚以及建立穆斯林的组织机构，开始皈信的过程。

在世界上多数地方，伊斯兰教苏菲派的圣人是伊斯兰教皈信的重要媒介或参与者，尽管他们的影响往往在死后才被世人感受到。例如，在印度次大陆，苏菲派圣人的坟墓成为人们前往求医和体现宗教力量的中心。理查德·伊顿（Richard M. Eaton）声称，伊斯兰教的皈信并不发生在伊斯兰政府统治下的印度教徒中间，而是发生在伊斯兰王国的边境地带，在那些非印度教徒或者仅在边缘化意义上是印度教徒的人群中间。⑥在其他地区，穆斯林教师充当向人们介绍阿拉伯语和《可兰经》的人。作为宗教工作人员，他们经常唤起人民对于伊斯兰教的兴趣，这样就开始了皈信的早期阶段。

宗教信仰（Religious Beliefs）

传教士的宗教信仰体系是对宣教者进行区分的另一个因素。例如，在罗马天主教和基督新教的传教机构之间，存在着许多神学方面和组织方面的差异。要对这些差异进行概括性的论说是困难的（也是有风险的），不过两者之间在某些方面是相对一致的。罗马天主教的制度结构要求本土神职人员接受相当长时期的教育培训和见习；而基督新教则可以在本土人员接受相对短时期的训练以后任命他们为布道者、教师和其他性质的工作人员。在某些特定地区，这些差异可能会影响到皈信的比率和速度。基督新教常常会利用大型聚会的形式来营造一种宗教复兴运动的氛围，正如贝德尔曼所说："宗教复兴为富有戏剧性的皈信过程提供了一种廉价、快速的模式，同时具有相当大的潜在空间进行公共宣传性的展示……。劝诱皈信的过程所持续的时间和程度，与皈信者投入这个新系统的程度密切相关，同时也与皈信者不时回归到异教实践的频率密切相关。"⑦

关于皈信的理论（Theory of Conversion）

有关宣教者的本质之考虑的第三个方面是传教士所持关于皈信的具体理论，以及皈信所涉及的目标和过程。皈信者是否要全然摈弃他们的异教生活方式，并全然接受宣教者所传播的信息？传教士是否尊重本土的文化，抑或视之为魔鬼的造物？传教士采用了什么样的策略？他们是否将皈信者置于区隔开的不同社群中，抑或试图对整个社群进行劝诱皈信？宣教者的皈信理论对于皈信者形成其皈信经验具有极其重要的意义。

例如，摩门教所宣传的皈信过程就要比"基督的教会"（the Church of Christ）所宣扬的过程具备更多的确定性。摩门教的基本信息是：上帝是一个充满爱的天父，他寻求人类的幸福和康乐。摩门教为信徒提升家庭生活、精神生活以及评估整体生活质量提供了指南。虽然摩门教也讨论"罪"（sin）的问题，但"罪"仅被视为通向美好生活的一个障碍物。与此形成对照的是，基督的教会则传递了生动描述的关于人类罪孽的信息。在皈信过程中的一个关键性的经历是"走向崩溃"（"coming to brokenness"），其中要涉及一种强烈的个人罪感和堕落的意识，个人要承认对罪孽负有责任，还要意识到是（人类的）罪孽导致了耶稣在十字架上的死亡。要想使得皈信过程在基督的教会得到认可，必须先去除深重的罪孽和傲慢的态度，以及"邪门歪道的思想"。如此多样不一的态度显然是影响传教士策略的决定性因素，同样也是影响潜在皈信者皈信经历的决定性因素。

[72]

```
1.这些要求是一般性的还是具体的?
2.要求皈信者的改变是强制性的还是选择性的?
3.是否允许不同程度的委身?
4.提出的要求是具体明细的还是笼统含混的?
5.允许多长时间来适应这些要求?
6.是否允许皈信者就改变的内容进行协商?
```

图 10　对皈信者的要求和限制

职业生涯模式（Career Patterns）

传教士职业生涯的发展轨迹和职业发展的模式也会影响劝诱皈信的活动。基督宗教的传教士们常常会感到冲突的存在，即存在于某种理想的、带有浪漫色彩的想象中的情况与传教站日常工作中的现实情况之间的冲突。通常，人们选择传教生涯会出于这样的期望：与本土的民众进行互动，给他们传送福音。然而，现实中的情况是，许多人被分派到学校、医院和教会的领导岗位，日复一日的工作责任使他们很少有时间与更广大的社区民众进行互动。不过，摩门教会的常规做法是，将年轻的男子（要求至少19岁）派送到传教的实地，只要求他们完成两年的服务期。通过这样的项目，一批新来的、年轻的、精力充沛的、富有理想主义的传教士，在相隔不长的时间里被源源派送到传教实地。缺乏相关的知识和老道的手段是这些年轻传教士的短板，然而他们的青春活力和渴望接触新皈信者之强烈动机使短板得到了补偿。由于传教者群体中有如此高的轮换率，他们也会更为侧重于培养本土的地方领导力量和地方对教会的支持。这些年轻的、热情洋溢的非神职传教者回来以后，讲述着令人激动的劝诱皈信的故事。这些故事提升了家乡教会的信仰和精神面貌，同时会增强他们自己对于教会的个人价值感。

皈信的诱导物（Inducements to Conversion）

贝德尔曼还讨论了他称为"诱导物"（"inducements"）的问题，即传教士能够给潜在的皈信者提供的东西。在过去的两个世纪里，这样的诱导物通常是来自现代技术社会的种种成果，然而这样的情况却将传教士置于一种窘困境地。一方面，他们可能声称，是基督宗教将文明和先进的技术带到了西方；另一方面，他们又不希望本土民众将接受福音作为得到物质好处的手段。贝德尔曼提出这个问题，将其视为一个根本性的矛盾。对于劝诱皈信来说，这是一个重要的事项，因为它提出了皈信动机的问题。人们皈信基督宗教，是因为他们确信基督教信息的真理性吗？抑或，是因为他们把皈信看作一个途径，以便获取更好的技术、医疗服务、高等教育，或者更便于接近当地的殖民统治的权力机构吗？事情的真相通常是多种因素兼而有之。

宣教者的动机（Advocate Motivation）

在贝德尔曼提出的五个关注点之外，试问一个人成为传教士的动机何在？这是一个有重要意义的问题。投入传教和劝诱皈信事业的动机何在，这是一个复杂的问题。传教士们所声称的动机和目标，并非总是驱动他们成为传教士的真正原因，诚然，理解他们对该问题的自我意识还是有助于研究的。

上帝的意志（God's Will）

鲁思·劳斯（Ruth Rouse）从神学观点出发探究了传教士的动机问题。⑧劳斯一方面承认，多年以来就成为传教士的动机问题人们提出了多种多样的关注点；另一方面辩称，其根本的动机仍在于坚信上帝对于具体个人和整个世界都有其目的性。人们成为传教士，因为他们相信这就是上帝赋予他们生命的目的。当他们把劝诱他人皈信某个特定的宗教传统视为上帝意志的时候，这些人为了传教可以牺牲自己的时间、钱财、精力，直至生命。

传教士们自认为是服从于上帝意志的，人们不可以否定这一点并认为这样说仅是对其他的、不那么利他的（或者，至少不是神学意义上的）理由的掩饰。传教的动机可能未必总是像其声称的那么崇高，那么究竟是什么动机**确实**促使一个人去从事极其困难的工作却收获非常少的有形回报呢？这些人仅仅是因为有心理问题吗？他们是否需要控制认知的不协调呢？他们的目标是什么呢？他们的自我理解是什么呢？

为了看清他们从事传教士工作的基本机制，我们必须探究传教士的内心生活。毕竟，他们的目标、意义系统和获取回报的源头不是钱财、权力和名誉这些通常认为是世俗性的追求。"探险"或许是吸引人们走向传教实地的一种原因，然而其他回报似乎很少能够理性化地解释大多数传教士所要付出的牺牲，以及所要从事的工作之艰难。⑨

基督的指令（Christ's Command）

皮尔斯·比佛尔（R. Pierce Beaver）的研究值得关注，他通过研究北美和英国的不同传教机构的文献，发现宣教者的动机随着时间而发生变化。[10]在早期的清教背景下，主导性的关切显然是荣耀上帝。紧接着就是对迷失方向的异教徒的灵魂的关切，其中对非基督徒人群的同情心是关键性的。后来，传教的使命则主要由于《圣经》中耶稣发出的"大使命"（the Great Commission）的指令而永久化了。服从于耶稣的指令被美化为一种说法——耶稣给出指令是因为在基督身上所体现的上帝之爱。基督徒们被告知，他们必须仿效那样的爱，服从于传教的召唤。

民族主义（Nationalism）

民族主义也在传教士的动机方面扮演着角色。劝诱皈信是对付美洲印第安人和其他"未开化"民族的精明审慎的手段。[11]有时候，政府部门和教会联起手来平息土著的不满，手段是通过传教士开办的学校来"开化"他们。在美国，民族主义塑造了一种态度，认为美国人是民主制度的主要导师，要给全世界树立一个道德榜样。文明、民主和基督教化互相交织，形成一个复杂的网络，支撑着一套具有鼓动性的、夸大其词的说法，这套说法的影响如此巨大，以至于有人认为美国的传教人士几乎组织安排了全世界基督宗教传教事业所需的人员、钱财和出版物。[12]

服务（Service）

传教事业最强烈的动机之一就是对别人施以帮助的愿望。这类援助可以有种种形式：医疗照顾、提升教育、发展经济，等等。在传教事业的早期阶段，宣教者常常想要"开化"那些"异教徒"，给他们带来欧美的衣物、家庭结构的改变，以及其他生活方式的变化。更具有针对性的是，一直存在的对于发展现代基础建设和提高技术的关注：改进发展农业的方法，提供医疗卫生设施，引进结构化的分年级的教育形式，以及其他现代社会的种种"好处"。当今，有一条根本性的鸿沟区隔了两类传教者：一类认为，传教事业首要的和中心的目的就是要传递基督福音和拯救灵魂；另一类则认为，寻求经济和政治的公正是最为重要的。⑬

注释

① 关于传教业最为全面的统计数据，见 Barrett 杰出的研究成果：David B. Barrett, *World Christian Encyclopedia: A Comparative Study of Churches and Religions in the Modern World*, A. D. 1900–2000, Nairobi: Oxford University Press, 1982。另见"Five Statistical Eras of Global Mission," *Missiology* 12 (1984): 21–37, and "Five Statistical Eras of Global Mission: A Thesis and Discussion," *International Bulletin of Missionary Research* 8 (October 1984): 160–69。自 1985 年以来，Barrett 一直在不断更新世界范围传教业的数据，参见"Annual Statistical Table on Global Mission: 1985," *International Bulletin of Missionary Research* 9 (January 1985): 30–31; for 1986, 22–23; for 1987, 24–25; for 1988, 16–17; for 1989, 20–21; for 1990, 26–27; for 1991, 24–25; and for 1992, 26–27。关于神灵附体呓语现象对福音派在世界范围的传播活动产生影响的具体信息，参见 Barrett 的论文："Twentieth-Century Pentecostal/Charismatic Renewal in the Holy Spirit, with Its Goal of World Evangelization," *International Bulletin of Missionary Research* 12 (July 1988): 119–29。同时，Barrett 还对世界传福音的各种方案进行了分类编目，参见 David B. Barrett and James W. Reapsome, *Seven Hundred Plans to World-Class Cities and world Evangelization*, Birmingham, Ala.: New Hope, 1986。其他方面的有关信息，参见 Barrett's "Getting Ready for Mission in the 1990's: What Should We Be Doing to Prepare?" *Missiology* 15 (1987): 3–14; "Forecasting the Future in World Mission: Some Future Faces of Missions," *Missiology* 15 (1987): 433–50; *Cosmos, Chaos, and Gospel: A Chronology of World Evangelization from Creation to New Creation* (Birmingham, Ala.: New Hope, 1987); *Evangelize! A Historical Survey of the Concept* (Birmingham, Ala.: New Hope, 1987); *Evangelize the World: The Rise of a Global Evangelization Movement* (Birmingham, Ala.: New Hope, 1988). See also David B. Barrett and Todd M. Johnson, *Our Globe and How to Reach It: Seeing the World Evangelized by A. D. 2000 and Beyond* (Birmingham, Ala.: New Hope,

1990）。

② 参见 Axtell 关于这方面令人瞩目的历史性研究：James Axtell, *The Invasion Within: The Contest of Cultures in Colonial North America*, New York: Oxford University Press, 1985。许多传教士都做出了有关这类变化的报告，但以下两项是优秀的案例：John V. Taylor, *The Primal Vision: Christian Presence amid African Religion* (London: SCM Press, 1963), and Donovan, *Christianity Rediscovered*。

③ See Frank Whaling, "A Comparative Religious Study of Missionary Transplantation in Buddhism, Christianity, and Islam," *International Review of Mission* 70 (1981): 314-33.

④ 在本书完稿以后，我发现了一项关于传教士的令人神往的研究：Julian Pettifer and Richard Bradley, *Missionaries*, London: BBC Books, 1990。需要在此说明的另一本新书是 Kenelm Burridge's, *In the Way: A Study of Christian Missionary Endeavours*, Vancouver: University of British Columbia Press, 1991。

⑤ See Thomas O. Beidelman, "Social Theory and the Study of Christian Missions in Africa," *Africa* 44 (1974): 235-49; "Contradictions between the Sacred and Secular Life: The Church Missionary Society in Ukaguru, Tanzania, East Africa, 1876-1914," *Comparative Studies in Society and History* 23 (1981): 73-95; and *Colonial Evangelism*, Bloomington: Indiana University Press, 1982.

⑥ Richard M. Eaton, "Approaches to the Study of Conversion to Islam in India," in *Approaches to Islam in Religious Studies*; ed. Richard C. Martin, Tucson: University of Arizona Press, 1985, pp. 106-23.

⑦ Beidelman, "Social Theory and the Study of Christian Missions in Africa," p. 240.

⑧ Ruth Rouse, "The Missionary Motive," *International Review of Missions* 25 (1936): 250-58.

⑨ 有关传教士的动机的一项很好的研究，参见 C. Tineke Carmen, "Conversion and the Missionary Vocation: American Board of Missionaries in South Africa," *Mission Studies: Journal of the IAMS* 4 (1987): 27-38。

⑩ R. Pierce Beaver, "American Missionary Motivation before the Revolution," *Church History* 31 (1962): 216-26.

⑪ 有关对这些动机持批评态度的案例，参见 Francis Jennings, "Goals and Functions of Puritan Missions to the Indians," *Ethnohistory* 18 (1971): 197-212。需要注意的是，学者之间对这些问题存在高度的分歧，参见 James Axtell, *After Columbus*:

Essays in the Ethnohistory of Colonial North America, New York: Oxford University Press, 1988。

⑫ See William R. Hutchison, "A Moral Equivalent for Imperialism: Americans and the Promotion of 'Christian Civilization,' 1880–1910," *Indian Journal of American Studies* 13 (1983): 55–67, and *Errand to the World: American Protestant Thought and Foreign Missions*, Chicago: University of Chicago Press, 1987. Hutchison 的著作尤其敏锐地揭示了在传教业表象的背后存在着种种复杂且互相冲突的动机。有关这方面的具体案例研究，参见 Kenton J. Clymer, *Protestant Missionaries in the Philippines, 1898–1916: An Inquiry into the American Colonial Mentality*, Urbana: University of Illinois Press, 1986。

⑬ 有关现当代罗马天主教在这方面的视角，参见 Brian Cronin, "Missionary Motivation," *Milltown Studies* 23 (1989): 89–107。

第六章
宣教者的策略

宣教策略的重要性在于皈信过程所涉的范围、目标和方法,必然会影响到宣教者从事宣教的方法及皈信者的经历。要审察传教者的策略,一个有益的途径是从四个主要方面着手:推行劝诱皈信的程度、宣教策略的风格、接触的方式,以及选择新的宗教能够提供给潜在皈信者可能的好处。然而,首先要专门审察的一个重要问题是,传教者使用暴力作为传教策略的情况。

暴力与皈信(Force and Conversion)

纵观历史,使用暴力一直是宗教皈信的一种手段。在当前主张不同教派友好共存的时代,多数人选择不讨论这样的问题。然而,事实上所有主要宗教都曾在历史上的某些时候使用暴力以达到使人皈信宗教的目的。基督教徒通常会指责穆斯林在历史上"用刀剑"达到使人皈信的目的。这种情况在历史上确实存在,但使用暴力在基督教传教过程中也是广泛存在的。作为如此伟大的"基督徒"英雄人物,查理曼大帝曾在772~804年使用军队暴力强迫撒克逊人皈信基督教。通过政治和军事力量施压,他"宣布异教行为非法,命令所有人接受洗礼,违者以死论处"。[①]这样的皈信过程当然说不上是理想的,与人们所希望的情况——诸如通过培训,使目标中的劝诱皈信对象获得神学的知识——差距很大。许多撒克逊人抵制这样的皈信,并以直接和间接的叛乱来表示不满。对大多数人来说,这样情境下的"基督教化"显然不会立即达到效果，但这样的政治行为还是建立起了平台，使子孙后辈得以接受基督教关于人生意义和思想的教育。

这样强制性的皈信需要在许多方面有跟进的行动，通过灌输的方法逐步提升皈信者对基督教理解的层次，加深对基督教信仰的接受程度。基督教的神职人员和领导者通过毁坏异教的圣物（例如，在黑森盖斯马尔地区的神圣橡树）直接挑战异教神灵的权威。当他们的这些行为并没有招致异教神灵的惩罚性报应的时候，基督教就在异教徒中赢得了信誉，体现了基督教上帝的力量。尽管发生了这一类引人注目的事件，还是有些学者，例如露丝·玛佐·卡拉斯（Ruth Mazo Karras）指出，基督教并没有要求（异教徒）全部摈弃异教的习俗和实践。事实上，基督教常常对当地的异教圣殿施行祝圣仪式后将其改造成为基督教的教堂。卡拉斯强调指出，"一神崇拜的基督教，通过发展对诸多圣人的敬拜，也在适应具有许多地方神灵的多神宗教"。此外，她声称："或许，绝大多数撒克逊人在接受基督教的同时还在延续着他们以往的习俗。"卡拉斯的结论是："基督教改造了日耳曼人的欧洲，不仅在灵性方面，而且在文化方面和政治方面。这个新的宗教不仅使得它所遭遇的文化产生了变化，且在其适应新的皈信者对基督教的理解及其在灵性方面需求的过程中，基督教自身也经历了变化。在撒克逊人当中，异教对基督教的抵制是顽强的，但在一代人或两代人以后就屈服了。混合性宗教信仰（syncretism），即一个宗教中的元素融入另一个宗教之中，具有更为持久的影响力。"②

在此讨论历史上使用暴力迫使皈信基督教的情况，一个主要原因就是，我们（在对皈信过程的研究中）倾向于竭力排斥过去的历史情况并接受某些全新的说法，而由此形成的刻板印象通常不能被关于皈信的历史事实所确认。"现代"基督徒倾向于拒绝接受基督教（就不要说其他宗教了）在非洲、拉丁美洲和亚洲的表现情况——那里的情况没有达到理想的程度，因为它们与"异教"的历史遗存"混合了"（syncretized）。我要在此声辩，欧洲皈信基督教的情况同样是混合性宗教信仰的模式和过程的例证。③欧洲各个族群在皈信基督教的过程中并没有完全摈弃异教的宗教实践，多半的情况是，人们在皈信基督教的过程中将原先宗教的元素混合进了新的宗教。

【78】
劝诱皈信的程度（Degree of Proselytizing）

传教士工作的侧重点和策略，可以表现为一个连续谱系中的不同点位。如果我们要审察宗教组织或者宗教运动试图在多大程度上向外拓展并吸收新成员，我们会注意到这个连续体的范围非常广阔。有些宗教群体是包容的，有些则是排他的；有些有非常复杂和广泛的传教策略，有些则对发展新皈信者毫无兴趣。有些群体，诸如叙利亚人的东正教会（the Syrian Orthodox Church）对于新皈信者就没有什么兴趣。我在耶路撒冷的时候，曾听到一位叙利亚东正教的主教声称，他的教会对劝诱"外人"入教没有兴趣，因为"（如果外人要入教的话）他们还必须学习特定的语言，成为特定文化的一部分。为什么会有任何人想要做这样的事呢？"

其他一些群体，诸如美南浸信会联会（the Southern Baptist Convention）、摩门教、基督的教会，以及神召会（the Assemblies of God），则强调相关的组织活动以期能够系统地招募、培训并留住新成员。确实，这些教会（以及许多其他教会）将"给迷途者传教的使命"视为其存在的中心任务。这些群体不仅派出专业的传教士从事传教，他们还教导其成员要抓住每一个机会"分享福音"，而在美国以及世界范围内，这些群体人数的持续增长也就不足为怪了。

一个有组织机构的宗教团体投入劝诱皈信活动的程度，具体表现在该组织将会在多大程度上关注传教策略，派出宣教人员招募皈信者，并重视皈信神学的发展。有些群体，诸如南方浸礼会和摩门教，有内容广泛的关于传教事业的实质性文献。其实，许多基督教的组织，从罗马天主教会到非常小的基要派教派，都有令人印象深刻的关于传教过程之实质的文献，诸如传教的策略、方法、动机和其他相关问题都得到了广泛讨论。无论他们目前的立场如何，在过去两三百年时间里，大多数基督教群体都曾在某些时期认为传教事业是重要的，这样说是没有问题的。④

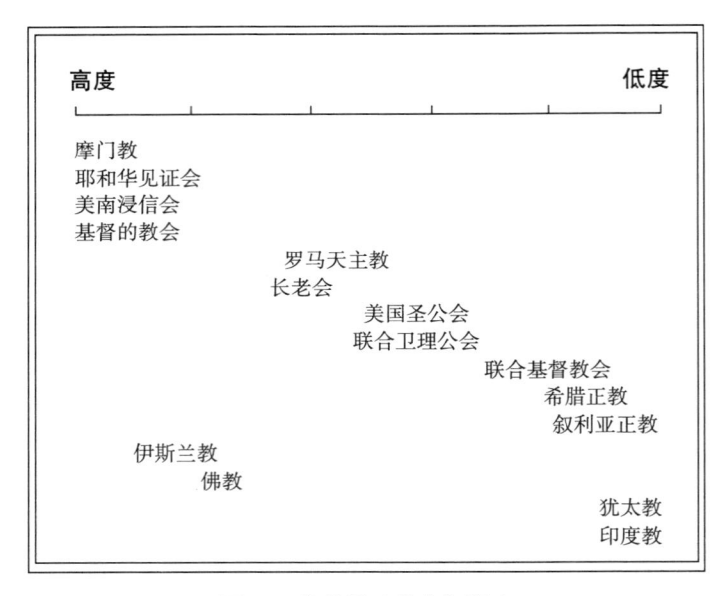

```
高度                                           低度
|————————|————————|————————|————————|

摩门教
耶和华见证会
美南浸信会
基督的教会
                    罗马天主教
                    长老会
                         美国圣公会
                         联合卫理公会
                                   联合基督教会
                                   希腊正教
                                   叙利亚正教
         伊斯兰教
            佛教
                                        犹太教
                                        印度教
```

图 11　传教活动的参与程度

宣教策略的风格（Strategic Style）

在考虑对劝诱皈信活动的投入程度的同时，我们还必须考虑参与劝诱皈信活动的整体策略的风格。这方面涉及好几个相关的重要面向。例如，风格可以是弥散的或聚焦的，或者是在这两者之间的某一点，而这两者之间则形成了一个渐进的系列范围。⑤

在倾向于弥散性的（或者说，系统取向的）策略中，宣教者在某一社区进行广泛的宣讲传播，试图说服大量的人，尤其是社区领袖人物，以便使整个社区或村落皈信基督教。聚焦性的（或者说，个人化的）策略则倾向于集中说服某些具体的个人，而这些个人出于种种原因在自己的社区中处于边缘化的地位。通过对一些个人进行强化的灌输，宣教者能够在主流社群之外建立起一个独立存在的社群，或者说，至少在一定程度上与主流社群保持距离。宣教者所期望的皈信者处于边缘地位的原因可能是：（1）因为贫穷，与权力结构搭不上边；（2）因为获得了经济安全,具有探索新的生存地位的自由;(3)社会角色的错位(就像日本武士的案例)。⑥对边缘人士的研究在皈信研究中有重要意义,因为他们往往是最先皈信到一个新的宗教运动中去的人。⑦

接触的方式(Mode of Contact)

第三项关于策略的考虑是在实践中与人们接触的方式。接触的过程是公共/公开的还是私密的?个人化的还是非个人化的?大卫·斯诺(David A. Snow)、路易斯·泽克尔(Louis A. Zurcher)和谢尔顿·艾克兰德-奥尔森(Sheldon Ekland-Olson)对这个问题进行了很有价值的研究。⑧

一方面,公共的但大多数情况下是非个人化的信息传播方式,包括这样一些媒介:电视、广播、大型集会和宗教复兴会议;另一方面,面对面接触的形式则更可能是私密的、非常个人化的。这类情况的发生是通过传教士到个人家中去,提供宣传小册子,发出参加宗教崇拜或学习活动的邀请,以及其他形式的接触,宣教者与潜在皈信者进行个人之间的沟通。或许,最成功的接触形式是通过友情交往和亲情网络,这些显然是最为个人化的接触形式。私密的接触渠道也包括直接的邮件接触。正如电视或广播一样,许多邮件也是非个人化的或者说通过媒介实现的。信息得以传递,但并没有发生人与人的直接交往。

很少有福音派组织仅仅依靠一种方式进行接触。例如,摩门教就有非常好的电台广播和电视节目、出版网络系统,甚至还有剧场表演的节目;当然,摩门教更为著名的还是挨家挨户登门走访的传教士。如果人们对其中任何形式的信息做出回应,就会有当地(摩门教)教会派来的人或驻在附近的传教士亲自前来接触。

在这里要对传教策略的所有微妙细节予以探讨是不可能的,不过需要强调的是,宣教者在选择劝诱皈信的方法时是能够做到高度灵活、富有创意、变化多端的。⑨对于新的宗教选项之介绍,无论是在内容上还是形式上,都会是多种多样的,可以对不同的受众进行不同的定向介绍,可以选派不同的人员从事皈信对象的选择、培养、说服和思想灌输的工作，直至最终使之皈信于这个新的宗教选项。传教士们总是寻找各种各样的方法以达到其目的，包括开办学校、进行娱乐活动和提供技术支持等方法。梅瑞尔·辛格（Merrill Singer）讲述了正统教派的犹太人在试图使那些脱离了正统的犹太人重新回归严守教规传统的时候表现出来的足智多谋。他们用音乐吸引年轻人，并想方设法到那些年轻人当中流行的聚会点去寻找年轻犹太人。通俗民谣、笑话、音乐、艺术以及其他途径，常常被宣教者用来与那些有兴趣接触的年轻人建立联系。⑩

今天，在寻找新的、具有创意的方式进行劝诱皈信方面，可能没有其他宗教群体比摩门教更具活力。按照摩门教领袖的说法，每一个摩门教徒都应该将自己视作传教士。成千上万的摩门教家庭将他们的孩子（有男有女，尽管大多数是男的）送到传教实地参加为期两年的传教工作。家庭、当地教会和这些年轻人共同分担费用。这些年轻人接受培训，学讲传教目标人口的语言，学习摩门教的根本教义和传教工作的方法。此外，摩门教会还发展了一个广播和电视产品中心，出产高质量的、用于传教的节目，也有一些简短的"商业性"告示，用来吸引人们的注意力、培养对（摩门教）教会的兴趣。据他们的报告，自1971年以来，教会成员的人数增长了一倍，几乎达到七百万人。灵活性和创造性使得摩门教这种向外传教的风格成为可能。⑪

皈信的益处（Benefits of Conversion）

第四项关于策略的考虑是，该宗教的社群、思想体系和/或生活方式能够使潜在的皈信者从中受益的类型和程度。这方面有五个基本分类：（1）意义系统（认知方面的）；（2）情感的满足（情感方面的）；（3）生活的技能（意志力方面的）；（4）人格魅力（领导力方面的）；（5）权力。

当然，任何一个特定的宗教体系都能够提供利益，有些能够提供所有这些利益，有些仅仅提供其中的一部分。各种受益类型的组合情况、侧重情况及其所具有的价值，会因为宗教群体的不同而不同，甚

【82】

至也会因为观察者的不同而不同。从事劝诱皈信的人在描绘新的宗教选项的时候，可能会提到所有这五方面的吸引力，也可能只提及其中的部分，根据对目标受众或具体个人的评估情况而强调其中的某些方面。

意义系统（System of Meaning）

任何一种宗教选项都可以提供一个在相当程度上具有综合性、内在连贯性且令人信服的认知框架。宗教的信仰和迷思学说具有构成一种强有力思想体系的功能，人们可以由此解读历史的潮流，认定自己在历史中的位置，认识世界的本质。理解人类所面临的困境以及世界的源头和未来之定数，是人们皈信宗教的极其有力的激励因素。正如塞莫尔·爱泼斯坦（Seymour Epstein）曾经指出的，寻找一个恰当的、自得其乐的认知体系似乎是人类最为根本的动机。[12]

这样的一个意义系统是怎样实现传播沟通的呢？在苏珊·哈丁（Susan Harding）的著作中存在这样一条线索。[13]作为人类学家，哈丁写了一篇非常出色的文章，她在文中审察了语言在皈信过程中扮演的至关重要的、具有说服性的角色，由此认识到在皈信过程中宣教者所用方法的中心要素。她审察了基要派基督教的劝诱皈信过程，描述了宣教者可能使用的措辞手法，巧妙地将自己介入潜在皈信者的心理活动之中。当宣教者讲述《圣经》故事和不同的基督教信仰故事的时候，他或她通常会试图将故事内容人格化，从而将潜在皈信者拉入基督教的叙事和解释框架之中。例如，耶稣基督的死亡、埋葬和复活的比喻，可能会用来与被劝诱者最近的离婚以及需要"复活"开始新生活的情况相关联。这样一来，皈信者的个人生活史就被融入了所讲述的（基督教的）意识形态和叙事之中，群体的故事就通过一种强而有力且触动人心的方式成为皈信者的故事。

人类学家彼得·斯特隆伯格（Peter Stromberg）也讨论了这样的个人生活与神学系统的一致性在皈信过程中的重要性。[14]他描述了被他称为"印象点"（"impression point"）的情况，即宗教故事的内容与个人生活情况相关联的那个点，宗教故事由此得到内化。当一个潜在的皈信者发现，某一场布道或某一个故事与他或她自己的生活相关，就取得了将个人生活与宗教故事整合为一体的效应，使得神学体系在特定的个人层面上获得了意义。那么，宗教的象征似乎就成了皈信者生活经历的平行存在或解释。此刻，这个新的象征体系就变得似乎真实可信、富有意义且深具吸引力，皈信者就能够认同、采纳这个体系，在个人身心意义上进入这个新的故事，并承认它的真实性。

哈丁和斯特隆伯格两人的研究，代表了用多学科途径研究宗教变化的极佳例证，提供了关于皈信过程的丰富多彩而具有挑战意义的描述和解释。他们的观察和论述不仅仅在遭遇阶段具有重要性；他们所描述的互动过程也将继续贯穿并影响到互动阶段和委身阶段。

情感的满足（Emotional Gratification）

一个宗教选项还能够提供在很广范围的情感满足，诸如归属感或者社群感、从罪感中的解脱、新关系的建立，以及在为数不多的皈信研究中提及的兴奋感和刺激感。有一些宗教群体特别擅长利用某些方法，诸如音乐、戏剧、艺术和建筑，同样擅长突出某种意识，诸如使命、挑战和安慰。宗教的神话（迷思）、仪式和象征能够给生活注入热情、戏剧感和意义，为许多人提供一种情感得以满足的深切感受。[15]

在皈信研究中有一个不变的发现——在潜在皈信者与新的宗教群体的某一个成员（宣教者）之间要早日建立联系，这一点具有重要意义。对有些人来说，与魅力型领袖的接触既有戏剧性又有重要性，但是与普通人的接触，无论是建立密切关系还是建立在已有关系基础上的联系，也都是重要的。许多研究者发现，皈信改宗的主要途径是通过朋友圈和亲属网络。[16]本杰明·魏宁格（Benjamin Weininger）提出，在皈信改宗的经历中，建立个人之间的联系是一个极为有力，甚至具有关键性的一步。事实上，对于一些潜在皈信者来说，能够找到有人关爱和体贴他们，这本身就是一种触动心灵的经历，这将使他们能够超越源于惯性的内心冲突，从而将释放出来的精力用于建立一个更富有成效的、更富有"灵性的"生活。[17]在宣教者与潜在皈信者之间建立起密切的关系，从而促使皈信者进一步过渡到更深层次的参与，这样做既有吸引力也有可能性。

生活的技能（Techniques for Living）

宗教社群能够提供的第三类益处是雅各布·尼德曼（Jacob Needleman）所谓的"生活的技能"（"techniques for living"）。根据对皈信者所进行的许多访谈资料，我发现宗教变化（religious change）的一个重要吸引力在于人们坚信新的宗教选项能够为宗教生活（常常也为整个生活）提供新的方法和技能。祈祷的方法、默念的方法、读经和解经的方法，以及其他实用的改变生活的方法和步骤，这些对于一个潜在的皈信者来说是十分有吸引力的。有许多人想通过信仰得到改变并以一种合乎宗教的方式成长，但又苦于没有现成的实用工具或"指南"的经验使得那样的成长变为可能。如果一种宗教选项能够提供这样的工具和详细的使用说明，将能够赢得这一类人。[18]

领导力（Leadership）

第四个具有吸引力的事项是令人信服的领导。领导问题可能并非在每一个皈信案例中都是关键性问题，但是它似乎在许多皈信案例当中都是重要的。在最具戏剧性的情况下，领导者会是一位魅力型人物，被社群成员们认为是天赋超常的人。魅力型领导可能被视作与神界有特殊的沟通途径的人，或者说在医治疾病、预言未来、或其他方面有特殊能力的人，被群体成员认为是具有重要性的人。领导人能够以许多方式发挥作用，但最常见的是体现出宗教思想意识所表达的德性和力量，或者取得了某些特定的技艺，或者具有超凡的力道，表现为敏锐的悟性和说服能力。[19]切不可小视的是，这样的领导者似乎成为追随者理想化的特质、经验和态度的化身。"如果那个人能够取得这样的成就，"追随者认为，"那么通过追随、观察和模仿领导者，我可能某一天也会取得这样的成就"。

在遭遇阶段，宗教领袖或宣教者的魅力或个人的吸引力，对潜在的皈信者会产生巨大的影响。然而，正如皈信过程本身一样，魅力是一种互动的现象，其中涉及领导者和追随者双方的需求、期盼和希望。

一方面，魅力型领导者可能会提供一个潜在的人生楷模、生活的指南，以及对追随者的人格价值的肯定；另一方面，新的皈信者则可能满足领导者对于崇拜、肯定和顺从的需求。由此产生了一些道德问题——魅力型领导者的影响是否在更大程度上使得追随者成为受害者呢，还是更大程度上使得追随者成为获取力量的人呢；从长远效果看，这样的领导是否会更多地贡献于邪恶目的呢，还是更多地贡献于善良的目的呢。做出任何判断，都必须在互动模型所能够显示的范围之内；也就是说，魅力型领导力量的责任不能够仅仅被看作存在于领导者单方面的，追随者方面的复杂情况也必须予以探究。

权力/力量（Power）

或许可以这么说，使得吸引力与皈信产生相关性的过程涉及权力或力量。[20]可以这样认为，前面讨论的所有要素都在一定程度上涉及并诉诸权力或力量。然而，在许多皈信过程中都会出现的一个主题是，皈信者感觉到充满了力量，能够接近或取得力量，或者以某种方式与力量产生了关联——无论是外在的力量源头（神）还是某种可以被认为是具有灵性的或神圣性的力量的内在意识。哈罗德·特纳（Harold W. Turner）的研究报告指出，在他们与欧洲殖民者产生冲突时，当地的"头人"有时会想找出基督教的传教士，因为他们相信宗教是掌握那些优势技术力量的关键所在。[21]无论其精确定义是什么，权力/力量是许多形式的皈信过程中的重要组成部分。这样的权力/力量要么被认为是一种通过皈信过程而获取的禀赋，要么被认为是某种超凡的力量使得皈信改宗成为可能，要么被认为是某种力量的特质助长了抵达超越层面的可能性。当人们以直接的和个人的方式经历了对权力/力量的感知的时候，权力/力量就会吸引人们并成为人们确认相关思想意识和领导魅力的依据。

某种意义上，截至目前的所有考虑都仅仅是皈信过程的序幕，只有到了宣教者与潜在的皈信者一对一交往的时候，真正富有活力的互动过程才会开始。没有双方的遭遇，皈信改宗就不会发生。

注释

① Ruth Mazo Karras, "Pagan Survivals and Syncretism in the Conversion of Saxony," *Catholic Historical Review* 72 (1986): 554. See also MacMullen, *Christianizing the Roman Empire*, pp. 86-101.

② Karras, "Pagan Survivals," p. 572.

③ 关于 syncretism 的一项极佳的讨论，见 Carsten Colpe, "Syncretism," in *Encyclopedia of Religion*, ed. Mircea Eliade, New York: Macmillan, 1987, pp. 218-27。

④ David B. Barrett 的研究是对世界范围的基督教传教业进行分类编目和评估的最佳成果。Barrett 不仅收集数据资料，而且在世界传教业研究方面坚定地坚持自己所认为是妥善的方法。有关 Barrett 多方面著作的列举，参见本书第五章的注释 1。

⑤ See David R. Heise, "Prefatory Findings in the Sociology of Missions," *Journal for the Scientific Study of Religion* 6 (1967): 49-58.

⑥ See Irwin Scheiner, *Christian Converts and Social Protest in Meiji Japan* (Berkeley: University of California Press, 1970), and F. G. Notehelfer, *American Samurai: Captain L. L. Janes and Japan* (Princeton: Princeton University Press, 1985).

⑦ Joel S. Migdal 对于人们为什么以及怎么进入现代社会的问题，有一些令人印象深刻的见解，我认为他的著作与皈信研究也有相关性。参见其论文 "Why Change? Toward a New Theory of Change among Individuals in the process of Modernization," *World Politics* 26 (1974): 189-206。在很大程度上，我对边缘化问题的思考得益于这篇文章提供的信息。

⑧ Snow, Zurcher and Ekland-Olson, "Social Networks and Social Movements," pp. 787-801.

⑨ 我对这一要点的明确认识始于 Rochford 的研究。参见 E. Burke Rochford, Jr., "Recruitment strategies, Ideology and Organization in the Hare Krishna Movement," *Social Problems* 4 (1982): 399-410, and *Hare Krishna in America* (New Brunswick, N. J.: Rutgers University Press, 1985)。

⑩ 参见 Singer 令人注目的研究：Merrill Singer, "The Use of Folklore in Religious Conversion: The Chassidic Case," *Review of Religious Research* 22 (1980): 170-85, and "Chassidic Recruitment and the Local Context," *Urban Anthropology* 7 (1978): 373-83。

⑪ 我的许多评论以 Britsch 的信息为基础：R. Lanier Britsch, "Mormon Missions: An Introduction to the Latter-Day Saints Missionary System," *Occasional Bulletin of Missionary Research* 3 (January 1977): 22-27。有关数据来自 "Statistical Report 1988," *The Ensign* 18 (1988): 20。

⑫ Epstein, "The Implications of Cognitive-Experiential Self-Theory," pp. 283-310.

⑬ Susan F. Harding, "Convicted by the Holy Spirit: The Rhetoric of Fundamental Baptist Conversion," *American Ethnology* 14 (1987): 167-81.

⑭ Peter G. Stromberg, "The Impression Point: Synthesis of Symbol and Self," *Ethos: Journal of the Society for Psychological Anthropology* 13 (Spring 1985): 56-74. Stromberg 的研究具有解释性，因为他的研究将人类学和心理学创造性地熔为一炉，参见文献 "Consensus and Variation in the Interpretation of Religious Symbolism: A Swedish Example," *American Ethnologist* 8 (1981): 544-59; *Symbols of Community: The Cultural System of a Swedish Church* (Tucson University of Arizona Press, 1986); and "Ideological Language in the Transformation of Identity," *American Anthropologist* 92 (1990): 42-56。

⑮ 参见 Ullman 的优秀研究成果 "Cognitive and Emotional Antecedents of Religious Conversion"。See also "Psychological Well-Being among Converts in Traditional and Nontraditional Religious Groups," *Psychiatry* 51 (1988): 312-22; and *The Transformed Self: The Psychology of Religious Conversion* (New York: Plenum Press, 1989).

⑯ Rodney Stark and William Sims Bainbridge, "Networks of Faith: Interpersonal Bonds and Recruitment to Cults and Sects," *American Journal of Sociology* 85 (May 1980): 1376-95.

⑰ Benjamin Weininger, "The Interpersonal Factor in the Religious Experience," *Psychoanalysis* 3 (Summer 1955): 27-44.

⑱ 这一关键性的要点最初是由 Needleman 提出的 Jacob Needleman, *The New Religions* (Garden City N. Y.: Doubleday, 1970), pp. 16-18。

⑲ 有关这一论题的更为广泛的讨论，参见 Lewis R. Rambo, "Charisma and Conversion," *Pastoral Psychology* 31 (1982): 96-108。我对这一问题的研究，在很大程度上受到 Charles Camic 的影响，参见 Charles Camic, "Charisma: Its Varieties, Preconditions, and Consequences," *Sociological Inquiry* 50 (1980): 5-23, and Joachim Wach, "Master and Disciple," *Journal of Religion* 42 (1962): 1-21。另一有益参考见 Kathryn L. Burke and Merlin B. Brinkerhoff, "Capturing Charisma: Notes on an Elusive

Concept," *Journal for the Scientific Study of Religion* 20 (1980): 274-84。

⑳ See Beckford, "The Restoration of 'Power' to the Sociology of Religion" and Meredith B. McGuire, "Discovering Religious Power," *Sociological Analysis* 44 (1983): 1-10.

㉑ Harold W Turner, "The Hidden Power of the Whites," *Archives de sciences sociales de religions* 46 (1978): 41-55.

第七章
宣教者与皈信者的遭遇

在宣教者与潜在皈信者每一次的遭遇过程中，两者互动的真实细节都是极其复杂的。如果说皈信/改宗发生的情境是一个动态的力场，那么宣教者与潜在皈信者之间的遭遇就可以被视作这个力场中多种力交互作用的中心。两者遭遇可能导致的种种后果，可以构成一个简单的线性连续体，一端是完全拒绝，另一端则是全盘接受。潜在皈信者对于宣教者的最初反应可能随着时间而改变，正面的反应可能会变成负面的，反之亦然。宣教者也可能随着时间而改变，根据与潜在皈信者互动过程中的情况而改变接触的策略，而潜在皈信者也可能会在互相影响的作用下调整和/或改变接触过程中的策略[1]。

一项有意思的发现很少在宗教皈信研究的文献中提及，这就是（劝诱皈信的）目标人群中的大多数人会拒绝新的宗教选项。[2]在研究关于皈信/改宗文献的过程中，我有一个令人吃惊的发现，相关的学者或传教士可能会热情洋溢地报告数以百计甚至数以千计的人皈信入教了，然后仅以漫不经心的方式一带而过地提及：皈信者所占的百分比不到目标人群总数的10%。事实的真相是，人们深陷于原本的宗教、家庭、社会和政治网络的现实中，而现实存在很少会鼓励人们转向一个新的宗教选项。个人的和社会的状况很少会支持这方面的变化，要使得任何出于自愿的皈信过程成为可能，需要有"恰当的"潜在皈信者，在适当的时间和环境下，与"恰当的"宣教者和"恰当的"宗教选项之间，通过复杂的互动方能促成。潜在皈信者的行为轨迹与现实中宣教者的行为轨迹之间，往往并不能以如此特定的方式相遇，进而使皈信的过程得以发芽、生根且茁壮成长。

即使在这方面相对来说比较成功的摩门教,其研究报告指出,在一千个接触的人当中最终成为摩门教徒的只有一个。③与此相似的情况是,基督的教会的一位从事招募信众的负责人不无遗憾地告诉我,在他们接触的一百个人当中只有不到一个人回应了参加《圣经》学习课程的邀请,这个课程是教会试图与潜在的皈信者建立关系进而使之走向皈信的第一步。加兰特尔(Galanter)关于统一教会的研究显示,在一百个人当中只有一个人回应了统一教会举办的聚餐会的邀请,为数更少的人参加了研讨会,更加少的人最终入教成为信徒。④确实,寻找改宗皈信者是极其困难且令人沮丧的工作。福音派传教组织需要持续不断地鼓动其成员的热情,企图保持所需要的那股冲劲,以便对为数不多的他者进行劝诱皈信活动。⑤

据我所知,在皈信过程中具有关键意义的遭遇阶段存在许多特点,并且有许多不同的力量发挥作用;然而,时至今日没有任何一种理论体系能够将它们全部整合并陈述清楚。让我们简要回顾一下不同社会科学研究能够提供的解释。

伊希凯关于遭遇的观点(Isichei's View of Encounter)

历史学家伊丽莎白·伊希凯(Elizabeth Isichei)研究了尼日利亚的伊格博人(Igbo)对基督教做出反应的情况。⑥她重申了我们曾经强调需要注意的情况:"伊格博人对于传教士说教的反应受制于一系列的因素——其中包括年龄、性别、在社群中的身份以及个人性格中的一些微妙的情况——[至今]……没有哪一种方法能够分析这种多样性和复杂性,即使是分析的苗头也未曾见到。"伊希凯所认定的情况是人们熟悉的:"人们思想变化的历史并不发生在真空之中;任何关于皈信改宗的研究,如果不能够分析(至少要提及)其中决定性的历史因素,那么这个分析就是误导性的。大多数皈信改宗运动的形成是由诸多社会因素决定的,这是不言自喻的常识,伊格博人的情况即是如此。我们看待不同思想的遭遇,需要以社会发展的真实过程为背景，正是这样的过程最终决定传教事业的成功——如果能够被称为成功的话。"⑦

伊希凯的研究聚焦于奥尼特沙人（Onitsha people，系伊格博人的一个亚群体）对于基督教的反应。他们（对于传教士的到来）最初的反应是持欢迎态度。作为一个孤立存在的族群，他们乐于有人到来并与之结为盟友，并通过买卖而得到新的收入。出于对外国人的好奇心，他们表现得热情而开放。然而，随着时间的推移，只有那些在伊格博人社会中处于边缘状态的人真正皈信了基督教。伊希凯声称："正如在其他传教情境中一样，传教士所得到的皈信者主要是伊格博人社会中受排斥的那些人，诸如奴隶，或者遭受指控和贬抑的巫者，这些人在伊格博人的社会中没有幸福的前景，所以他们归附于另一个社群不会有任何损失。"⑧当主流群体的人们开始发现这个新宗教会造成潜在的分裂性和革命性的时候，他们就开始迫害传教士和那些选择皈信基督教的人。她进一步解释道："对于伊格博人来说，19世纪和20世纪初是处于焦虑状态的时期，是一个经济和社会变迁的混乱时期，与异文化发生冲突的动荡时期，紧接其后的是长期遭受暴力征服的经历。如果人们作为整合于群体之中的一分子幸福地生活于自己的社会，很少有人会考虑成为基督教徒，除非他们感受到社会的存在受到了威胁。这在传教史中是司空见惯的情况，就伊格博人的案例来说，同样如此。"⑨

伊希凯发现，宣教者与皈信者之间的互动模式极其复杂。本土人最初显示出欢迎的态度，然而在进一步接触互动以后，则转变为猜疑和抵制。总体来说，那些确实皈信了基督教的人是主流圈子以外的人，是部落社会中的"遭受排斥者"。他们皈信的模式涉及将新旧宗教混为一体的宗教混合（syncretism），具体情况则取决于他们自身的价值、观念和仪式。自相矛盾的是，在经过传教士许多年的教育和努力以后，西方的思想价值又从整体上引入了世俗化的潮流。由于本土文化的势力和地位受到侵蚀，对于很多人来说，传统宗教失去了可行性和说服力。经常发生的情况是，只有少数年纪大的人还试图保留传统的宗教神话、仪式和象征。传统宗教并不能作为一个能动且有活力的体系对社群生活和环境生活的现实做出回应，而往往以僵化的形式保留，从而挽救了传统的某些残余。部落传统遭到在传教士创办的学校里接受教育的年轻人的普遍诋毁。

怀着对当地不幸现实的深切痛苦和同情之心，伊希凯断言：

> （传教士与本土人之间）遭遇的发生并不是通过伊格博人与传教士之间对话辩论的形式，而是发生在伊格博人的个人思想中。因为传教士不接受伊格博人灵性生活中构建的现实，唯有伊格博人自己能够在有意无意之间建构双方的对话，这是必然的情况。我们看到，这样的过程产生了三种不同情况的主要支派——混合宗教者、世俗主义者，以及幻想破灭的传统主义者。每一个支派都心怀某种混乱和失落的感伤在摸索自身的路径。在此，让我们从伊格博人的文学中选择一个相关的比喻来表述：
> Onya na-a apa ya ada ana.
> 伤口愈合了，疤痕犹在。⑩

对宣教者的抵制（Resistance to the Advocate）

诺曼·埃塞灵顿（Norman Etherington）提供了一个综合性的研究案例，显示了本土人对新的宗教选项的抵制和排斥过程中社会文化情境的重要性。⑪作为对贝德尔曼（Beidelman）的研究之回应，他探讨了东南非洲的案例——关于传教士的动机和策略与潜在皈信者的本土情境之间孰轻孰重的问题。及至 1880 年，有九个不同的基督宗教的传教团体活跃在纳塔尔（Natal）、蓬多兰（Pondoland）和祖鲁兰（Zululand）地区。这些传教使团分属于卫理公会、罗马天主教会、公理会、路德宗、圣公会和长老会等派系，分别来自法国、德国、苏格兰、挪威、瑞典和美国。

在仔细分析这些传教团体的差异性（传教人员的情况、目标和策略等）以后，埃塞灵顿做出结论，至少就这个特定地区而言，传教士方面的差异性情况不能够解释本土非洲人对传教做出回应的差异程度。确实，埃塞灵顿强调指出，反对传教士的力量如此之强，所有的传教团体都采用了相似的策略：建立传教站（the missionary station）。传教士们发现，要想在当地创建教会的最好的（也许是唯一的）方法，就是开创一种可能性——让那些少量的皈信者生活在他们原本的社区之外。传教士在传教站小区（the missionary compound）里建有自己的学校、教堂、医院和商店，为皈信者提供了一个与外界隔离的生活环境，使皈信者不再受到他们所熟悉的那个广阔世界的影响。本土的地方民众对新来宗教的抵制如此强烈，传教士们觉得自己没有其他的选择，只能建立这些小区。

例如，在1835年，美国公理会海外传道部（the American Board of Commissioners for Foreign Missions）派出六位传教士到南非。他们构想的策略是，首先使祖鲁人的整个族群都皈信基督教，将他们发展成为独立的基督教徒的社群，然后再将这些祖鲁人作为传教士派往非洲的其他地方去传教。这些美国传教士对自己的既定策略如此投入，他们甚至直接反对殖民当局的活动，试图改善非洲黑人的生存状态。尽管如此，他们还是遭到了绝大多数祖鲁人持续且强烈的抵制。经过多年焦躁无奈的努力之后，传教士们最终还是支持动用大英帝国的暴力打破部落领袖们的权力和威望，同时出资修建传教站小区，让当地的皈信者在那里得以生存和发展。

宏观社会关系（Macrosocial Relations）

罗伯特·蒙哥马利（Robert L. Montgomery）提出，宗教的传播和扩展受到宣教者的国别社会背景与潜在皈信者的社会情境之间形成的关系之影响。[12]蒙哥马利坚称，宗教为造就、巩固和支持一个社会的认同提供了重要的资源。当一个社会面临某种能够被感受到的威胁，而且这个威胁的来源不与某个新宗教同属一个源头的话，那么该社会接受这个新的宗教选项是可能的。当一个社会并不面临这种可被感受到的威胁，或者当这样的威胁与这个新宗教同属一个源头的时候，该新宗教作为一个选项就会受到排斥。在有些情况下，在一个特定的社会中，某些社会组成部分（即亚群体）受到主流群体的威胁。在某些这类案例中，受到威胁的亚群体可能会选择一种新的、能够挑战主流群体的宗教选项。在与主流群体发生冲突的时候，这个亚群体可能会利用新的宗教选项作为一种有力的武器。

蒙哥马利列举了朝鲜基督教化的案例说明其理论模型。1910~1945年日本占据朝鲜的时期，基督教在朝鲜成为一种非常重要的力量。因为日本对朝鲜人的民族认同构成了无法抗拒的威胁，朝鲜人转而欢迎欧美传教士宣传的基督教信息。与此相似的情况是，在阿拉伯军队能够将当地人从拜占庭和波斯帝国这些力量的压迫下解放出来的地方，伊斯兰教得到了最为昌盛的发展。

在接受或排斥新宗教的同时，会发生宗教混合的现象。在某些情况下，外来宗教具有强制性，本土人要竭力维护自身独具特色的自我认同，从而对新的（外来）宗教做出改造，以便在接受新宗教的同时保留该社会原有的价值和认同。在许多殖民地国家，基督教被强加于被征服的民众，这样的宗教混合现象是显而易见的。

情境作为皈信过程中的催化剂（Context as a Catalyst for Conversion）

理解潜在皈信者对新的宗教选项做出的反应，是一个在学者中引发了广泛讨论和争辩的话题。罗宾·霍顿（Robin Horton）提出的"知性主义理论"（"intellectualist theory"）在这方面有重要贡献，该理论研究了撒哈拉沙漠以南非洲民众对基督宗教和伊斯兰教传教士的不同反应。[13]霍顿认定，人的认知受到所在群体经济、政治、社会文化和地理环境的影响，所以他赞成这样的说法：皈信者在（对新的宗教选项）回应的过程中是充满自主活力的，而并非被动的。事实上，在霍顿看来，在伊斯兰教和基督宗教引入之前，本土的宗教思想体系就活跃在当地并有其自身的发展方向，而伊斯兰教和基督宗教仅是处于这种发展背后的催化力量。

霍顿将基督宗教和伊斯兰教在非洲遇到的不同反应，解释为这两个宗教传统各自遭遇的情境所导致的结果。知性主义理论的核心就是，非洲的宇宙观是由两个梯级（或层面）构成的：微观世界和宏观世界。所谓微观世界由崇拜对象、仪式、信仰构成，是某些地方社区和部落群体所特有的。在这个微观世界中满是神灵和（超自然的）力量，被认为是掌控当地一方世界的存在。而所谓宏观世界则包含了更为广阔的世界或环境，有一个至高无上的神，该神具有支配一切的权力，而且是那些较低等级神灵的源头。

至高无上神与低等神灵之间孰轻孰重，这两方面的平衡取决于一个社区是注重微观世界还是宏观世界。一个孤立存在的或居所固定的群体与更为广阔的世界接触较少，将其大多数精力都奉献于地方的神灵。一个从事传播沟通、旅行和/或与不同的民族和社会进行商贸往来的群体，可能更有兴趣崇拜至高无上神。霍顿相信，宗教与社会网状结构之间交织得如此紧密，社会文化背景的任何一方面的变动都会激发宗教方面的某种变化。

本土群体不断地调整、变动自身的宗教思想，以应对变化中的宗教、社会、政治和经济因素；而在进行这些变化的过程中，人们既活跃又富有创意，即使在没有引入或强加外力的情况下也是如此。所以，霍顿坚称，本土群体最初对基督教和伊斯兰教做出的反应，是基于群体或个人对于微观世界和宏观世界予以强调的相对程度，即对于低等神灵的崇拜和对于至高无上神的崇拜情况。那些侧重微观世界的群体对于基督宗教或伊斯兰教不予回应；那些介入宏观世界的群体则对基督宗教或伊斯兰教回应得尤其积极，因为这些宗教提供了与外部世界相关的大量仪式和信仰。对于外来宗教要素的解读和回应程度，取决于人们自己积极调整适应的情况。

情境中的宗教因素（The Religious Factor in Context）

霍顿关于皈信的理论在 1971 年最初提出，既而引发了广泛的辩论。最早的批判意见来自汉弗莱·费希尔（Humphrey J. Fisher），他的批评聚焦于这样的事实，即霍顿关注的主要是皈信基督宗教的情况，而对非洲人皈信伊斯兰教的情况仅有很小的兴趣。⑭费希尔还认为，霍顿忽视了"纯粹的"伊斯兰教和基督宗教在非洲人生活中扮演的角色。他反对霍顿关于不同回应情况的相当简单的解释体系。费希尔批评意见的要点是，霍顿没能认识到基督宗教和伊斯兰教的特定宗教面向。

费希尔提出一个关于伊斯兰教在非洲发展的体系，由三个阶段构成，并指出每一阶段不同的皈信情况。这三个阶段是：隔离，混合，改革。隔离阶段可能持续数百年，在这个阶段，穆斯林生意人、商人、宗教导师或者仪式研习者来到一个地区，不过在一定程度上还是与广大社会处于隔离状态的。那些相对少量的皈信伊斯兰教的人常常是奴隶，因为他们脱离于当地的传统社会，所以就更容易接近新的宗教选项。在隔离阶段，皈信者在数量上较少，因为要成为一个穆斯林这个人必须打破与传统社会的关系，这样的行为代价高昂。

当打破障碍并走向皈信的情况发生时，混合阶段就开始了。费希尔指出，在混合阶段的皈信情况常常更像是诺克（A. D. Nock）所描述的"粘合"（adhesion）而不是皈信；"粘合"只需要在较轻程度上打破与过去（宗教信仰或文化传统）的关系。⑮在非洲，一个人同时卷入多种崇拜，而且参加多种仪式活动的现象并不罕见。在这样的情境中，成为一个穆斯林是相当容易的。确实，穆斯林允许通过相对简易的仪式过程入教，不像基督宗教那样一般需要较长时间的培训。伊斯兰教的入教仪式仅仅要求皈信者陈述证言："万物非主，唯有真主，穆罕默德是主的使者。"

改革阶段常常以"吉哈德"（Jihad，或称"圣战"）运动的形式出现，这样的运动要求对伊斯兰教绝对忠诚，要求在教义上和行为上达到"崇高的"伊斯兰教的纯洁性。在这个阶段，以混合形式存在的本土传统文化的因素受到激烈的抨击和清除。费希尔认为，发起改革运动的一个主要因素是信众读写能力的提高。当更多的穆斯林接受了关于《可兰经》和其他伊斯兰教文献的培训以后，他们会发现混合环境中的伊斯兰教与历史上纯净的伊斯兰教之间的不一致性。可以这么说，由此发生了第二次、强化版的皈信过程。最初"粘合"于伊斯兰教的情况被一个激烈的、追求纯粹伊斯兰教的皈信过程所取代，后者要求从（最初的）漫不经心的接受转向深层的委身和纯粹化。费希尔评述道："改革派的伊斯兰将其运动不加区分地强加于所有的人——新近的皈信者、二次皈信者和反抗改革者，其依据是伊斯兰教文献中的那些不朽经典。改革运动有时会提出对于规范性行为标准的、严格的，甚至是残酷的坚持，以及同样严格的与本土传统相决裂的态度。"⑯

创新扩散理论（Diffusion of Innovation）

理查德·布里埃提出，借用"创新扩散"理论（"diffusion of innovation" theory）来解释皈信过程的本质。⑰这个概念的最初发展是在生物科学领域，后来用于社会学，解释新技术如何被运用于世界不同的地方。通过对伊斯兰文化中现存的人物传记辞典的广泛研究，布里埃仔细审查了人名变化的情况（这方面的变化被认为是皈信改宗的重要指针），及其与皈信改宗的速度和序列之间的关系，该研究涉及伊朗、伊拉克、埃及、突尼斯、叙利亚和西班牙等地的情况。⑱布里埃通过实证的途径验证了皈信伊斯兰教的发生过程与创新扩散理论有一致性。

创新扩散理论假设，在一个（特定群体的）的人口中，人们采纳新概念的过程一般是与标准分布的曲线相一致的，该曲线看起来就像人们熟悉的统计学的正态曲线，或者用来表示标准分布之和的S-曲线。正态曲线或S-曲线被划分为小的区间单位，即所谓标准差。统计数据的百分比可以预测该人口中采纳新概念/接受新选项的概率。创新扩散理论提出，第一组接受新选项的人是"创新者"（innovators），约占总人口的2.5%；第二组是"前期接受者"（early adopters），约占总人口的13.5%；第三组是"前期接受者的大多数"（early majority），约占总人口的34%；"后期接受者的大多数"（late majority）是第四组，约占总人口的34%；第五组，即最后一组，是总人口中最不愿意接受新选项的，或者说持抵制态度的所谓"落后者"（laggards），约占总人口的16%。

建立创新扩散理论所根据的是，假设人们接纳新事物的过程是按照人们所接触到信息的情况而定的。随着越来越多的人接纳了新事物，就会产生一个花车效应（即从众效应），其特点是对于创新事物产生越来越多的兴趣和越来越少的抵制。布里埃强调，这种情况对皈信改宗的过程具有潜在的意义："这种将皈信改宗过程分阶段的分类方法的有用之处在于，不同时间阶段的皈信者有着非常不同的动机和经历。"[19]

利用创新扩散理论，布里埃建构了一个假设的时间表，用以探讨皈信伊斯兰教的过程，这个过程的发生持续了四个多世纪。根据他对发生在伊朗的皈信伊斯兰教过程的详尽研究，布里埃指出"创新者"是那些在695年以前皈信伊斯兰教的人，约占总人口2.5%的人。这些被称为"创新者"的皈信者们是奴隶、战俘和其他一些社会地位非常低下的人。作为非阿拉伯人，他们必须以"马瓦里"（"*mawali*"，即阿拉伯部落中的非正式成员）的身份而生存，但他们被认为是比真正的阿拉伯人的地位要低下的，并且遭受歧视和污名化的羞辱。在这个阶段，很少有皈信者取教名（穆斯林名字）。695~762年，皈信者的人数又增加了13.5%（占据最终皈信伊斯兰教总人数的百分比），他们是"前期接受者"。此时，污名化的情况渐渐减少了，然而，在皈信者为了成为穆斯林而离弃了的那些社区里，污名化的情况仍然会发生。作为"前期接受者"的皈信伊斯兰教的人，开始使用那些同时出现在《圣经》和《可兰经》中的名字，布里埃认为在既有基督教徒又有犹太教徒生活的社区里，这类名字具有安全性。布里埃补充说道："作为前期接受伊斯兰教的皈信者，大多数是在皈信后能够搬离原住地的人。在这一类人群中有工匠、商人、宗教从业人员和政府工作人员。然而，最为重要的是这些人当中一般没有农村的土地拥有者。"[20]

762~820年，作为"前期接受者的大多数"的皈信者开始出现，他们占到最终皈信伊斯兰教的总人口的34%。布里埃的研究指出："随着阻碍皈信伊斯兰教的情况（诸如被非穆斯林排斥和孤立，或者遭受迫害）不复存在或发生的数量减少，在这个时期决定皈信过程的主要因素可能就是信息传播的问题了。伊斯兰教越来越被认为是伊朗人社会生活中具有永久性的和不可逆的一个方面；这时在社会上得以传播的思想认为，信奉伊斯兰教是绝对好的事情，恰如一种先进的技术手段或设备所具有的绝对优势一样。"[21]

772~869年所发生的情况是，皈信伊斯兰教的人口达到60%以上。在皈信者达到前期多数和后期多数的阶段，花车效应的作用十分明显。作为"后期接受者的大多数"（也是占皈信总人口的34%）的皈信过程，发生在820~875年。所谓"落后者"（即最后的16%）的皈信过程，发生在875~1009年。随着伊朗有越来越多的人皈信伊斯兰教，使用以下五个具有穆斯林特色的名字的人数显著增长，这些名字是：穆罕默德（Muhammad）、阿赫默德（Ahmad）、阿里（Ali）、哈桑（al-Hasan）、侯赛因（al-Husain）。在花车效应的作用下，伊斯兰教的皈信者可以在公众场合通过自己的名字来宣示其身份认同以表对新宗教的效忠，且不会因此承担负面的后果。

差异性的动机和经历（Differential Motivation and Experiences）

布里埃的研究中出现了几个重要的议题。首先，他提出皈信过程在不同的历史时期是不同的。某些研究皈信问题的学者一直试图将这个概念定义为一个静态的现象，一种普遍的、不变的现象；某些神学家则辩称有一种特定的、强制性的模型。布里埃的研究则显示，皈信是一个动态的过程，根据地点和时间的不同而出现不同情况的过程。在不同的时间和不同的地点，皈信者所属群体的类型，他们皈信经验的本质，我想再加上一点——他们的皈信过程所带来的后果，都是不同的。其次，他展示了皈信过程是一个累积性的过程，即大量人群皈信的过程会形成势头，随着时间的延续使得皈信过程的势头得以扩展。

传教士的调适（Missionary Adaptations）

在宣教者与潜在皈信者发生个人之间的动态交往过程中，会对宣教者带来什么变化呢？这样的互动过程不但会对潜在的皈信者造成影响——无论这种影响的结果是导致他的皈信还是抵制——同样也会对宣教者造成影响。传教士希望有效地工作，所以会对情况做出评估，对行动策略和方法做出相应改变，以便在特定的具体条件下取得更大的成功。有些传教士会做出不仅仅在方法论意义上所允许的变化，而且是具有更为深远意义的变化。[22]斯蒂芬·卡普兰（Steven Kaplan）列举了传教者的六种变化：宽容、翻译、同化/融合、基督教化、文化适应、合作。[23]尽管他的研究聚焦于非洲的传教士，但可以认为这些分类是在世界范围具有相关性。

宽容（Tolerance）

对于宣教者而言，宽容经常是一种出于权宜之计和/或操作过程所需要的手段。当传教士面临某些信仰和行为，觉得多少有些难以接受的时候，他或她必须面对这些信仰和行为的现实，希望通过对这些情况的宽容，最终会在说服（潜在皈信者的）过程中使之改变这些引发异议的行为和态度。

翻译（Translation）

传教士通过（变通性的）翻译手段，以能够被潜在皈信者理解的方式传播新的宗教信息。卡普兰所说的意思并不仅仅是从一种语言转变为另一种语言的翻译。他所指的是，传教士在此过程中体现出的创造性——在本土文化和习俗中寻找具有参照性和类比性的表述，使得新的宗教信息听起来更为熟悉，给新的故事穿上熟悉可辨的服装。

同化/融合（Assimilation）

有些传教士，尤其是在他们具备了对特定环境更为深入的知识和经验以后，会参与到文化融合的实践。卡普兰注意到，某些传教士有时会将本土文化的传统和仪式用于基督教的实践（例如，在葬礼中）。对一些现代传教士来说，融合本土文化的实践是一个重大进步，尽管他们的先辈们，尤其是19世纪，在最初接触到这些本土文化习俗时是拒不接受的。然而，通过学习当地的语言，与当地人发展了种种关系以后，有些传教士发现，本土人的生活方式实际上有许多积极的方面，将本土的文化形式融合到宗教仪式中的情况越来越普遍。

基督教化（Christianization）

基督教化是传教士们采用的另一个策略。某些特定的本土礼仪和实践被"净化"，去除其中任何"非基督教的"因子，使之得到了改造，正式成为"基督教的"。这样，传教士们就从仅仅是尊重本土文化的态度发展到一种对本土文化更为积极肯定的立场。这曾经是（早期基督教）处理欧洲的异教习俗传统的模式，当非洲的（本土文化）实践被"神圣化"或者合法化而成为基督教的生活方式的时候，情况大致是一样的。仪式的形式——未被传教士神圣化以前是非洲的——源头可能是异教的，然而其内容无疑是基督教的。

文化适应（Acculturation）

采取文化适应的策略，在很大程度上是因为宣教者降低了自身的文化傲慢和（对本土文化）不容忍的态度。对部落生活的传统文化要素的保留，或者在某些案例中是恢复，被认为是与人类的内在价值相一致的。宣教者的自我文化中心主义和文化色盲得到了改造，或者说，至少是大大地减轻了，以至于传教士变身成为保留和促进本土文化的重要分子。有一些传教士可能会因为"走向本土"而放弃了自身的西方文化，全方位地拥抱他们所服务群体的生活方式。[24]

结合/并入（Incorporation）

对卡普兰而言，最根本的变化是，由于本土的某些概念给传教士留下如此深刻的印象，他或她将这些本土概念引入基督教的规范之中。如此不同的世界观、价值观和仪式的结合有时达到如此全面的程度，以至于宣教者发展出一套（新的）基督教的观念，与最初被带到传教地区来的那一套说法相去甚远。有关这个过程的两个代表性人物是约翰·泰勒（John V. Taylor）和文森特·多诺万（Vincent J. Donovan）。

身为英国圣公会牧师的泰勒，在其精彩的著作《本初的视野》(*The Primal Vision*) 中报道，在乌干达的经历改变了他对基督教的看法。[25] 多诺万在《重新发现基督教》(*Christianity Rediscovered*) 中讲述了他与马萨伊人 (Masai) 在现实生活和思想交流中的遭遇，以及这些遭遇对他理解基督教和传教事业的影响。[26]

潜在的皈信者与皈信者的调整适应 (Potential Converts and Convert Adaptations)

在（潜在的皈信者）可能做出的"排斥与接受"这两极反应之间，可能发生的种种情况可谓浩如繁星，极其复杂。凯沙利·萨海 (Keshari N. Sahay) 为我们提供了一整套有用的分类方法，其中所列出的种种情况描述并解释了宣教者与潜在皈信者之间的遭遇并长期互动的大致情形。萨海对生活在印度卓丹纳格普 (Chotanagpur) 地区的乌拉昂人 (Uraon) 部落成员的皈信过程进行了深入研究。路德宗的新教传教士于1840年代就来到了这个地区，然而皈信者寥寥无几，这样的情况一直持续到一位名为康斯坦特·利文斯 (Constant Lievens) 的天主教徒的到来才得以改变。按照萨海的说法，利文斯的成功在于他以一个法律代言人的身份为受压迫的贫困民众提供服务。萨海为我们的讨论提供了五种不同的情况，说明那些皈信基督教的乌拉昂人与宣教者之间的遭遇是如何展开的：文化之间的摇摆、细察、混合、本土化、回归。

摇摆 (Oscillation)

在遭遇的最初阶段，新近皈信入教者在传统信仰和刚刚委身投入的基督教之间摇摆不定。他们（新建立的）与基督教的属系关系是留于名义上的，而且对于其中大多数人来说，他们所知道的基督教知识是极其有限的。对其中有些人来说，皈信基督教的动机是获取物质性的好处，尤其是获取法律援助以反对地主的压迫。无论他们多么想成为基督教徒，这些新皈信者仍然深深地附着于他们的萨尔纳 (Sarna) 传统。遇到麻烦问题的时候，他们会回归到传统的老路子去寻求帮助和解救。萨海的研究报道，83%的罗马天主教皈信者和93%的路德宗皈信者承认，他们仍然相信巫术和魔法。

细察（Scrutinization）

随着时间的消逝，乌拉昂人皈信者们因为有了新的信仰，越来越多地去除了传统中被认为与基督教不相匹配的元素。随着知识的增长，他们越发明白了不同信仰体系之间的冲突，为了建立他们作为基督教徒的新的身份认同，他们常常会公然做出某些姿态，将自己区别于非基督教信徒。例如，将本土传统的春迪（chundi）式的头顶发髻剪去。基督教的皈信者还会排斥文身，除非是在额头上文一个小小的十字架。某些"世俗的"传统得以保留，但是老传统当中某些"宗教性"元素被去除了。许多人一方面尝试着实践新的信仰体系，一方面又在试探着传统仪式的效验。

混合（Combination）

另有一种途径是将基督教的多种元素与本地乌拉昂传统的多种元素混为一体。部落文化的一个重要元素就是舞蹈，然而有些欧美传教士担心舞蹈会激发不当的性行为。围绕该问题传教士与本土人形成冲突，经过一段时间双方都愿意做出妥协，传教士将舞蹈作为本土文化整体的一部分予以接受。

本土化（Indigenization）

基督教传统（或者更精确地说，在一些情况下是"西方传统"）被结合到本土做事的方法当中。例如，当一个被否决了的仪式或行为从传统文化中去除以后，人们从传教士那里发现某个相对应的行为方式，于是就将它采用到自己的生活当中。这样，混合和取代就同时发生了。

回归（Retroversion）

在基督教化的经历延续了一代人或两代人以后，人们有时会对受到压制的本土文化元素进行重新评估，并且认为重新采纳某些（传统文化元素的）实践是可行的。例如，朱砂原本是传统婚礼和节日的一个重要元素，但在乌拉昂人基督教化的过程中被去除了。后来，基督教皈信者们决定重新启用这种珍贵的矿石材料，认为这样做与基督教的原则并不冲突。萨海的结论认为，当基督教的身份认同在乌拉昂人当中得到巩固情况下，并且当他们在宗教信仰方面更为成熟以后，他们对于那些以往遭到排斥的、与基督教并不相冲突的本土传统就有了更为肯定的态度。

萨海的模型提供了另一个有用的途径，可以用于观察宣教者与潜在皈信者之间互动、回应的过程，以便从历史变化的维度更好地认识两者遭遇过程的本质。

注　释

① 正当我完成本书的最后编辑工作时，我发现了 Cohen 的论文，Erik Cohen's "Christianity and Buddhism in Thailand：The 'Battle of the Axes' and the 'Contest of Power,'" *Social Compass* 38（1991）：115-40。这篇优秀的论文探讨了一些与我的研究相似的问题。
② 在我主持的关于皈信研究的讨论班上，Steven Kaplan 的发表使我清楚地意识到"拒绝"（rejection）作为一种选项，参见 Steven Kaplan, "Rejection of Conversion," unpub. paper, Hebrew University of Jerusalem, 1985。
③ See Stark and Bainbridge, "Networks of Faith," pp. 1376-95, and Eberhard, "How to Share the Gospel," pp. 6-12.
④ Galanter, "Psychological Induction into the Large Group," pp. 1574-79.
⑤ 有关这些问题的一项富有感悟的描述，参见 Nancy Tatom Ammerman, *Bible Believers：Fundamentalists in Modern Word*, New Brunswick, N. J.：Rutgers University Press, 1987。
⑥ See Elizabeth Isichei, "Seven Varieties of Ambiguity：Some Patterns of Igbo Response to Christian Missions," *Journal of Religion in Africa* 1970（3）：209-27.
⑦ *Ibid.*, p. 211.
⑧ *Ibid.*, p. 212.
⑨ *Ibid.*, p. 218.

⑩ *Ibid.*, p. 227.

⑪ See Norman A. Etherington, "An American Errand into the South African Wilderness," *Church History* 39 (1970): 62-71.

⑫ Robert L. Montgomery, "The Spread of Religions and Macrosocial Relations," *Sociological Analysis* 52 (1991): 37-53.

⑬ 参见下列 Horton 的研究文献: Robin Horton "African Conversion," *Africa* 41 (1971): 85-108; "On the Rationality of Conversion, Part I," *Africa* 45 (1975): 219-35; and "On the Rationality of Conversion, Part II," *Africa* 45 (1975): 373-99.

⑭ Humphrey J. Fisher, "Conversion Reconsidered: Some Historical Aspects of Religious Conversion in Black Africa," *Africa* 43 (1973): 27-40, and "The Juggemaut's Apologia: Conversion to Islam in Black Africa," *Africa* 55 (1985): 153-73.

⑮ Nock, *Conversion*, p. 7.

⑯ Fisher, "Conversion Reconsidered," p. 37.

⑰ Bulliet, *Conversion to Islam*, pp. 26-32. 有关"创意"之扩散的最具权威性的著作是 Everett M. Rogers, *Diffusion of Innovations*, 3d ed., New York: The Free Press, 1983。

⑱ 在参见 Bullie 对该问题的讨论之外,另参见 Roger S. Bagnall, "Religious Conversion and Onamastic Change in Early Byzantine Egypt," *Bulletin of the American Society of Papyrologists* 19 (1982): 105-24, and G. H. R. Horsley, "Name Changes as an Indication of Religious Conversion in Antiquity," *Numen* 34 (1987): 1-17。

⑲ Bulliet, *Conversion to Islam*, p. 32.

⑳ *Ibid.*, p. 53.

㉑ *Ibid.*, p. 57.

㉒ 参见 Cohen 的非常有趣的论文: Erik Cohen, "The Missionary as Stranger: A Phenomenological Analysis of Christian Missionaries' Encounter with the Folk Religions of Thailand," *Review of Religious Research* 31 (1990): 337-50。Cohen 的论文审察了传教士在卷入他者文化的过程中,在很大程度上受到他文化的影响。Cohen 及 Kaplan 的相关研究,为探究传教者自身如何发生变化的情况提供了重要线索。

㉓ Steven Kaplan, "The Africanization of Missionary Christianity: History and Typology," *Journal of Religion in Africa* 16 (1986): 166-86.

㉔ 关于传教士怎样"本土化"的非常有趣的讨论，参见 Cohen，"The Missionary as Stranger," pp. 337-50。

㉕ Taylor, *The Primal Vision*.

㉖ Donovan, *Christianity Rediscovered*.

㉗ Keshari N. Sahay, "The Impact of Christianity on the Uraon of the Chainpur Belt in Chotanagpur: An Analysis of Its Cultural Processes," *American Anthropologist* 70 (1968): 923-42. 有关这方面更加全面的细节，参见 Sahay's *Christianity and Culture Change in India*, New Delhi: Inter-India Publications, 1986。

#　第八章

互　动

在宣教者与潜在的皈信者最初遭遇之后，后者当中那些继续保持与新的宗教选项进行接触的人，与所选择的宗教群体之间的互动会越发增多、增强。在此时期，那些潜在皈信者从该群体中学到更多有关教义、生活方式以及教会对信徒的期望等方面的知识，与此同时，因为有种种正式和非正式的机会，又使他们能够更加充分地融入该群体。这一阶段互动的强度和持续时间，因群体的不同而异。有些宗教群体坚持要求潜在皈信者经历相当长时间的入门教育和再社会化的过程；而有些群体则倾向于一个简短、强化的过程，其间鼓励或要求潜在的皈信者做出决定。

在互动阶段，潜在的皈信者可能会选择继续接触，并在更深程度上介入互动，或者由宣教者设法维持互动的关系，以便能够延长接触的时间，尽可能说服该人并使之皈信入教。这个阶段的情况会再次形成一个介于被动和主动之间的连续体，具体的态度取决于潜在皈信者，同样也取决于宣教者把握情况的手法和说服对方的能力。有些宗教群体，例如正统派犹太教，他们是不鼓励（外人）皈信入教的。那么，潜在皈信者就必须以非常积极主动的方式，寻找一位愿意为其提供犹太教培训的拉比。通过这样的方法，正统犹太教的权力机构就为入教设置了门槛（障碍）。其他一些宗教群体，诸如南方浸礼会、统一教会或者摩门教会，则迫切地吸纳新成员（尽管他们发展新成员的行动并非不加选择），他们会寻求种种方式说服和鼓励潜在的皈信者。罗马天主教制定了一套制度，叫作"基督徒成人入门圣事礼"（the Rite of

Christian Initiation for Adults，RCIA），为期一年，包括课程、静修、礼拜仪式、灵性指导、社群生活。这套 RCIA 制度的设计是为了向潜在皈信者介绍罗马天主教，为他们提供关于神学、仪式、组织和教会生活方式等方面的教育。①然而，多数罗马天主教徒并不会主动深入社区去寻找参加 RCIA 项目的人选。在很大的程度上，这个项目主要是提供给那些自己主动找到教会，上门索取信息并自愿皈信入教的人。②

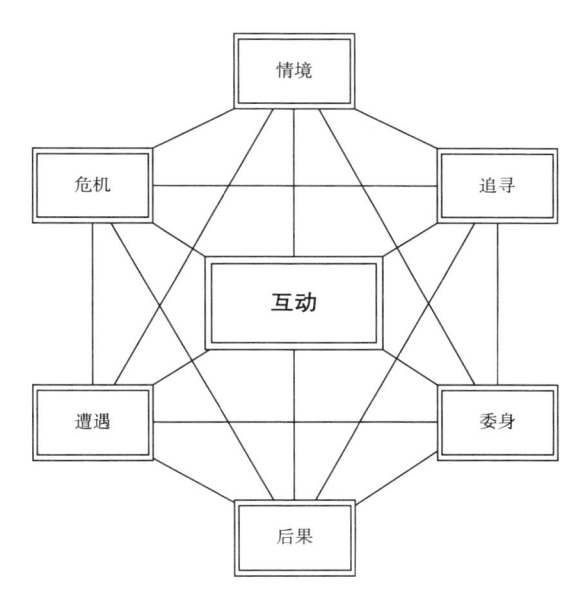

图 12 第五阶段：互动

胶囊化（Encapsulation）

通过对胶囊化过程之本质的讨论［社会学家亚瑟·格里尔（Arthur Griel）和大卫·鲁迪（David Rudy）对该问题有广泛的研究］，可以使我们更为充分地理解互动阶段的影响和效果。胶囊化的过程会形成一种特定的氛围，或者说铺垫出一个特定的基础，在此基础之上皈信过程的关键要素得以发挥作用。③这些过程由四个方面构成：关系、仪式、修辞、角色。

因为不同的宗教团体以各自特定的方式造就并维持着自己的"世界",所以胶囊化似乎显得尤其重要。在观察这样一个宗教群体的时候,我有时候会联想到许多年以前的一个电视报道:得克萨斯州休斯敦市的一个男孩,他的免疫系统完全失去了功能。为了保护这个孩子,医生建造了一个很大的塑料球体,将孩子置身其中使其能够得到保护,不受外界细菌和病毒的侵袭。与此相似的是,我发现无论是自由派还是保守派的宗教群体,都为他们自己建造了一个封闭的世界,与那个孩子居住的塑料球体相差无几。在这些球体里面,他们的信仰、行为和经验有着特殊的意义和价值。然而,在这些球体之外,他们独特的灵性概念则常常难以传播和沟通,更不要说对其意义和价值予以确认了。在劝诱皈信过程中,潜在的皈信者被邀请或者规劝(有人可能会说是"强制")到这些自成一体的世界中去,以便开始或者强化劝诱皈信的过程,这与在非洲的传教使团建设与外界隔离的传教站小区的策略没有什么两样。④

胶囊化的策略(在一定程度上,潜在的皈信者被隔离或受限制,不能与外界的人员、另类的思想学说、书籍、报纸、电台和电视进行接触和沟通)可以说是互动阶段的一个关键性特色。尽管这样说可能不那么中听,所有试图讲授某种新事物的人都在一定程度上使用了"胶囊化"这个方法。每一间教室都是某种形式的胶囊化的设计,创造出一种环境,从而能够专注于当下的论题,控制噪音和其他不相关的想法和问题,最大限度地减低干扰。如果说,因为要改变人而有必要控制信息流动的话,那么问题的关键并不在于人们是不是使用胶囊化的方法,而是如何使用胶囊化的方法,即在多大程度上使用,以及使用什么形式的胶囊化设计。

如果说,某个宗教群体对广泛的外部世界的观念和思想持认可的态度,那么它将倾向于设立相当宽泛灵活的群体边界,对于群内和群外的沟通和社会交往实施较少的控制。那些对外部世界持抵制和怀疑态度并严格地排斥外来人员的群体,则倾向于施加更多的压力来控制群内成员与外界的沟通和社会交往。在一定程度上,某个群体所认为的必须实施控制之程度,取决于该群体在宏观情境中对自身地位的感受情况。如果，相对于广泛的外部世界，该群体被认为是"异端不轨的"（deviant），那么这个群体就可能会感到有压力要进行自我胶囊化，以便断绝与"邪恶的"外部世界的往来。

实施胶囊化的程度还会受到该宗教群体神学思想的影响。如果某个群体认为外部世界是邪恶的、黑暗的、被撒旦掌控的天下，就像基要派基督徒常常认为的那样，那么他们就会努力地寻找方法将自己和潜在皈信者与这个邪恶的世界区隔开来。在他们皈信入教的模式中，会强调皈信者的罪恶感，以及皈信者以往生活中的卑劣和堕落的程度，因为皈信者被认为曾经沉浸于邪恶的世界而遭受了污染。⑤

另一种理解胶囊化的有价值的方法在于，审察该宗教团体或社群在皈信入教过程中的主题特征。本书第一章介绍过，由洛夫兰德和斯科诺夫德提出了六种皈信入教的主题在此具有相关性：思智性的（intellectual）、神秘主义的（mystical）、实验性的（experimental）、情感性的（affectional）、复兴性的（revivalist）、强制性的（coercive）。在皈信入教的主题是思智性的、实验性的（有时还包括神秘主义的）情况下，潜在皈信者对于寻找新的、可能接受的宗教最为积极，对于从众心理的社会压力之感受也大为减少，且胶囊化的程度也会相应较低，因为主张这些类别的皈信主题的群体，主要是那些对潜在皈信者不予操纵的群体，而且是将自己敞开给追寻者的群体，并鼓励人们自由地追求灵性目标。如果采用的是情感性的、复兴性的、强制性的皈信主题，则易于出现非常高的群体压力，而且这样的群体经常会用一些方法，要么将人们逼进脆弱的困境，要么利用人们现有的脆弱窘困境遇，以便赢得皈信者。这种对于人们情感满足和脆弱困境的刻意操控，显然是近乎洗脑和强制说服的手段了，在严格的胶囊化状态下这些都是最为有效的方法。这样的描述可能会使人感到非常不舒服；然而，毫无疑问的是，为了达到培养人们的宗教参与和宗教委身的目的，即使那些动机善良之人也可能常常会利用精心设计好的情感回报或惩戒赏罚的方法，对人实施刻意的操控。⑥

胶囊化可以分为三种不同的情况——物理性的、社会性的、思想意识性的。这三种胶囊化方法所造成的强制情况并非全然不同，而是彼此交叠并互相强化的。⑦同样，这不是一个简单的"非此即彼"选择的情况，而是一个由"两者/以及"组合的情况，可以表示为不同过程的一个连续体。

类型	程度				
	全部				部分
物理的	├──┼──┼──┼──┼──┤				
社会的	├──┼──┼──┼──┼──┤				
意识形态的	├──┼──┼──┼──┼──┤				

图 13　胶囊化过程

物理性胶囊化的实现，可以通过将相关人员移送到一定距离以外的地点或者遥远的区域，在那里通讯和沟通途径能够被控制，这样就使得潜在皈信者失去了其他信息来源，而只有被宣教者视为重要的、合适的或者使得宗教思想得到强化的信息。物理性胶囊化的实现，也可以通过真实的障碍物而并非空间距离的途径，诸如修道院、女子修道院、传教士小区，以及宗教社区和少数族群居住区。

社会性胶囊化意味着将潜在的皈信者引导向特定的生活方式的模式，从而大大限制其与"外人"的接触。某些教会期望其成员将所有可以支配的时间用于教会主持或者核准的种种活动，诸如《圣经》学习、敬拜上帝、祈祷。有些宗教群体，诸如印度教克利须那教派、锡克教、正统派犹太教，通过穿戴不同寻常的或者某种独特的衣饰和装束，使信徒和外人之间形成明显的区别以及/或者产生具有提示性的作用，从而显示其成员在身份和角色选择方面的"异样"。

思想意识的胶囊化涉及世界观方面的培养，通过向信徒"灌输"特定的信仰系统，反对其他的或与之竞争的信仰系统。群体成员和潜在的皈信者都会受到提醒，要注意其信仰的纯洁性和神圣性，注意外部世界的信仰所具有的毁灭性，并常常提醒信徒所承担的保全"真理"的特殊责任。在许多案例中，人们会受到针对"敌对"意识形态的观念、方法和价值进行评判的专门训练。我记得在大学本科学习的日子里，有一位特别保守的教授讲授关于"自由派"解释《圣经》的内容。他给我们讲到，某些曲解《圣经》的细节在人们不知情的情况下被偷偷植入，他还教我们如何分析和批评那些颠覆《圣经》权威性的自由派观点。无论他是出于多么良好的意愿，这是在进行意识形态的灌输，是对思想的封闭和僵化。

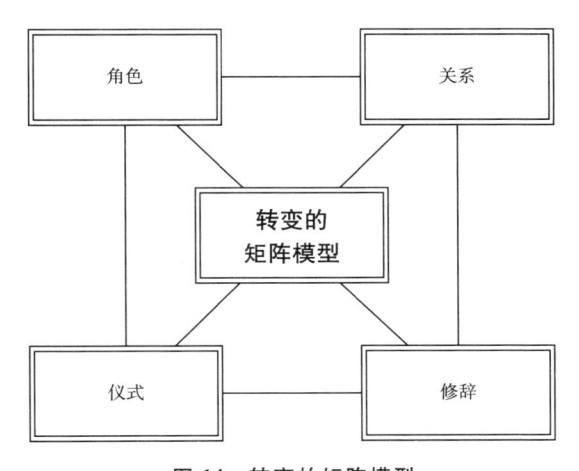

图14 转变的矩阵模型

当胶囊化过程形成了一个影响范围的时候，就会导致以下四个层面上的互动。

1. 关系：由种种关系造成并巩固个人与群体之间的情感纽带，同时在日常现实中形成看问题的新视角；

2. 仪式：通过种种仪式提供不同的整合方式，从而与新的生活方式取得认同和关联；

3. 修辞：通过话语表述，提供一个解释系统，为皈信者提供行为的指南和意义；

4. 角色：通过角色扮演，赋予他或她需要完成的特殊使命，从而巩固个人在宗教社群中的卷入程度。

换言之，皈信者现在与谁互动交往呢？皈信者究竟在做什么样的具有独特意义的事情呢？皈信者是如何以不同的方式思考和言谈呢？

皈信者会相信他或她成了什么样的新人呢？在皈信的过程中，这四方面的因素互相作用、互相强化。然而，究竟哪一方面的因素在多大程度上得到了强调，则因社群不同而不同。⑧

关系："以爱相连"（Relationships: "Blessed Be the Ties That Bind"）

在多数皈信过程中，亲属和朋友的关系网是具有根本性意义的，正如这些网络关系在抵制和拒绝（外来宗教）方面且有影响一样。⑨我在研究中注意观察了关系模式，在对关系模式进行控制的情况下，观察皈信过程之前和之后所呈现的关系的延续性和强化的程度。我想在此提出，对于多数（但并非全部）皈信过程来说，关系是重要的，对于关系的能动作用仍需要进行更为深入的系统审察和研究。

关系在皈信过程中可能产生的关键性作用会以种种方式呈现。有些学者的理论认为，在皈信过程中形成的密切的个人关系使皈信者感到在较深层面上得到了接受，这样个人之间的肯定性关系会释放出能量，赋予这个新的宗教取向活力。⑩还有一些学者的理论认为，被一个群体接受的经历会使得人们超越冲突、提升自尊，并提供与生活相关的新视角。无论怎样，多数社会科学家都同意，人们的社会关系——无论是友情关系还是亲情关系——是劝诱改宗的重要途径。

许多人都是通过朋友和/或家庭的网络关系而介入宗教组织的。与强大的信仰群体建立起的关系能够具备某种补偿功能，即那些在家庭或其他社会背景环境中遭受不幸和剥夺的人们，会感受到从一个支持性群体得到的善待和鼓励极其重要。如此种种关系也能够成为个人成长和发展的催化剂和基础。在一个充满着爱的气氛中得到的激励、安全感和支持，对于那些面临人生种种难题、试图发现和尝试种种新的可能的人来说是颇有助益的。归根结底，这些关系能够对个人的宗教取向起到肯定和巩固的作用。当代表友情和亲情的朋友和家人，对于某一个彼此共同参与的宗教组织所主张的世界观、生活方式和人生目的表示肯定的时候，这种"强化作用"对于开创一个"真实的"世界

【109】

具有关键意义。总体而言，这些关系提供了一个具有安全感的环境，从而培养、支持、鼓励、维护了皈信者的新生活。并非所有皈信者在皈信入教之前就建立了这些关系，然而有许多人确实在皈信之前就已经建立了这样的关系，所以关注这类共同模式具有重要意义。在我对五十多位皈信者进行的访谈中，发现这些关系对于皈信过程是非常重要的，仅有三四人的情况例外。对于许多人来说，与一位朋友或家庭成员建立的关系，对于引导这个人接受新的视角或生活方式是至关重要的。

在皈信过程中的关系角色中，多方面的重要动力发挥着作用。其中有一点，朋友在总体上被认为是可信赖的。（在关于"说服力"的文献中，这种宣教者的可信赖性被描述为"可靠性的源头"。）对于一个未曾经历过某特定宗教的人来说，那些宗教信仰常常似乎是相当奇怪的并显得不同寻常，但如果有他认识的并信赖的人信奉这些信仰，那么这个人就会更倾向于相信其正确性和有效性，甚至还会自己主动对这些信仰进行探讨。

个人关系是我从事的访谈中出现的另一个主题，个人关系对于确认一个新的信仰体系常常有重要作用。一个潜在的宗教追随者能够通过直接经验看到，他或她所认识的某个人发生了切实的变化。时常会听到有人说，他们已经认识某先生许多年了，现在发现他"完全变了一个人"。这样的评论，对于所宣讲的神学来说，要建立起可信性具有重要意义。

查尔斯·科尔森（Charles Colson）在他的自传《再生》（Born Again）中讲了这样一个故事。⑪科尔森认识雷色恩公司（Raytheon Company）的总裁汤姆·菲利普斯（Tom Phillips），并且记得在他经过某种宗教经历以后，看起来是多么不一样。最初，菲利普斯告诉科尔森所发生的情况，但是科尔森并不真正感兴趣，直到后来，当他因为水门事件而受到指控并被起诉的时候，他才改变了态度。1973年8月12日，菲利普斯告诉科尔森他在一场葛培理（Billy Graham）布道活动中皈信入教的细节。然后，菲利普斯向科尔森描述了想要得到拯救所需做的事情。菲利普斯的挚爱、支持和真诚深深地打动了科尔森，这件事成为他的一个转折点。科尔森开始学习《圣经》，阅读诸如刘易斯（C. S. Lewis）

这样的基督教作家的作品，并与其他基督徒交谈。在此后几个月的时间里，基督徒朋友们的友爱和关注提供了一个特定的环境，科尔森的皈信过程在这样的环境下得以发展。

我并不是要说，个人关系是人们皈信入教的唯一"原因"；从历史上看，显然存在着许多例外的情况。然而，我确实相信在今天的世界上，各种个人关系确实经常会提供某种环境，使得信仰得以在其中滋长和发展。即使一场交谈的内容是思想性或知识性的，但由于友谊或某种支持性系统的存在，就提供了一个具有关键意义的环境，人们从而能够探讨关于思智和灵性的问题。刘易斯的谈话，他自己和别人都曾进行过细致的分析，一般被视作进行思智性追求的产物；确实，那就是他自己对此的描述。如果有人阅读刘易斯的生平传记或者其自传《惊喜》(Surprised by Joy)，那么显然可见的是他与大学同事们以及专业圈内的同事们（所谓"淡墨会"的成员，the "Inklings"）之间的关系，为他提供了一个能够探讨信仰问题的具有支持性的特定环境。我并不是要淡化在刘易斯的皈信过程中他个人的意志力和思想方面的作用，但我认为人们必须承认并确信，互相支持的环境使得刘易斯生活中的变化合乎情理且富有意义。令人称奇的是，在刘易斯内心挣扎的关键时刻，如果某些人，诸如戴森（H. V. V. Dyson）和托尔金（J. R. R. Tolkien）无法在场相助，将会发生什么样的情况呢。[12]当然，很清楚的是在其他一些人的皈信过程中刘易斯扮演了重要的角色，或许最有名的就是谢尔顿·范奥勤（Sheldon Vanauken），他在自传《严酷的爱》(A Severe Mercy) 一书中详细描述了自己皈信入教的过程，以及他与刘易斯之间的友谊对此的影响。[13]

【111】

心理学家查纳·乌尔曼（Chana Ullman）系统研究了种种关系对于皈信过程的重要性。[14]在她的研究项目中，她对70个人进行了面谈和试验：40位皈信者分别皈信四种不同的宗教群体（巴哈伊教、犹太教、罗马天主教、印度教克利须那教派）；另外30位来自犹太教和天主教，他们不是（新近的）皈信者，而是终身积极参与宗教活动的成员。研究结果令她大为吃惊。她最初开始这项研究的时候，是将皈信作为一个思想过程进行研究的，在这个过程中人们会审察自身所持信仰的预设前提，以及这个新的信仰系统的本质和确定性，然后才做出投身（委身）于此的决定。然而，她发现与那些终身成员形成对比的情况是，皈信者们有着共同之处——长期存在的种种社会关系问题和情感问题，这些问题有些产生于童年时代，有些产生于青少年时代，还有些就在皈信入教之前。

然而，乌尔曼最重要的发现是，具有统计学意义的数据显示这些皈信者都有缺席的、软弱的，或者是施虐的父亲。这种严重的心理剥夺和遭受虐待的情况似乎为个人的皈信过程提供了动机和相关的信息。在许多案例中，皈信者与某位宗教大师、拉比、牧师或者他们将要皈信的宗教群体中的其他人，结成了有力的关系，而在乌尔曼看来，这些关系在他们皈信入教过程中发挥着绝对的核心作用。

社会学家珍妮·雅各布斯（Janet Jacobs）在其关于去皈信（deconversion）和脱教（apostasy）问题的研究中发现了类似的情况。[15] 她的研究对象来自不同的宗教群体，雅各布斯在访谈中不但询问了他们要离去的情况，而且也问了他们最初是如何卷入这些群体的情况。与乌尔曼发现的情况相似，她发现这些人与群体领袖和/或成员的个人关系，在皈信过程中和去皈信过程中都发挥着决定性的作用。事实上，雅各布斯将皈信过程和去皈信过程解释为坠入爱河和失恋：情感需求将皈信者吸引到特定的宗教群体，然而当那些情感需求未能得到满足，或者当事人觉得被群体严重亏待，他或她就会带着极大的不情愿离开这个群体。割断情感的纽带常常是困难的，尽管并非不可能。

在非洲的某些地方，这种关系的重要性同样体现在皈信伊斯兰教的过程中。据阿伦斯（Arens）报道，伊斯兰教在撒哈拉以南非洲取得重要地位的方法之一，是通过一种庇护人体系（patronage system）。一个陌生人通过一位庇护人被介绍到一个村庄，他们之间就发展出一种父子式的关系，互相接受彼此的义务和互惠。身为"父亲"的一方会赞助、支持他的"儿子"，而"儿子"则成为那个大家庭亲属关系网的一部分。如果这位庇护人是穆斯林，那么这位"被庇护人"（client）也将成为穆斯林，这是成为该社群正式成员不可缺失的一部分。就这样，这位陌生人被该社群所接受，而庇护人则通过有效运作社会关系而在社群中获得声望和权力。可以说，这样的模式更多是出于物质利益的考虑而不是深层的情感触动；西方的基督教徒会尖锐地批评这样的安排显然不是"真诚"的皈信。然而，我要就此辩解的是，许多发生在基督教传教士所在地的皈信过程，以及在我们自己本土（如果我们愿意客观地审察这个问题的话）的许多皈信情况，也都反映出相似的互动机制。[16]

在此强调关系的重要性，并非要质疑这些皈信过程的有效性和价值，而是要考察许多人皈信入教的实际过程。在1989年秋和1990年春期间，我对一个名为"波士顿基督的教会"（the Boston Church of Christ）的宗教运动进行了参与式观察研究，这个教会有一种门徒关系制度，该制度无论对外发展还是对内维持信众都是一个核心要素。[17]该群体在对外发展新成员方面非常努力，与他们建立友谊，与他们分享福音，以培养信任感并建立坦诚和顺从的关系为目标。这些教会被称为"门徒教牧"（"discipling ministries"），他们强调学习《圣经》的重要性，强调在追随基督的生活中，与一个关心且爱护自己的人保持具体而密切的关系极其重要。这种门徒关系在皈信过程中就这样发挥着核心作用。

有关这个话题的一个引发争议的观点是由雅勒·西门森（Jarle Simensen）提出的。通过对在南非祖鲁人中传教的挪威传教士的研究，西门森相信，皈信过程可以被视为传教士和皈信者之间的一种关系性的交易。双方都在进行交换。传教士满足了皈信者在灵性、教育和健康保健方面的需求，而作为回报，皈信者则对新的宗教信仰系统给予关注、参与和追随。[18]

在皈信过程中的关系问题上，魅力型领袖也是一个重要的方面。[19]在许多案例中，魅力型领袖并没有直接与皈信者发生关系，然而他或她的个人形象和人格魅力在皈信过程中扮演了重要作用。无论是确实如此还是出于想象，魅力型领袖呈现出权力在握和精力充沛的状态，这对于许多人来说都是皈信过程中有力的催化剂。多年以来，我一直为葛培理在大众中的声望而着迷。无论是他的朋友还是他的敌人，都一致承认葛培理富有魅力：当一场大型聚会结束时，只要葛培理在场

【113

的话，与组织机构中其他任何福音传道者在场的情况相比，都会有更多的人接受"邀请"。几年前，我曾经参加了一场在加州圣何塞举办的一场葛培理布道会。尽管旧金山海湾地区是整个美国最为世俗化的区域之一，还是有数以千计的人前来聆听他的讲道。许多人赶过来仅仅是因为他们想"经历一下"葛培理这个人。当一个人能够像葛培理那样将其使命有力地体现于其人格，对许多人来说则具有巨大吸引力。

我与许多皈信者交谈过，他们告诉我，正是通过观看宗教大师、宗教领袖、布道者或者导师而获取的灵感，激发了他们的力量，使得他们能够更加深入地以自己制定的方式生活。有些案例中，正是宗教领袖成了皈信过程中的最终催化剂。几年前，有一位刚刚皈信基督教的人报道了这样的情况，一个星期天的早晨，当她随机地挑选电视频道的时候，碰巧选到了奥罗·罗伯茨（Oral Roberts）的节目，于是便停下来听他布道。尽管现在她对罗伯茨的宗教神学和组织机构持批评态度，但她还是带着几分不好意思地承认自己的皈信入教是由于看了奥罗·罗伯茨的电视布道而受到了激发。

仪式：灵魂的编舞（Ritual：Choreography of the Soul）

维克多·特纳（Victor Turner）从事了杰出的人类学研究，其最佳代表作是《仪式的过程》（*The Ritual Process*）。[20] 这本书提醒学者有必要认真研究仪式在宗教生活中的重要性。既往许多研究者倾向于忽视或贬低仪式，认为仪式仅仅是对宗教性的言辞或行为进行枯燥且在很大程度上无意义的重复。就某些仪式而言，人们并不否认这种观点的有效性，学者们开始认识到仪式在宗教生活中能够起到关键性的作用。实际上，有些学者认为，仪式比宗教的其他方面都来得更重要：人们首先做出宗教性的演示，然后再通过神学的道理将这个过程理性化。无论哪一方面走在前面，显而易见的是仪式会对皈信过程产生重要作用。我认为宗教实践的行为——规范的、持续的，且出于意愿的——在皈信过程的经验中有着根本性的意义。仪式培养出必要的取向，为承受皈信的经历做好思想和精神方面的准备，而在经历了最初的经验以后则对皈信起着巩固的作用。

仪式具有关键性的意义，具体表现在几个方面。它提供了一种形式的知识，这种知识既有别于认知的知识，又与之具有同等的重要性。在我第一次亲历罗马天主教传统授任神职的仪式时，亲眼看着那些年轻人俯伏在地，宣誓服从主教，我吃了一惊。后来回顾当时的经历时，我能够体会到那些年轻人通过俯伏在地所感受和习得的内容，与仅仅是边握手边背诵誓言所感受和习得的内容相比，两者是大相径庭的。与此相似，跪下祈祷与坐着或站着祈祷相比，确实是不一样的经验。这并不是要说，某一种经验比起另一种经验来得更高级，而是要说人的身体、精神、经验的过程，以及人们内心的感受和反应，在不同的伴随状态下是不一样的。

西奥多·詹宁斯（Theodore W. Jennings）声称，仪式是一种途径，以不同的形式取得、传输和展示知识。"仪式行为是一种手段，参与者由此发现自身在这个世界上的身份和地位，以及'如何参与到'这个世界上来。"[21]仪式使得潜在的皈信者和新近的皈信者能够开始理解并且具体认识皈信所要求的那种新的生活方式。对许多基督教群体来说，那些潜在的皈信者或新近的皈信者被认为是"一直生活在黑暗之中"的人，所以他们被认为需要获取许多相关的知识，以便适应他/她正在考虑要接受的新生活。仪式不仅有助于教会提供过新生活的重要课程，而且发挥着反复强化的功能。

仪式帮助人们学会不同的行为方式。从什么情况下鞠躬、下跪和站立，到怎样手持《圣经》，或怎样与牧师、神父或拉比交谈，以及其他更为深刻的道理和教诲；仪式对于揭示崇拜、服从和举行仪式的本质有着关键性的意义。詹宁斯认为："仪式为一切具有重要意义之行为提供了范式。"[22]在皈信者的生活中，关于对待生活、他人、世界和上帝的态度，都通过仪式的力量得以传播。

通过集体歌唱、吟诵、举止等一致性行为，仪式巩固了人们的社群关系，培养出一种深层的归属感。仪式也是给外来者讲述这个新信仰故事的一种途径。传播群体的信仰是告知和邀请他人来参与活动的一种方法。归根结底，仪式被信徒们认为是一种"与上帝共舞"的形

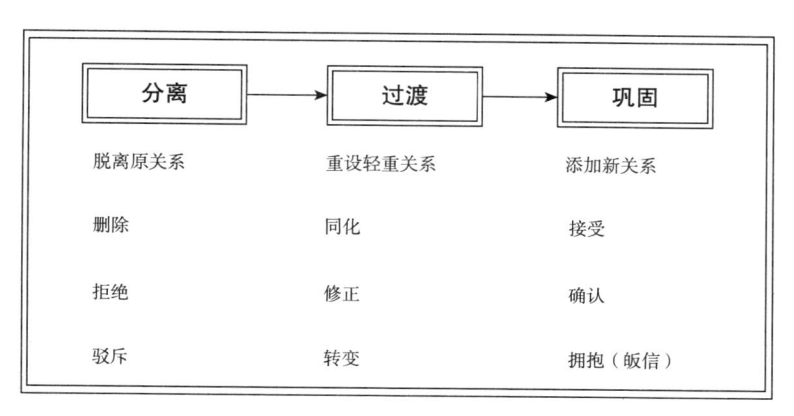

```
┌─────────┐      ┌─────────┐      ┌─────────┐
│  分离   │ ───▶ │  过渡   │ ───▶ │  巩固   │
└─────────┘      └─────────┘      └─────────┘
 脱离原关系       重设轻重关系      添加新关系

 删除             同化              接受

 拒绝             修正              确认

 驳斥             转变              拥抱（皈信）
```

图 15　仪式过程

式，通过这样一种行为方式，使人们视上帝为宇宙和个人的造物主和维护者，是人生道路上的同行者。

仪式从经验上确认了所推行的宗教信仰系统。我想在此提议，在没有一致认同的宗教权威在场的情况下，仪式经验对于确认宗教运动的教义具有核心意义。仪式（其中可以包括种种入静冥想的技巧）能够使人直接感受到灵性现象的个人经验，而这样的经验又会被宗教群体解释为对其所宣扬的教义之确认。

詹姆斯·唐顿（James Downton）对皈信"圣光使团"（the Divine Light Mission）的情况进行了研究，指出某些特定仪式的重要性，参与者能够亲身经历该组织所宣扬的教义之本质。"见光"（seeing the light）效果的实现是通过一种技巧实现的，即由参与者压迫眼球上方的视觉神经。"品尝甘露"（tasting the nectar）则是由参与者向后卷舌来感受液体流过腭垂（俗称"小舌"）的滋味。㉓

许多基督教群体要求实施洗礼进行全浸泡，那是对死亡和再生的一场戏剧性演示，通过经历"再生"的过程，确认旧的自我死亡了、新的自我诞生了。许多皈信者宣称，通过洗礼仪式中象征性清洗的过程，他们感受到以往负罪的包袱在真正意义上从躯体上卸去了。

典型的皈信策略使用两种基本类型的仪式：解构的方法和重新建构的方法。社会科学家对经常被称为"贬抑性仪式"（degradation ceremonies)[24]的本质进行了探讨，设计这类仪式的目的在于使某人屈服，以便让新的群体更易于把握和重塑其精神生活，以及/或者借此打破该人旧有的行为模式，据认为这些行为模式是有破坏性的或负面作用的。圈外人一般会将解构性的仪式视为负面的，但在此问题上圈内人和圈外人之间显然有不同看法。社会心理学家艾略特·阿伦森（Elliot Aronson）和加德森·米尔斯（Judson Mills）在他们的研究中发现，人们在加入某群体的入会仪式上所经历的严厉性，实际上会加深人们对该群体的喜爱和忠诚度。通过引述认知—不协调理论（cognitive-dissonance theory），他们推论人们为入会付出的代价越高就会越加珍视入会成员的身份。[25]

我们可以就此设论，一个群体要求新入会者做出的改变越大，与其过去决裂的程度越深，对解构其以往信仰和习惯（被认为对其新承诺有害）的要求越高，那么相关的仪式就会越发严酷和极端。弗吉尼亚·海因（Virginia H. Hine）在其关于皈信和委身的理论中，讨论了入会仪式所扮演的"焚桥断后"角色。[26]一个人（在入会过程中）需要摒弃的越多，他对新身份的认同就越强烈，不同的群体要求入会者做出改变的程度不一样。

大卫·普莱斯顿（David L. Preston）对一个禅宗群体进行了深入研究。根据他的报道，禅宗所采用的种种修道方法和仪式，是学习禅宗生活方式和哲学思想的重要元素。特定的禅宗技巧在人体产生某种具体的、生理上的效果，而这些身体的症状再通过禅宗的理论予以解释。就这样，在那些人皈信禅宗的过程中，（禅宗的）哲学思想在身体经验的基础上得以建立。在那样的情境中发生的皈信，并非某种戏剧性的、瞬间突发的经验，而是一个逐渐展开的过程，经历者在此过程中学会怎样像一个禅学实践者那样行为，产生恰如其分的经验，学习其理论，然后再以恰当的相关方式解释那些经验。就这样，由禅宗仪式引发的经验被用来印证所讲授的禅宗理论。[27]

斯蒂芬·威尔逊（Stephen R. Wilson）对一个瑜伽群体的研究，确认并进一步发展了普莱斯顿的结论。威尔逊注意到，瑜伽实践中所采用的仪式，其设计机理并非仅仅用来使学习者通过社交性的途径介入一个新的群体，而更重要的是要改变一个人既有的关于世界的观念。对于日常生活中一般事物观念的解构，是通过静默冥思的过程实现的，这个过程改变了或者去除了以往习惯形成的那些关于自己和世界的观念模式。静默冥思的过程试图分解人格特征中最根本的要素，继而再将这些要素重新排列组合，形成一个新的人格以及一个新的感知现实的模式。[28]

证据显示，解构的过程可能是自愿参与的，也可能是由外部力量强加的。玛格丽特·辛格（Margaret Singer）、理查德·奥弗希（Richard Ofshe）、菲利普·库西曼（Philip Cushman）认为，解构的过程从根本上说是具有破坏性的，并且是被人为操控的。[29]他们将解构性仪式的实践，视作企图使那些易于被操控的追随者屈服且顺从的行为；他们谴责这些实践是纯粹的思想控制和系统性的强制手段。无论予以什么样的评判，这些方法显然是强有力的工具，能够向当事者传授种种技巧，摧毁旧的行为模式和旧有的生活方式。问题的核心在于，皈信者是不是在明白事理、深思熟虑的情况下做出选择并采用这些方法，抑或当事者是不是在受到诱惑的情况下采用这些方法，从而在被操控的情况下做出了某些并非合乎其初衷的事情。

问题的另一方面是，存在着某些建设性的、积极肯定的、具有治疗作用的和成长意义的仪式。许多群体采用歌唱、舞蹈、齐声诵读以及其他方法建立群体团结的意识。个人通过参加这类仪式，超越了自我而成为某个社群集体的一部分，由于同众人的结合而感受到被赋予力量；还有一些仪式则可能提供具有治疗效果的感受或宽恕谅解性的感受。在基督教社区里，为达到宽恕谅解目的的种种仪式，给人们带来"如释重负"的去除负罪的感觉。忏悔之后，人们经历了对宽恕和群体团结的确认。通过这样的仪式，自我与上帝之间的疏离得以化解。

对于许多基督徒和穆斯林来说，祈祷也是一种具有核心意义的仪式，无论是用设计好的祈祷方式，还是通过形式不拘、即兴起意的祈祷方式，通过向上帝诉说的经历而建立起一种与神灵之间的亲密感。以一种个人的亲密方式与宇宙的造物主沟通，对于大多数皈信者而言都是一种强有力的经历。[30]领受圣餐（主的晚餐，或圣餐仪式）是另一种具有积极肯定意义的基督教仪式。通过仪式性地饮耶稣的血、吃耶稣的肉，参与者会有一种与救世主密切相连的深刻感受。牢记基督之蒙难和复活则提醒基督徒们，当前现实中的苦难最终将会转化为胜利。

修辞：变化的语言（Rhetoric: The Language of Transformation）

近些年来，皈信过程中具体的语言表述已经成为学者们关注的兴趣中心。詹姆斯·贝克福特（James Beckford）、福莱恩·泰勒（Brian Taylor）、大卫·斯诺（David Snow）和理查德·麦卡莱克（Richard Machalek）的研究尤其值得关注。[31]修辞包括对当事人的种种行为、感受和目标做出与以往不一样的语言表述。我采用这样的分类是要说明，在皈信过程中人们表现出语言变化的重要性。对有些人来说，皈信过程中的语言表述来自正规神学的信息，而其他一些人则引用来自《圣经》的语言表述，比喻性的、赞美诗的表述或者其他的语言工具，既以此说明引发其皈信的背景和情况，又用来解释皈信的过程。

至此，我们强调了人们在（皈信过程中）行为和关系方面的实际变化，然而同样重要的是人们对这些变化是如何形成概念并予以解释的。至于这两者之间孰先孰后，永远没有能够满足所有人的答案。我的观点是，所有这些过程都在同一时间发生。对于有些皈信者来说，他们的修辞或者说解释系统先发生改变，紧接着才是行动、角色和关系方面的改变。至于其他一些人，他们的起点可能会是行动、角色或者关系方面的变化，而后才需要在解释方面发生变化。

当一个潜在皈信者与一个（新的）群体进行互动的时候，他或她的语言就会开始变化，有时是非常具有戏剧性的变化。当然，在我们与任何一个新的群体进行互动的时候，语言确实都会发生变化，但是在宗教皈信过程中的语言变化会凸显出来，因为在宗教群体中言辞表达尤为重要。毕竟，宗教本身就是一个对世界的真相以及人们在其中的处境进行解释的系统。在许多基督教群体中，仅仅通过简单的解说，就将人的基本身份命之为"罪人"（"sinner"）。并没有多少人欣赏这

【119】

样的名分，然而在保守的基督教会中，一个人很快就习而得知自己就是一个罪人。这个词的精确含义因群体不同而不同，但这个词的使用是别无选择的。不同群体采取的说法自有其内在的逻辑。如果一个群体强调通过耶稣基督的牺牲拯救世界，那么群体成员必须认可自己的"罪人"标识，而且必须以某种方式在自己的生活中（或生命过程中）体验"罪人"的现实。随着互动过程的进展，这个人会逐步认识到某些思想、感情和行为是"错误的"。对于一个潜在的皈信者来说，他或她生活中的这些错误事项就是其罪孽本质的体现。某些群体比起其他群体更为强调人的卑劣性。一些群体认为，罪孽是人类生存状态的本质，因为我们都疏离了上帝，所以我们是不完美的，而上帝则是完美的；还有一些群体认为，这种罪孽的概念中包含着全然的卑鄙、堕落和污秽。人类就这样被视作彻底误入歧途的堕落者，唯有通过上帝的恩宠才能够得救，也就显得昭然若揭了。

无论罪孽本质的细节是什么，在与群体互动的阶段，潜在的皈信者学会以群体成员的语言说话，这样才能与这一宗教运动的特质和目标取得一致。在某些特定群体中，有一套相当繁复的语言表述专门用于皈信过程。自我身份的定义、人类困境的解释、关于自我与上帝之间深渊般的沟壑如何能够得以弥合，所有这些都通过该群体的语言表述得以明示。

修辞不仅包括神学的那种更为注重论证的语言，而且包括比喻和象征的语言。无需赘言，神学的语言如前所述不仅仅是一般表述性的话语而且是充满着比喻的语言表述。我在此使用"比喻"（metaphor）这个词，并非要贬低神学的语言，而是要指出其作为一种具有转变作用的媒介之重要性。

拉尔夫·麦兹那（Ralph Metzner）对不同的世界宗教所采用的比喻手法之本质做过广泛的研究。[②]在他看来，比喻不仅是一种语言的工具，也是一种转换人们思想意识的媒介。一个群体所用的语言，不仅是言辞的表达，而且是构成人们思想意识形成和转换的基础。基督教中关于死亡和再生的语言具有相当强的暴力和戏剧性（这类语言也见于其他宗教），给基督教徒带来这样的意识——皈信也是一个具有戏剧性的过程。在神灵的介入之下，旧有的必将逝去，新生的必将来临。那么，在一定意义上，皈信过程的发生在一定意义上，就是在经历这样一个过程：学习一套新的语言（表述），并学会在与皈信相关的种种情况下应用那种语言表述，还要在皈信者面对这个社群讲话时应用那个语言。

除了个人在语言表述中使用比喻的变化，斯诺和麦卡莱克还指出当事者发生在归因方式（attribution system）方面的变化。归因是人们将行为归因于动机的步骤，无论是其自身的行为还是他人的行为。通常，人们会采用不同的方式来解释生活中发生的事件。斯诺和麦卡莱克认为，皈信者在经历其皈信过程中的互动阶段学会聚焦于某个单一的归因方式。如果我遭遇了一场汽车事故，我可能用各种方法予以解释：我自己犯了一个愚蠢的错误；对方驾驶员犯傻而导致了事故；交通信号灯坏了，所以是市政部门的责任，双方驾驶员都没有责任；有邪恶的精灵闹事导致两位遇难者失去性命；或者说，事故是上帝安排的，以此迫使我和对方驾驶员承认我们的有限性，将我们的生命与上帝归为一体，不再自私地生活下去。斯诺和麦卡莱克认为，"真正的"皈信者会做出改变，只用一种解释的方法，那就是（当事者所皈信的）群体所要求的那种方法，或者合乎该群体世界观的那种方法。

对于许多宗教来说，斯诺和麦卡莱克的说法是准确的。然而，有些宗教群体会允许不止一种方法来解释事件的原因。例如，那些保守派的群体可能会要求人们以某种特定的方法解释车祸的原因，但一个自由派的群体则可能允许多种不同的解释方法，或者至少会允许不同层面上的解释。无论哪一种情况，皈信者常常会采用特定的语言，以一种新的方法来描述和解释生活的诸多面向。一般而言，皈信者的解释是以一种超越的视角看待普通的经历，并将生活描绘成善与恶之间的、具有终结性意义的激烈斗争。生活不仅是一系列事件的随机集合，而且是要把人们引领到与上帝的关系之中的有意义的过程。

角色：憧憬与神召之实践（Roles: Enactment of Vision and Vocation）

从社会学的路径从事皈信研究，会强调皈信过程中角色变化的重要性。[33] 角色的定义是，人们在期望占据特定岗位或身份的情况下所表现出的特定的行为举止，其中包含（但未必总这样要求）与这个角色相应的内在信仰和价值。从源头上看，"角色"这个术语源自乔治·米德（George H. Mead）的思想，并建立在戏剧表演的比喻之上；如今，角色已经成为社会心理学和社会学的重要理论概念。角色有两方面的特点："（1）期望（信仰、认知），某些人对特定身份和地位的人在得体的行为举止方面所持的期望；（2）表现（即行为），某人被任命或经选举出任特定岗位所做出的表现。"[34]

例如，大卫·布罗姆利（David G. Bromley）和安森·舒普（Anson Shupe）提出，从角色的视角进行皈信过程的研究，着眼于该过程在特定社会网络之中的期望、价值和规范的变化，而并不在乎其内在的、心理的过程。角色是从（社会性的）制度和信念派生出来的，并非源自个人的气质或天生的禀赋。不同的角色是相应互补的。人们在彼此互动的过程中，各得其所、获得满足。[35]

罗伯特·鲍尔奇（Robert Balch）关于角色的分析更甚于此。根据他对一个不明飞行物（UFO）膜拜组织的参与式观察研究，鲍尔奇辩称，有许多人卷入一个群体，主要是在"装模作样"（playact）。换言之，当他们与群体成员进行互动时，这些人就像皈信者那样言谈举止，然而他们仅仅是在尝试这个新的选项，扮演角色而已。正如舒普和布罗姆利一样，鲍尔奇不接受传统的心理学解释，诸如与皈信过程相关的重大人格变化，至少这一切不会发生在皈信过程的早期阶段。人们会在接受皈信者角色的同时表现相应的谈吐和举止，内在的变化则可能随后才跟进。[36]

皈信者需要扮演的一个重要角色就是"学生"，这个学生要跟随一位老师——一位年长的组织成员，他知道该组织的来龙去脉，能够教给皈信者关于该组织所期望的行为举止和信念原则。㉙这方面的教诲可以是正式的,也可以是非正式的;不过这种关系的基础是,其中的一个人既知道得多又愿意将所知分享给一位有兴趣的并在寻求帮助的人,而后者也愿意扮演一个新生的角色。在某些传统中,这样的师生关系是一种正式的关系,例如在波士顿的基督的教会就有关于门徒角色的明确观念:其中一个人是老师,另一个人是学生。一个人在信仰方面资历较深,另一个人在信仰方面资历较浅。然而,在具体的现实中,每一个人都在同时扮演着老师和学生的角色,即使该教会的"首席福音传道人"也会在比他更高的人那里扮演门徒角色。

角色在皈信过程中也有这样的功能——让一个人以一个新方式看待自己。例如,在基督教传统中,皈信者被刻画为原本是背叛和疏离上帝的,只顾寻求自私的欲望之满足。皈信过程则恢复了其作为"上帝之子"的角色,皈信者将力图按照上帝的意志做事,并且是"基督的战士"。福音派教会常常期望新入教的皈信者立即开始与他人分享其宗教信仰。这些皈信者被告知:"每一个真正的基督徒都是传教士",每一个门徒都应该力图与其他人分享福音。基督徒是"基督的大使",必须学会在任何场合传播福音。

角色的改变是对关系、修辞和仪式改变的内化和整合。角色包含并吸收了所有建立新生活方式的要素、建立新的信仰体系的要素,以及在皈信过程中起着关键作用的、用以建立新关系网的要素。

皈信过程中的互动阶段是令人感受深切的,而且对于潜在的皈信转变为现实具有关键性意义,就像经历再生的过程应该呈现出的那样。通过胶囊化的手段,营造了一个充满影响力的氛围。在这样的氛围下,新的或者既有的关系网络得以发展,宗教仪式得以演习,新的修辞表述得以习用,新的角色得以扮演。这些充满活力的互动过程的高潮归结于委身阶段。

注　释

① 有关基督徒成人入门圣事礼(the Rite of Christian Initiation of Adults)的一项出

色的综合性调查研究，见 Thomas H. Morris, *The RCIA: Transforming the Church*, New York: Paulist Press, 1989。

② 有关天主教福音传道和皈信途径的进一步讨论，见 Robert Duggan, ed., *Conversion and the Catechumenate* (New York: Paulist Press, 1984), and Kenneth Boyack, ed., *Catholic Evangelization Today* (New York: Paulist Press, 1987)。

③ Arthur L. Greil and David R. Rudy, "Social Cocoons: Encapsulation and Identity Transformation Organizations," *Sociological Inquiry* 54 (Summer 1984): 260-78.

④ 关于胶囊化问题的一项出色的社会学研究，见 Berger's *Social Construction of Reality* and *Sacred Canopy*。有关社会心理学视角的研究，见 Roger A. Straus, "Religious Conversion as a Personal and Collective Accomplishment," *Sociological Analysis* 40 (1979): 158-165, and "The Social Psychology of Religious Experience: A Naturalistic Approach," *Sociological Analysis* 41 (1981): 57-67。

⑤ See Ammerman, *Bible Believers*, pp. 72-102、147-166.

⑥ Lofland and Skonovd, "Conversion Motifs," pp. 862-75.

⑦ 这一部分的材料参考 Greil and Rudy, "Social Cocoons," pp. 260-78。

⑧ 在关于关系、仪式、修辞和角色之互动的讨论中，我试图将 Robert C. Ziller、Theodore Sarbin、Nathan Adler 等人的重要文献予以综合。见 Robert C. Ziller, "A Helical Theory of Personal Change," *Journal for the Theory of Social Behavior* 1 (1971): 33-73, and Theodore R. Sarbin and Nathan Adler, "Self-Reconstitution Processes: A Preliminary Report," *Psychoanalytic Review* 57 (1970): 599-616。

⑨ 事实上，几乎所有关于皈信的社会科学研究都强调关系的重要性。最早关注不同的关系在皈信过程中所扮演的角色的研究者之一是 Weininger, "The Interpersonal Factor in the Religious Experience," pp. 27-44。Lofland and Stark 提供了关于皈信的实证研究的最重要的文献，"Becoming a World-Saver"；该文献对于皈信过程中 "affective bonds" 的强调引发了广泛的相关研究。另外，John Lofland 的文章提供了关于该论题的一种修订视角 "'Becoming a World-Saver' Revisited," *American Behavioral Scientist* 20 (1977): 805-18，关于这一论题的进一步的实证研究包括以下文献：Stark and Bainbridge, "Networks of Faith," and David A. Snow, Louis A. Zurcher, Jr., and Sheldon Ekland-Olson, "Further Thoughts on Social Networks and Movement Recruitment," *Sociology* 17 (1983): 112-20。在 Marc Galanter 更为新近的研究中也强调了不同的关系，见 *Cults: Faith, Healing, and Coercion* (New York: Oxford University Press, 1989)。有关这一论题的最近理论研究，见

Lee A. Kirkpatrick and Phillip R. Shaver, "Attachment Theory and Religious Childhood Attachments, Religious Beliefs, and Conversion," *Journal for the Scientific Study of Religion* 29 (1990): 315-34, and Lee A. Kirkpatrick, "An Attachment Theory Approach to the Psychology of Religion," *International Journal for the Psychology of Religion* 2 (1992): 3-28。

⑩ See Weininger, "The Interpersonal Factor in the Religious Experience," pp. 27-44.

⑪ Charles W. Colson, *Born Again*, New York: Bantam Books, 1976, pp. 97-137.

⑫ See C. S. Lewis, *Surprised by Joy*, New York: Harcourt, Brace and World, 1955.

⑬ Sheldon Vanauken, *A Severe Mercy*, San Francisco: Harper and Row, 1977.

⑭ Ullman, *The Transformed Self*, pp. 29-106.

⑮ Jacobs, *Divine Disenchantment*, pp. 73-88.

⑯ W. Arens, "Islam and Christianity in Sub-Saharan Africa: Ethnographic Reality or Ideology," *Cahiers d'études africaines* 15 (1975): 443-56.

⑰ See Lewis R. Rambo, "Congregational Care and Discipline in the San Francisco Church of Christ: A Case Study," paper presented at the Christian Theological Seminary, Indianapolis, 3 March 1990.

⑱ Jarle Simensen, "Religious Change as Transaction: The Norwegian Mission to Zululand, South Africa, 1850-1906," *Journal of Religion in Africa* 16 (1986): 82-100.

⑲ 我对该问题更为深入的探讨见之于"Charisma and Conversion," pp. 96-108。

⑳ See Victor W. Turner, *The Ritual Process: Structure and Anti-Structure*, Chicago: Aldine, 1969. 关于仪式问题的经典研究, 另见 Arnold van Gennep, *The Rites of Passage*, trans. Monika B. Vizedom and Gabrielle L. Caffee, Chicago: University of Chicago Press, 1960 [1908]。

㉑ Theodore W. Jennings, "On Ritual Knowledge," *Journal of Religion* 62 (1982): 113.

㉒ Ibid., p. 118.

㉓ Downton, *Sacred Journeys*, pp. 145-49, and "An Evolutionary Theory of Spiritual Conversion and Commitment," pp. 381-86.

㉔ See H. Garfunkel, "Conditions of Successful Degradation Ceremonies," *American Journal of Sociology* 6 (1956): 420-24.

㉕ Elliot Aronson and Judson Mills, "The Effect of Severity of Initiation on Liking for a Group," *Journal of Abnormal and Social Psychology* 59 (1959): 177-81.

㉖ Virginia H. Hine, "Bridge Burners: Commitment and Participation in a Religious Movement," *Sociological Analysis* 31 (1970): 61–66.

㉗ David L. Preston, "Becoming a Zen Practitioner," *Sociological Analysis* 42 (1981): 47–55, and "Meditative Ritual Practice and Spiritual Conversion-Commitment: Theoretical Implications Based on the Case of Zen," *Sociological Analysis* 43 (1982): 257–70.

㉘ Stephen R. Wilson, "Becoming a Yogi: Resocialization and Deconditioning as Conversion Processes," *Sociological Analysis* 45 (1984): 301–14, and "In Pursuit of Energy: Spiritual Growth in a Yoga Ashram," *Journal of Humanistic Psychology* 22 (1982): 43–55.

㉙ Ofshe and Singer, "Attacks on Peripheral versus Central Elements of Self," pp. 3–24, and Cushman, "The Self Besieged," pp. 1–32.

㉚ 尽管有许多皈信者都提及祈祷的问题，但最令人信服的论述见之于 Emilie Griffin in *Turning: Reflections on the Experience of Conversion*, Garden City, N. Y.: Doubleday, 1980。有关该问题更为广泛的讨论，见其著作 *Clinging: The Experience of Prayer*, San Francisco: Harper and Row, 1984。

㉛ See James A. Beckford, "Accounting for Conversion," *British Journal of Sociology* 29 (1978): 249–62; Brian Taylor, "Conversion and Cognition: An Area for Empirical Study in the Microsociology of Religious Knowledge," *Social Compass* 23 (1976): 5–22, and "Recollection and Membership: Convert's Talk and the Ratiocination of Commonality," *Sociology* 12 (1978): 316–24; and Snow and Machalek, "The Sociology of Conversion," pp. 167–90. Clifford L. Staples and Armand L. Mauss 的研究对 Snow and Machalek 关于皈信过程中修辞指针的相关理论进行了验证。Staples and Mauss 发现，将个人履历进行重构，对于皈信者来说是具有核心意义的变化。参见 "Conversion or Commitment? A Reassessment of the Snow and Machalek Approach to the Study of Conversion," *Journal for the Scientific Study of Religion* 26 (1987): 133–47。

㉜ Ralph Metzner, *Opening to Inner Light: The Transformation of Human Nature and Consciousness* (Los Angeles: Jeremy P. Tarcher, 1986), and "Ten Classical Metaphors of Self-Transformation," *Journal of Transpersonal Psychology* 12 (1980): 47–62.

㉝ 有关角色理论与皈信问题的一项出色讨论，见 David G. Bromley and Anson Shupe, "Affiliation and Disaffiliation: A Role-Theory Interpretation of Joining and

Leaving New Religious Movements," *Thought* 61 (1986): 197-211。最早提及皈信过程中角色扮演的文献见 Hans L. Zetterberg, "Religious Conversion and Social Roles," *Sociology and Social Research* 36 (1952): 159-66。

㉞ Theodore R. Sarbin, "Role: Psychological Aspects," in *Encyclopedia of the Social Sciences*, ed. David L. Sills, New York: Macmillan and Free Press, 1968, pp. 546-52.

㉟ Bromley and Shupe, "Affiliation and Disaffiliation," pp. 197-211.

㊱ Balch, "Looking Behind the Scenes in a Religious Cult," pp. 137-43.

㊲ 有关该论题的一项精彩讨论，见 Wach, "Master and Disciple," pp. 1-21, and Lee Yearley, "Teachers and Saviors," *Journal of Religion* 65 (1985): 225-43。

第九章
委　身

委身是皈信过程的第六个阶段，在整个变化过程中发挥支撑作用。在经过一个激烈的互动阶段以后，潜在的皈信者面临着期望中的选择——委身。委身包括好几个重要的方面。委身的过程常常需要并经历一个具体的转折点或决定，这个委身的决定经常被戏剧化地呈现并被赋予纪念意义，并以皈信者在公众场合下对自己的选择做出表白而告终。委身的仪式，诸如洗礼或做见证陈述是重要的、大庭广众之下的事件，是对皈信者的决定做出的见证。

在委身阶段，许多不同的教派传统采用各种各样的仪式，起着摈弃（过去）、过渡和融入的作用。这些强有力的仪式，不仅为皈信者提供了皈信过程最终圆满完成的经历，而且提供了一个途径，使皈信者的信仰和对群体的介入程度得以巩固。委身的仪式既表示出皈信者的变化，也使该皈信者直接参与到那个变化之中。

并非所有的群体都有这样的仪式性要求。在有些群体中，这种公开表白的过程是可供选择的方式之一。而在另外一些群体中，当皈信者做出正式或非正式、明确或暗示的决定，将要成为一个宗教社群成员的时候，群体要求该皈信者服从的内容包括广泛的原则和规定。[①]理解这些不一样的仪式及其具体的背景、比喻和方法，将使皈信研究的学者能够更好地描述委身阶段的本质、进行复杂细致的理论分析，同时能够培养对这一过程的深刻理解。委身阶段最常见的五个要素是：决定、仪式、降服、通过语言转换和生平再造而得以展示的见证，以及皈信动机的重构。

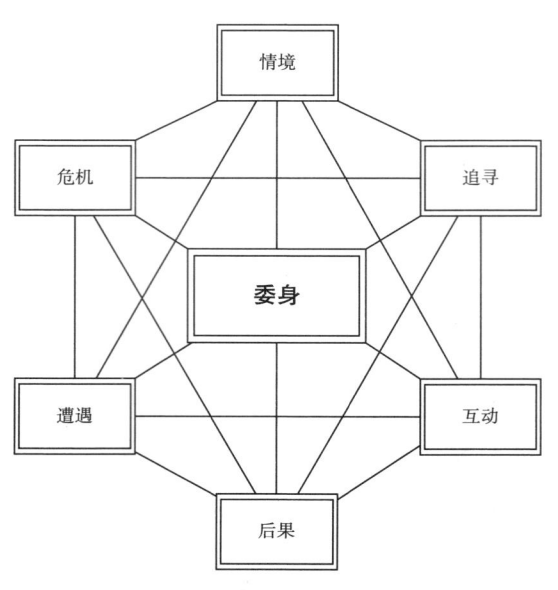

图 16　第六阶段：委身

决定（Decision Making）

做出决定是委身阶段的内在组成部分，而这个过程往往在人们与其自我之间形成一场强烈而痛苦的正面冲突。② 在《圣经》传统中，一个具有典范意义的应召并做出决定的例子见之于《圣经·申命记》30：15-20：

> 看哪，我今日将生与福，死与祸，陈明在你面前。吩咐你爱耶和华你的神，遵行祂的道，谨守祂的诫命、律例、典章，使你可以存活，人数增多，耶和华你神就必在你所要进去得为业的地上赐福与你。倘若你心里偏离，不肯听从，却被勾引去敬拜事奉别神，我今日明明告诉你们，你们必要灭亡；在你过约旦河、进去得为业的地上，你的日子必不长久。我今日呼天唤地向你作见证；我将生死祸福陈明在你面前，所以你要拣选生命，使你和你

的后裔都得存活；且爱耶和华你的神，听从祂的话，专靠祂；因为祂是你的生命，你的日子长久也在乎祂。这样，你就可以在耶和华向你列祖亚伯拉罕、以撒、雅各起誓应许所赐的地上居住。③

《圣经》传统中充满着这样的例子，人们做出激动人心的决定，从而影响自身的命运。在福音派神学中，基督做出决定是一个重要的主题，这绝非出于偶然。然而，一个潜在的皈信者可能会受到耶稣基督和新的宗教社群的吸引，与此同时，他或她可能仍然深陷原有的生活方式。在两个世界之间摇摆不定是非常痛苦的。④跨越界线进入一种新生活的决定，会是一次极其喜悦的机遇，由此产生一种获得自由的新感觉，这本身就是一种强有力的经验，印证了他或她正在接受的神学。⑤

做出这样的决定，牵涉到对其他可能存在的选项之评估。对于一个潜在的皈信者来说，他或她的种种社会关系网络以及行为模式、他或她内心中正反两方面意见的权衡，以及愿望与惧怕之间的权衡，都会影响最终决定。大卫·加特雷尔（C. David Gartrell）和赞恩·香农（Zane K. Shannon）提出，皈信过程中做出的决定是多方面因素共同作用的结果。⑥潜在的皈信者对于期望中的皈信将带来的回报抱有的种种想法是关键性的因素。对这些可能回报的评估，既是从皈信者自身生活经历和价值观念出发的，也受到朋友和亲戚生活经历和价值观念的影响。此外，潜在的皈信者会权衡社会性的回报（包括认可、尊重、爱慕，以及对畏惧和紧张心理的释放，等等）和认知方面的益处（诸如终极性意义和现实性问题的解决）。所以，做出决定并不完全是一种个人的内心过程，还是与朋友和家庭成员之间社会性互动的经验。

正如我们在讨论遭遇阶段时所注意到的，潜在的皈信者在最初参与到一个宗教群体中的时候，常常与宣教者和/或该群体之间存在着（或建立起来的）情感纽带。情况似乎是，一个人是否要长期投身一个群体，可能在很大程度上取决于这个人所感受到的与该新群体在情感上的关联程度，与此相对的是他或她所感受到的对该群体之外的情感关联程度。马克·加兰特尔（Marc Galanter）和他的同事们对统一教会的研究具有争议性。不过，他们的研究发现，在参加了一期发展新成员的工作坊以后，潜在的皈信者对于统一教会的信仰取得了几乎是同一水平的认识。换言之，每一个参加工作坊的人都被说服了、确认了这一套信仰系统。然而，最终影响到个人是否投入某群体的主要因素，并非当事者对某信仰的认识水平的程度，而是相较他或她与该宗教运动以外的人的关系而言，这个人是否与该群体中的成员有更强的关系。⑦

仪式（Rituals）

西奥多·萨宾（Theodore R. Sarbin）、奈森·阿德勒（Nathan Adler）和罗伯特·齐勒（Robert C. Ziller）指出，那些可以作为委身阶段中部分内容的种种仪式，是（皈信者）进行新的学习的强有力途径。例如，基督教的洗礼仪式就是一种明确清晰的经验性过程，在此过程中宣告旧生命的死亡和新生命的开始。⑧在某些其他宗教传统中，有关改变装束、饮食，以及其他日常行为模式的要求，也能起到同样的作用——强化对旧的行为模式的去除，在生活中融入新的行为模式。

处于皈信仪式核心的，是要将说"不"和说"是"结合为一体的难题。皈信过程意味着一个人"转身告别"过去，同时"转身面向"新的未来。经由众人见证的仪式，将那一个或者那一批经历皈信的人的新境况广而告之，会产生强有力的效果。二十世纪最具戏剧性的皈信（皈依）仪式之一发生在 1956 年 10 月 14 日。⑨据估计有五十万人聚集在印度西部的马哈拉施特拉邦的那格普尔（Nagpur）附近，在阿姆贝德卡（B. R. Ambedkar）的带领下，数以十万计的马哈人（Mahars）放弃他们的印度教信仰，转而拥抱佛教信仰。（译注：原著第 58 页说"于 1956 年 10 月 14 日，他带领据估计有二百万的'印度教贱民'改教皈依了佛教"。① 与此处说法不一。）人们跟随着阿姆贝德卡，身着白袍，在印度最年长、最受尊重的佛教和尚 Chandramani Mahasthavir 的引领下，吟诵佛教的誓言。众人聚集、身着白袍、吟诵誓言，这些都是简单然而强力

---

① 译注：关于这次"印度教贱民"大规模改信佛教的具体人数，文献中有不同说法。比较权威的说法是大约二十万人。

有效的仪式场景，将马哈人从贱民身份转变为佛教徒身份。一代人以后，人们仍在为皈依者的动机及其皈依的最终效果争辩不休，然而不容置疑的事实是 1956 年 10 月 14 日是印度佛教史上的一个转折点。这场大规模的皈依运动具有革命性意义，标志着佛教在其发源地的复兴。[10]无论人们怎样评价阿姆贝德卡和这场佛教皈依运动，这场公共性的皈依仪式为成千上万的人上演了一场与过去决裂并肇始一个新开端的戏剧。[11]

从机构的视角来看，委身仪式之设计是要造就并维持个人对群体的忠诚。[12]从个人的视角来看，委身仪式提供了一个抵达高潮的公众见证，或者说将一个可能已经持续了相当一段时间的过程赋予圆满结局的公众见证。按照弗吉尼亚·海恩（Virginia Hine）的说法，各种皈信仪式都是一种"破釜沉舟式的事件"（bridge-burning events）；[13]这些仪式是行之有效的，因为它们具有三方面的功能。首先，皈信者以表演的形式经历了仪式的典礼，从而使（委身）转变的过程得以具体实施。使转变的过程戏剧化、将特定的角色扮演出来，这样要比仅仅在口头上宣称转变更为行之有效。当众宣布摈弃旧的生活方式（无论具体的表述是多么微妙或含蓄）、拥抱新的生活方式，巩固了皈信的过程。海恩声称，这些破釜沉舟式的皈信仪式为个人提供了强有力的主观经验，从而确认群体的意识形态，改变皈信者的自我形象。宗教运动的新成员通过仪式再次确认自己的信念，进入他们的新角色和新身份。目睹（新皈信者的）入教仪式的过程，会使其他群体成员联想起自己当初委身于一种新的生活方式的情况；他们在此过程中重新经历了自身的转变。最后，有时候群体以外的某些人可能会感到受到了冒犯，或者因为这些仪式的"荒唐"或非理性而感到莫名其妙；这样的反应有助于在皈信者与外部世界之间定义出一个边界意识。

例如，（在美国的）印度教克利须那教派的信徒们剃去头发、身着黄袍，以此宣告对美国流行的大众生活方式的摈弃。皈信犹太教要求施行在水中完全浸没的洗礼仪式，然后进行见证，而且男性必须施行割礼。犹太教神学确认，这些仪式以及其他的一些程式，意味着这个人以前的生命就此废止，皈信者得到了新生。[14]基督教的洗礼充满着死亡与再生的意象。圣保罗曾经写道："岂不知我们这受洗归入基督耶稣的人是受洗归入他的死吗？所以，我们借着洗礼归入死，和他一同埋葬，原是叫我们一举一动有新生的样式，像基督借着父的荣耀从死里复活一样。"（《圣经·罗马书》6：3-4）这样，基督教的洗礼就具体明确地纪念并且再次演示了那个转折点。尽管有关洗礼的神学意义，以及得救是否是必须受洗等问题的辩论持续不断，但是大多数基督教的教派认为，洗礼（无论采取什么样的具体形式）是区别基督教信仰社群与外部世界的分界线。

繁复的入教启始仪式是在基督宗教历史上最初的四个世纪里发展起来的。亨利·安斯加·克里（Henry Ansgar Kelly）在其著作《洗礼中的魔鬼》（*The Devil at Baptism*）中纪实性地描述了这些仪式的重要意义；克里的著作显示，早期基督教发展的环境在很大程度上受到魔鬼说的影响。[15]结果，皈信仪式要求（皈信入教者）接受关于教义的全面教育和早期教会的实践，包括戏剧化地驱除撒旦的仪式和净化身心的仪式。光明的子嗣必须与黑暗的后代完全切断关系并彼此隔绝。到更为近代的时期，传教士采用破釜沉舟式的仪式作为一种方法，使得皈信者与以前所信的宗教切断关系。阿伦·提皮特（Alan Tippett）研究了传教士在田野传教工作中种种以摈弃过去为目的的仪式。根据他在南太平洋的经验，提皮特相信，在皈信基督教的部落中，那些将他们以前的崇拜物予以烧毁的部落群体与那些没有通过仪式化的方式与过去决裂的部落群体相比，前者回归异教传统的概率更低。[16]

这一类仪式至今仍然被实践着，应不足为怪。许多保守派的基督教群体将皈信过程视作与以往服务于魔鬼的生活之彻底决裂，无论以往的生活经历是在如何不知情的情况下发生的；与此同时，皈信过程与基督之间建立了一种新的效忠关系。很少有基督新教群体会采用早期教会那些繁复的皈信仪式，但是他们的宗教意识形态会要求皈信者以早期教会那样的坚决态度摈弃以往生活的魔恶世界，并以同样坚决的态度效忠于信仰、委身于基督。[17]

关于委身过程仪式研究的一个令人着迷的理论见于阿兰·莫林尼斯（Alan Morinis）的著作。[18]莫林尼斯研究了种种起始仪式中的严酷考验，在这些过程中不同的群体会要求通过不同的身体伤害（诸如，施行割礼、划痕、拷打、截去手指、拔掉牙齿等）试图刻意地制造伤痛。他由此建构的理论认为，造成痛苦有两方面的功能：提升自我意识；以强有力的方式表明，如果要成为群体的一部分，个人必须牺牲掉自我的某些方面。据我所知，虽然没有任何一个基督教群体要求施行对肌体的伤害作为皈信过程的一部分，但是在基督教皈信过程中常常伴随着强烈的心灵的（精神的）痛苦和创伤。在那些关于宗教皈信的故事中，充满着相关人物在负罪感和与上帝疏离感之中极度痛苦的挣扎之描写。保守派基督教教义强调，人在转向上帝以前具有内在的负罪和堕落，这样的教义可能会导致相当于肌体伤害性仪式同样程度的痛苦效果。

我相信，在基督教的总体宗教经验中，这种造成痛苦的过程有着漫长的历史，而美国的新教教义则刻意保持了这个"传统"。例如，大卫·科布林（David Kobrin）的研究描述了17世纪美洲殖民地教会所期望的（实际上是所要求的？）皈信过程的几个阶段。[19]他提供的关于17世纪初在康涅狄格的米尔福德的第一教会（the First Church）的丰富案例是具有启发性的研究。他详尽描述了皈信过程的四个阶段，第一个阶段描述了对原罪的深信不疑。一个人必须深刻地意识到自身所负罪孽的切实本质。以《圣经》、布道内容和神学思想为基础的自我分析，揭示并暴露了自身所负罪孽的确切程度。第二个阶段潜在的皈信者需要有一种悔恨的意识，承认自身的罪孽已经导致了深重的伤害。仅仅意识到罪孽是不够的——一个人必须对自身所处的恐怖困境感到绝对的、彻底的憎恶。人们认为，只有通过悔恨才能促成与堕落和罪恶之源相隔绝的深切愿望。

第三个阶段是一种耻辱的意识，要认识到罪人一无是处，没有自我改造或自我拯救的能力，而且不具备任何自我完善的内在资源。绝对的（自我）摈弃使得皈信者可能进入第四个阶段——信仰，允许皈信者接受基督拯救的恩宠。基督的恩宠是全然神秘的，然而人们以喜悦和感激之情接受恩宠，因为恩宠是建立在信仰系统中解救罪人之困境的唯一途径。在整个过程中，不能省去任何一步，在任何阶段的经历中都不得随意或不严肃。任何心灵或精神上的痛苦经历都是对教义正确性的见证，并被视作给皈信的经验增添了灵验。杰拉尔德·布劳尔（Jerald Brauer）声称，清教徒的皈信经历是"一场可怕而严峻的磨难"。[20]

波士顿基督的教会（有时被称为门徒教牧或者多重教牧运动）是一个当代的宗教运动，他们谋求发展一种在情感烈度方面与清教徒相似的皈信过程。"引向崩溃"是出现在基督徒与潜在皈信者之间一对一关系中的一个主题。宣教者向潜在皈信者宣讲《圣经》中的许多章节，列举有关罪孽是疏离上帝的根源的例子。讲述的内容通常有《圣经·加拉太书》5：19-21 和《圣经·提摩太后书》3：1-5。当潜在皈信者还在思索考虑所列举的罪孽时，他们被问及这些罪孽在自身生活中是否存在。对清教徒来说，深切而痛苦地意识并承认自己的罪孽困境被认为是一种必要前提，由此产生打破与罪孽（即个人的过去）之间的纽带关系之渴望。我也想就此强调，聚焦个人负罪感还有一个潜在目的，就是要打碎皈信者以前的身份认同，以便能够在教会对《圣经》解释的基础上重建一个新的身份认同。[21]

如此强调基督教皈信过程中这方面的情况，我的要点在于说明，造成皈信者在心理上和精神上的痛苦是许多形式的基督教皈信入教过程中固有的现象。期望对皈信者造成震撼性的效果，产生一种在完全意义上改变生命的影响。由此，皈信者以前的人格之死亡是必须的，而在上帝力量的作用下获得新生则成为堕落和毁灭之外的唯一选项。[22]

降服（Surrender）

降服是皈信入教者在委身阶段的内心经验，是皈信过程中最难以理解的方面之一。很大程度上，降服也是皈信者最难在任何持久、广泛的意义上得以实现的一个方面。对于许多皈信者来说，降服的经验是告别旧生活、开始新生活的转折点，其发生并不受制于本人自我控制的意志力，而是上帝恩宠的力量。在基督教传统中，全然顺服于上帝的范例是保罗的陈述："我已经与基督同钉十字架，现在活着的不再是我，乃是基督在我里面活着；并且我如今在肉身活着，是因信神的儿子而活；他是爱我，为我舍己。"（《圣经·加拉太书》2：20）对此，外人可能感到困惑迷茫，然而圈内人则认为，如此的降服对于开始新生活具有绝对重要的意义。许多宗教传统要求，皈信者要顺服于一位宗教领袖、导师或机构的权威，或者其他形式的权威，以便对皈信者的行为、交往和信仰生活予以指导。在有些宗教传统中，详细制定的法规和戒律必须严格执行。对于许多人来说，如此的规制要求是令人震惊的，然而从宗教原理上来看，则认为需要通过这些具体的步骤才能获得一种比普通的意识状态更优越的精神上的意识状态。

降服是一种从思想上屈从于控制，对领袖、群体或传统的权威之接受，使皈信者能够全身心投入群体的状态。要达到降服的状态是极其困难的，要理解这个过程必须考虑诸多因素。这些因素并非各自独立且按时序和步骤整齐出现的，而是受种种不同心理和精神的影响，在降服过程中呈现为互相交会、彼此叠合的现象。我认为降服过程中有五个方面的要素。（1）潜在的皈信者首先会感到一种想要降服的渴望，这可能会源自一种想要遵从群体要求的愿望，或者出于一种深刻的理解，认识到在走向精神转变的道路上降服是必须的。（2）降服必然导致两个方面的冲突：一方面是掌控自我的需要，另一方面是降服和转变的渴望。在这个冲突中渴望与畏惧相对而立：皈信者受到新生活的吸引，但又想要避开伴随着放弃对自我的掌控而产生的不安全感。（3）冲突的解决一般是通过所谓要么"放弃"要么"屈服"的选择，这就需要用"信仰之飞跃"（"leap of faith"）这个形象的比喻来描述。（4）冲突的解决会带来一种解放、解脱和突破的感受。（5）降服的状态往往是脆弱且不稳定的，需要持续地查看其他四个因素的具体情况。降服的状态需要不断地得到再次确认和再次经历，是人类的天性使然。

渴望（Desire）

对于降服的渴望可能是出于现实的考虑，认为这是宗教群体所要求的。这样的考虑是该问题答案的线性连续体的一个端点；处于另一个端点的情况则可能是出于深刻的见解，认识到走向精神成长的道路就是以降服铺就的。这两种渴望都不是自发的、油然而生的；更为典型的情况是，一个人在与讲道者以及那些在生活中身体力行的践道者之间互动过程中，学习了关于降服的重要性。有关灵性的文献中充满着关于降服的渴望之必要性的忠告和解说。艾米莉·格里芬（Emilie Griffin）在她出色的著作《转折：关于皈信经验的思考》（*Turning: Reflections on the Experience of Conversion*）中，探讨了这种渴望的本质。㉓渴望的产生可能是出于对一段失去的故往之怀念。情感疏离的痛苦可能成为催化剂，催促形成深沉的渴望，从而放弃自我、与上帝结合，或者与家人和朋友重归于好。当人们所选择的生活目标得以实现的时候，就可能会因此产生一种意识——取得成功的背后必定存在着某种原因。对于另外一些人来说，这种渴望可能来自日复一日的、接踵而来的焦躁不安，以及对"更为丰富的生活"的朦胧渴求。

冲突（Conflict）

降服的过程中冲突遍布。人们关于皈信过程的一个常用比喻就是战争，就是光明与黑暗力量进行战斗的比喻。上帝与撒旦之间争夺每一个人的灵魂。潜在的皈信者能够在自己心中强烈地感受到这样的战争。降服需要当事人直接面对他或她将要放弃的内容，以便取得新选项带来的好处。这个过程绝非易事。事实上，降服过程似乎是具有悖论性质的，其发生绝不可能仅出于意志。自我保护机制的根本动机，促使人们将降服等同于失败，而非胜利。一个人会提醒自己降服将会带来的好处，以及如果拒绝降服将会产生的灾难性后果；尽管如此，内在的和外在的种种力量还是会在走向完全降服的道路形成障碍。冲突可能会围绕两个方面展开，现存的关系、活动和基本信仰为一个方面，对一个超越的现实之选择为另一个方面。当一个人坚定地相信新的现实，同时仍以种种方式深陷于旧的模式和处境，并且这一过程可能还会相当持久，那么这个人就会感到极度的苦恼。

因为人群和传统的不同，冲突的性质也会不同。福音派基督徒的要求是承认自己的罪孽、声明耶稣基督的神圣性、渴求上帝的宽恕，以及邀请耶稣进入其生活和内心。要在思想层面上承认负罪相对容易；要在深刻的情感层面明确认识自己的负罪，则非得经过挣扎不可。人们在列举自己一生之罪孽的过程中，会对关于自身的善良和正派体面的看法形成正面的挑战。探讨自身罪孽的本质和后果的努力常常会遭受抵触，然而这是一个人挣扎着去理解自身困境的一种方法。在那些不以如此鲜明的言辞将善与恶两极化的群体中，有一种途径使得冲突更为温和。对降服道路上的障碍和负累采取宽松处理的方式，要比采取如煎如熬的冲突之方式更为常见。某些模棱含混的表述可能会得到允许。无论是通过与生命中的邪恶因素截然断绝关系，还是通过将某些心理负担宽松处理，对于那些以正当可行的方式解决内心冲突问题的皈信者而言，通过降服走向胜利的允诺就是为之准备的奖赏。

"屈服"：解脱与解放（"Giving in"：Relief and Liberation）

人们对于降服的最初反应经常是通过巨大的内心能量的暴发得到某种解脱。本来因为要卷入冲突而积聚起的能量现在涌入了新的生活渠道，皈信者可能会感到无穷的生气和活力，可能会伴随这样的效果——他或她感到能够轻而易举地解决重大问题。当事者会感到充满了力量，关于上帝活在他或她的生命之中的信仰变成了亲历的现实。这种被赋予力量的现实感是关于上帝和/或超验之存在的强有力的显示，由此提供了思想转变、伤痛愈合和焕发新生的希望。此时，皈信者如果按照宗教提出的要求规范自己的行为举止，可能会感到轻松从容，尽管在几个星期或者几天前还对此报有巨大的内在和外在的抵触情绪。

哈利·提布特（Harry M. Tiebout）在其关于匿名戒酒互助会（Alcoholics Anonymous）的研究中，提供了一些关于这个过程有趣而深刻的见解。[24]他断言，人们往往会围绕一个事件或问题挣扎相当长的时间，焦虑感和畏惧心理使其身心疲惫。一个人要承认自身的无能为力是一种令人恐慌的情况。在参加匿名戒酒互助会活动时，一个人终于承认这样的现实情况——自己是一个酗酒者，而且完全没有能力由自己来改变这个现实。然而，说来似乎自相矛盾，就在其诚心诚意地承认自身无能为力的时候，他就获得了力量并开启了解决酗酒问题的进程。

我相信，与此类似的情况有时会发生在基督教的皈信过程。当一个人面对自己作为一个迷茫的罪人这个窘境的时候，承认这样的现实情况并降服于作为拯救者的耶稣基督，就是产生追求新生活的力量的关键时刻。提布特的解释采用了心理分析的方法，围绕有关能量/精力的概念展开，从中得出了类似的结论。他指出，当一个人处于内心挣扎的时候，大量的能量/精力被用于维持心理状态。一旦降服，这些能量/精力就被释放出来，可以用于生活的其他方面。㉕马克·加兰特尔的研究提出一个类似的过程，在当事人认同某一个群体的时候，"解脱效应"就发生了。㉖ 【136】

维持降服状态（Sustaining Surrender）

在更深刻的层面上，降服绝不仅仅是一次口头承诺或一次公众场合的事件；它是一种顺服于上帝（对有些人来说，是顺服于教会的权威）的内心活动过程，是要持续一辈子的事情。它是一种改变自己忠诚对象的内心决断，这一过程永无止境。旧时的强烈欲求会回潮，有时会以比往昔更有力量的方式回潮。很少有人以最终成功的方式经历降服，而且不再有任何保留或退缩。降服是一个过程，当事者在这个过程中与他或她过去的生活方式和行为模式相脱离，能够逐渐巩固新的生活，从而进入更为坚定的、持续发展的委身。

在皈信者内心的斗争通常会继续进行下去。当人们不再能够维持那种高涨的情绪和有力的状态，不可避免的能量衰退可能会导致新一轮危机的开始。他们可能会产生焦虑——认为自身的皈信是无效的，可能遭到了旧的诱惑和怀疑的侵袭。例如，1975～1978年，我在伊利诺伊州迪尔菲尔德的三一学院教书，在那里我遇到许多信奉福音派基督教的皈信者。在观察这些年轻皈信者的过程中，我逐步发展出"后皈信抑郁症"（"postconversion depression"）的概念：在决定委身的时刻形成的情感高峰不可避免地逐渐衰减。对于任何一个倡导全面、彻底和突然皈信的传统来说，这个现象是一个严重的问题。

人类的现实情况似乎是，对于大多数人来说，皈信经验带来的力量终将耗散，为了保护当事者，维护性步骤就很重要——既不要陷入严重的抑郁症，也不要完全放弃对新皈信的宗教之委身。有些宗教传统认识到这个问题，作为对每一个处于挣扎状态的新案例的回应，组织人员重新进行降服和委身的过程，要求他们对自己有更多的耐心，更愿意面对现实——改变一个由许多年形成的生活方式需要相当长期的过程，要根据新的思想、关系和生活方式重新予以塑造。其他的传统，诸如美国大多数保守派的、福音派新教团体的宗教运动，似乎对处理这类后皈信现象缺乏准备，结果造成许多皈信者在皈信入教几个月以后退出教会，或者陷入一种不满意状态的泥沼，而皈信过程所带来的力量似乎已荡然无存。

见证：语言转换和生平再造（Testimony：Language Transformation and Biographical Reconstruction）

我们可以回顾，所谓见证声明（或见证陈述）是指皈信过程中叙述性的见证，其中包括两个互动的步骤：语言转换和生平再造。如前所示，皈信过程的部分内容就是学会采用一种新的修辞或语言体系。因为语言是改变人们关于世界的意识和观念的强有力的工具，所以见证陈述就是以改变了的语言修辞方式来解释个人皈信的经历、讲述自身的故事，这就不足为奇了。[27]

个人见证是一种公开表示委身的常见方法。[28]确实，有些群体要求通过见证来判断接受某人的加入是否合适。其他一些群体支持这样的做法但并不做强制性要求；另外还有一些群体则不举行正式的见证。那些要求进行见证的群体也各有不同，具体情况要根据在讲述皈信入教经历的叙事中，什么是"可以接受的"或"不可以接受的"等细节内容而定。

皈信者的见证声明是理解皈信过程本质的丰富资源。学习如何做皈信见证常常是整个皈信过程的环节。[29]皈信者的见证就是展示他或她的语言转变和生平再造的机会。见证过程还会有力地提示人们，该群体的基本价值和目标是什么。群体成员们在庆贺一个新皈信者的入教历程的同时也有这样一种意识，即群体的神学思想和发展方式在一个"好的"皈信者的见证中得到了维护。听众与见证者之间交织形成了一个有力的、互相支持和强化的结构体。【138】

我们在遭遇阶段所讨论的比喻——接受新加入的那个群体的故事，进而使之转化为自己的故事——被进一步带到了委身的阶段，并将其内容进行了更为充分的合理化调整，从而使皈信者经历了一个生平再造的过程。虽然所有普通人的人生经历都可以视作一个重组生平的微妙过程，然而在宗教皈信过程中，常常会有某种明确的或暗示的要求，对自己的人生经历予以重新解释，采用新的比喻、新的意象、新的故事，使人生意义获取新的愿景。

上述思想在皈信心理学的实践中有高度的相关性，然而关于生平再造问题之研究主要是由社会学家进行的。㉚詹姆斯·贝克福德（James Beckford）和布莱恩·泰勒（Brian Taylor）的研究发现，宗教群体会要求皈信者们学会用那种使群体成员满意的方式讲述自己的皈信故事。皈信者通过听取别人的见证，学会群体所期望的那种表述方法，并渐渐开始以群体共同的视角来看待自己的生活。个人逐步接受了一种新的参考框架，帮助他或她学会做一个新人。

例如，贝克福德注意到，耶和华见证会（Jehovah's Witnesses）的成员在讲述自身皈信入教故事的时候，有其独特的方式。㉛不像典型福音派的故事脚本那样有很深的罪感和危机感以及很深的降服于基督的意识，贝克福德发现，在耶和华见证会的新成员皈信入教故事中，他们将皈信过程解释为体现了渐进的启示和对认知真理的发现，以及在一个组织内部的成就和工作。他们的皈信过程是一个逐渐学习的过程，学习有关耶和华见证会的情况，学习以他们的方式解释《圣经》。要成为一个好的皈信者就必须成为一个"真理追寻者"。随着知识的增长，潜在的皈信者就要参加一项自我执导的、设计周详的自我改造的项目。不存在什么突然"从天而降"的皈信。进一步来说，皈信过程是密切地介入组织之中并参与教会机构的发展目标的过程，尤其是通过传播教会的文献，或者说通过"向公众传播"的途径表达上帝意志的真理，即在字面意义上的"见证"。

贝克福德系统研究耶和华见证会多年，他注意到其机构和关于皈信入教故事的讲述方式发生了某些变化。所以，见证陈述不仅仅是关于个人变化的故事，还反映了正在发生着的机构和制度的变化。

正在学习某种新的语言表述的个人，无论在显性的还是隐性的意义上都受到该群体的影响和塑造。有些群体要求皈信者学习具体的语言表述，甚至要学会相关表述的语音语调；另一些群体只是为了确认自身欣赏或喜欢的人选，同时对于那些不能融入群体的人予以忽略或悄然除名。这种见证讲述者与听众之间互动的微妙过程既复杂又有影响力，因为皈信者对自己的见证通常是十分诚挚的，出于说出"真理"的真诚愿望，可能会对陈述内容进行微妙的甚至是重大的修改。研究还显示，与仅仅由一个人默念稿本而不进行任何公开陈述且由此造成约束的情况相比，当一个人面对一群人讲话的时候，讲话者的看法更可能发生某些调整和变化。所以，宗教领袖们要求，新皈信入教者要在公开场合以口头方式讲述新的委身过程或生活方式，这是可以理解的。㉜

与那些要求有强烈的皈信经历并进行见证陈述的群体相比，那些不要求进行公开见证的群体一般对皈信者的要求较低，因而对皈信者发生变化的期望以及皈信者实际发生的变化都可能会少一些，并且戏剧性程度要低一些。不过，情况未必总是这样。

动机的重构（Motivational Reformulation）

在皈信和委身研究中最具魅力的问题之一，是人们皈信动机的本质问题。㉝无论是从事皈信研究的学者还是从事宣教的人，都关注这一问题。在委身阶段，动机问题的重要性达到其顶峰，因为宣教者经常会对潜在皈信者的动机提出质疑。而我的观点是，在语言转换和生平再造的过程中，动机本身也发生了转化。皈信者是否表示出真诚的皈信动机，抑或只是试图获取某种与宗教生活并无实质性关系的好处？

即使当事者是受到某些"灵性"目标所驱动，宣教者有时还是可能质疑皈信者的真实动机。

毕竟，人们的动机既不简单也不唯一。动机是多样的、复杂的，而且经常是可变的。例如，当一个人第一次与一个宗教运动接触时，他或她想要皈信的动机可能是要取得某种声誉、某种归属感，或者其他非本质性的回报。然而，经过一段时间的互动以后，随着灵性或宗教的深层渴望和灵感被激发，这个人可能会改变他或她关于动机的说法。随着时间的迁移，人会发生变化，他们的动机同样也会发生变化。确实，变化就是皈信的实质。可以确定地说，皈信不会只有一个动机。动机从一开始就具有多样性、互动性、累积性，而在个人及灵性成长和发展的过程中，或者在获取与群体的要求和期望更加一致的新语汇的过程中，动机倾向于发生进一步变化。

在此，我提出以下几项关于皈信动机的假说。

1. 不同人的皈信动机是不一样的。

2. 皈信动机是多样性的、互动性的和累积性的。

3. 不同的群体具有（并且传播）不同的规范，以此规定各自认为是正确的还是错误的动机。

4. 不同的群体所允许、鼓励或培养的关于皈信动机的内容和界限是不一样的。

5. 参加或皈信某个群体的最初动机，随着个人与该群体互动的过程会得到调整——为了使成员的队伍得到保持、皈信的过程能够持续，皈信者的最初动机和当下动机之间应有所交汇叠合，这是必要的。

6. 每一个人在皈信的时候，都是为了实现他或她所认识到的对自己有利的情况：满足、获益、自我实现、改善现状，以及/或者出于强迫症。

7. 要使皈信过程得以持续，必须持续保持动机。

8. 根据个人所皈信群体关于见证陈述无形或明确的规定，以及相关语言表述体系的要求，皈信者的种种皈信动机会再次面临选择、强调、重新排序，或者去除。

注 释

① 有关这个问题的一些极佳探讨，参见 Eileen Barker, "The Conversion of Conversion: A Sociological Anti-Reductionist Perspective," in *Reductionism in Academic Disciplines*, ed. Arthur Peacocke (London: Society for Research in Higher Education, 1985), pp. 58-75; C. David Gartrell and Zane K. Shannon, "Contacts, Cognitions, and Conversion: A Rational Choice Approach," *Review of Religious Research* 27 (1985): 32-48; and William C. Tremmel, "The Converting Choice," *Journal for the Scientific Study of Religion* 10 (1971): 17-25。

② 一项有趣的关于有意识的公开决定之有效性的研究，见 Christine Liu, "Becoming a Christian Consciously versus Nonconsciously," *Journal of Psychology and Theology* 19 (1991): 364-75。

③ Holy Bible, New Revised Standard Version, Grand Rapids, Mich.: Zondervan, 1988, p.227.

④ 没有人比 Pruyser 对这种痛苦挣扎的情况表述得更好了，参见 Paul W. Pruyser, *Between Belief and Unbelief*, New York: Harper and Row, 1974。

⑤ 有关这类做决定和选择过程的一项极佳讨论，参见 Barker, "The Conversion of Conversion," 亦见 Gartrell and Shannon, "Contacts, Cognitions, and Conversion"。

⑥ Gartrell and Shannon, "Contacts, Cognitions, and Conversion," pp. 32-48.

⑦ Marc Galanter, Richard Rabkin, Judith Rabkin, and Alexander Deutsch, "The 'Moonies': A Psychological Study of Conversion and Membership in a Contemporary Religious Sect," *American Journal of Psychiatry* 136 (February 1979): 165-70.

⑧ 有关这方面的一篇优秀论文，见 Lucy Bregman, "Baptism as Death and Birth: A psychological Interpretation of Its Imagery," *Journal of Ritual Studies* 1 (Summer 1987): 27-42。

⑨ 有关阿姆贝德卡的佛教皈依运动的故事见之于许多地方。参见本书第四章的注释4，另参见 Eleanor Zelliot, "Background on the Mahar Buddhist Conversion," in *Studies on Asia*, 1966, ed. Robert K. Sakai (Lincoln, Neb.: University of Nebraska Press, 1966), pp.49-63; "Buddhism and Politics in Maharashtra," in *South Asian Politics and Religion*, ed. Donald Eugene Smith (Princeton: Princeton University press, 1966), pp. 191-212; and "The Revival of Buddhism in India," *Asia* 10

（1968）：33-45。

⑩ See Trevor Ling, *Buddhist Revival in India*: *Aspects of the Sociology of Buddhism*, New York: St. Martin's Press, 1980, pp. 67-92.

⑪ 关于这场运动的种种远期效果，本章注释 9 中有广泛的讨论。我还将在第十章中讨论这些问题。

⑫ Rosabeth Moss Kanter, "Commitment and Social Organization: A Study of Commitment Mechanisms in Utopian Communities," *American Sociological Review* 33（1968）：499-517.

⑬ Hine, "Bridge Burners," pp. 61-66.

⑭ See Aharon Lichtenstein, "On Conversion," *Tradition* 23（1988）：1-18, trans. Michael Berger.

⑮ Henry Ansgar Kelly, *The Devil at Baptism*: *Ritual, Theology, and Drama*, Ithaca, N.Y.: Cornell University Press, 1985. See also Thomas M. Finn's "Ritual Process and the Survival of Early Christianity: A Study of Apostolic Tradition of Hippolytus," *Journal of Ritual Studies* 3（1989）：69-85, and "It Happened One Saturday Night: Ritual and Conversion in Augustine's North Africa," *Journal of the American Academy of Religion* 58（1990）：589-616.

⑯ Tippett, "Conversion as a Dynamic Process," pp. 203-21.

⑰ 关于基要主义基督徒的一项很好研究，见 Nancy Tatum Ammerman, *Bible Belivers*；关于对基督教、犹太教和伊斯兰教基要主义的一项研究，见 Bruce B. Lawrence, *Defenders of God*, San Francisco: Harper and Row, 1989。

⑱ Alan Morinis, "The Ritual Experience: Pain and the Transformation of Consciousness in Ordeals of Initiation," *Ethos* 13（1985）：150-74.

⑲ David Kobrin, "The Expansion of the Visible Church in New England, 1629-1650," *Church History* 36（1967）：189-209.

⑳ Brauer, "Conversion: From Puritanism to Revivalism," pp. 227-48.

㉑ 有关探讨这个问题的某些有意思的视角，参见 Cushman, "The Self Besieged," and Ofshe and Singer, Attacks on Peripheral versus Central Elements of Self"。

㉒ 关于类似的引发心理痛苦过程的一项研究，参见 George D. Bond 关于佛教中死亡冥想的重要文章：George D. Bond, "Theravada Buddhism's Meditaũons on Death and the Symbolism of Initiatory Death," *History of Religions* 19（1980）：237-58。

㉓ Griffin, *Turning*, pp. 31-50.

㉔ 关于降服的主题在哈利·提布特的研究中得到了最清楚的阐述，参见 Harry M. Tiebout, *Conversion as a Psychological Phenomenon* (New York: National Council on Alcoholism, 1944); "Therapeutic Mechanisms of Alcoholics Anonymous," *American Journal of Psychiatry* 100 (1944): 468-73; "Psychological Factors Operating in Alcoholics Anonymous," in *Current Therapies of Personality Disorders*, ed. Bernard Glueck (New York: Grune and Stratton, 1946), pp. 154-65; "The Act of Surrender in the Therapeutic Process, with Special Reference to Alcoholism," *Quarterly Journal of Studies on Alcohol* 10 (1949): 48-58; *Surrender versus Compliance in Therapy* (Center City, Minn.: Hazelden, 1953); "Alcoholics Anonymous-An Experiment of Nature," *Quarterly Journal of Studies on Alcohol* 22 (1961): 52-68; and "What Does 'Surrender' Mean?" *Grapevine* (April 1963): 19-23。

㉕ Tiebout, "The Act of Surrender in the Therapeutic Process," pp. 48-58.

㉖ Marc Galanter, "The 'Relief Effect': A Sociobiological Model for Neurotic Distress and Large-Group Therapy," *American Journal of Psychiatry* 135 (May 1978): 588-91.

㉗ 对自传再造过程进行解释的另一种途径是归因理论 (attribution theory)，参见 Bernard Spilka, Phillip Shaver, and Lee A. Kirkpatrick, "A General Attribution Theory for the Psychology of Religion," *Journal for the Scientific Study of Religion* 24 (1985): 1-20, and Wayne Proudfoot and Phimp Shaver, "Attribution Theory and the Psychology of Religion," *Journal for the Scientific Study of Religion* 14 (1975): 317-30。

㉘ 在这个问题上，对我的思考产生关键性影响的有数位学者。在皈信过程中，皈信者围绕皈信问题"讲故事"的实际过程是重要的，布莱恩·泰勒是首先指出该问题的重要性的学者之一，参见 Brian Taylor, "Conversion and Cognition: An Area for Empirical Study" and "Recollection and Membership"。詹姆斯·贝克福德的研究也对我的研究路径有影响，参见其论文"Accounting for Conversion"。另参见 Meredith B. McGuire, "Testimony as a Commitment Mechanism in Catholic Pentecostal Prayer Groups," *Journal for the Scientific Study of Religion* 16 (1977): 165-68; J. Stephen Kroll-Smith, "The Testimony as Performance: The Relationship of an Expressive Event to the Belief system of a Holiness Sect," *Journal for the Scientific Study of Religion* 19 (1980): 16-25; Shimazono Susumu, "Conversion

Stories and Their Popularization in Japan's New Religions," *Japanese Journal of Religious Studies* 13 (1986): 157-75; Elaine J. Lawless, "'The Night I Got the Holy Ghost': Holy Ghost Narratives and the Pentecostal Conversion Process," *Western Folklore* 47 (1988): 1-19; and Elaine J. Lawless, *God's Peculiar People*, Lexington: University Press of Kentucky, 1988。

㉙ 首先指出皈信故事之本质的学者之一是 Olive M. Stone, 参见其论文 "Cultural Uses of Religious Visions," pp. 329-48。

㉚ See also Snow and Machalek, "The Sociology of Conversion," pp. 167-90, and Mordechai Rotenberg, "The 'Midrash' and Biographic Rehabilitation," *Journal for the Scientific Study of Religion* 25 (1986): 41-55.

㉛ Beckford, "Accounting for Conversion," pp. 249-62.

㉜ Ziller, "A Helical Theory of Personal Change," pp. 33-73.

㉝ 关于皈信动机的比较研究, 参见 G. Jan van Butselaar, "Christian Conversion in Rwanda: The Motivations," *International Bulletin of Missionary Research* 5 (1981): 111-13, and Jarle Simensen, "Religious Change as Transaction," pp. 82-100。

第十章
后 果

对于宗教皈信的后果（或影响），无论进行研究还是解释都将面临诸多复杂问题。我们可以勾画出五个方面来进行探讨：后果评估中的个人偏见、整体的观察评论、对社会文化和历史后果的深入探讨、心理后果，以及皈信的神学后果。对于皈信后果的评估必然会包括描述性和规范性两方面的因素，我的讨论将会在这两方面之间自由切换。

后果评估中的个人偏见（Personal Bias in Assessment of Consequences）

在对皈信评估的过程中，需要从两方面考虑潜在的偏见源头。当然每个特定的宗教团体都会有自己的一套评估标准。这些标准必须予以尽可能全面的说明，以此作为群体制定的内部标准，用于对个人的皈信进行评估。这样做的重要性有多方面的原因，其中首要的就是要突出说明这样的事实——无论如何，某一特定的皈信过程就是这个特定宗教社群和传统中的宗教皈信。

除此之外，还必须认识到学者对于偏见并不具有免疫力，这一情况（即相关的偏见）也必须尽可能地说清楚。[①]无论是从神学的视角还是从人文社科的视角出发，进行评估都是合乎常规的，认识到这一点是重要的。也就是说，任何种类的评估都是出于某种特定的视角，其中都存在不同的价值观念和哲学思想，无论是显性的还是隐性的。没有任何一个视角是纯粹"科学的"。在宗教皈信研究的领域，任何评估总是从某个特定价值取向出发的。例如，心理学的倾向性就是特别注重案例的病理情况，所以多数心理学评估都将宗教皈信评估为对于罪感或敌意等问题处理不当而产生的结果。关于皈信的心理学文献（基督徒心理学家和一些采用人本心理学或超个人心理学视角的研究者除外）一般都以负面色彩描绘皈信过程。我个人并不完全排斥这样的评估；我认为从心理学的观点来看，有些皈信行为就是不成熟的、退行性的。然而，为了使研究成果能给同行和读者创造最高的价值，进行评估的人必须承认自身价值和观念会影响到数据资料的分析，自己的专业特征会影响对现象或问题的解释。任何一项对皈信的研究都应该说明，调查研究者是否信奉该宗教，是否对被调查的群体所持不同观点的宗教主张持开放性态度，即使从事调查的学者是不可知论者、人本主义者或无神论者也应该说明。【143】【144】

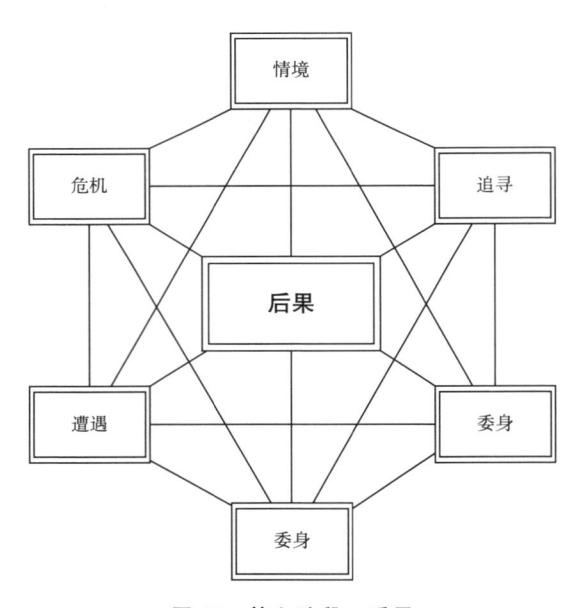

图17　第七阶段：后果

一位虔诚的罗马天主教徒能够"客观地"评价一个摩门教皈信者的皈信过程吗？一位摩门教徒能够评估一个皈信伊斯兰教的案例之有效性和价值吗？如果有一个人所皈信的宗教之观点从根本上质疑一位

非信徒关于现实之本质的观念，那么这位非信徒还能够（客观地）确认这个皈信过程的有效性和价值吗？要想使这些问题得到考虑，做研究报告的学者必须回应下面的问题，或者以非常相似的其他方法，揭示调查者的观点：

> 我信教还是不信教？
> 我所信宗教是否与我所评估的人所信宗教相同或相似？
> 如果我不信教，从我的个人角度会对我所研究的宗教皈信的本质做出什么样的反应？
> 我对此感到反感还是有吸引力？
> 从事这类现象的研究，我的根本目的是什么？

此外，学者应该尽可能地说明自身专业在研究方面的标准是什么。在心理学中，什么因素构成精神健康的范畴？从评估者的观点看，在多大程度上皈信过程被判断为改善精神健康？学者们还应该认识到，就评估工作的任务而言，以外在的价值体系为基础进行评估可能是不充分的，但如果他们能够确切而坦率地表明自身的价值和偏见，那将有助于使评估尽可能公平，并能够使研究报告的读者对这些偏见心中有数。

皈信后果的本质（Nature of Consequences）

皈信的后果在一定程度上取决于皈信过程的实质、强度和持续时间，以及在当事人的情境或群体的情境中对皈信的反应情况。在基督教历史上最具戏剧性的皈信过程之一是大数人扫罗的皈信，他本是犹太人的迫害者，转眼之间就变为相信耶稣就是弥赛亚的人。那段经历推动了一场深刻的、根本性的改变——由迫害者变为宣道者，由扫罗成为保罗。[2]那场经历是短暂的，但其程度是非常强烈的；如果依《路加福音》所言，那个现象的实质是升天的基督直接介入的经验。许多学者认为，其皈信过程是基督教历史上突然皈信的典范。[3]

就大多数人而言，皈信过程并没有这样的戏剧性或者强烈程度。

我曾与一位男士交谈，他自小接受的就是南方浸礼会的教养，然而在那个传统中他会感到不自在。成年以后，他发现自己大多数朋友都是犹太人。有好几年时间，他在不同的犹太教会堂参加活动，然而如何在他所理解的耶稣与犹太教之间进行协调，他心中没底。有一天在犹太教会堂里，答案产生了。那位拉比布道时提出一个问题，他问道，如果耶稣今晚来到旧金山，他应该到什么地方去会感到最舒坦呢？在（罗马天主教的）圣玛丽大教堂，耶稣会找到回家的感觉吗？在（美国圣公会的）圣恩大教堂吗？或者，城里其他的教堂吗？最终，那位拉比断言，耶稣感到最有回家感觉的地方肯定就是那座犹太教会堂。对于那位心有不满的浸礼会教徒来说，这番话给出了明确的结论，犹太教会堂也是最能让他有家的感觉的地方。虽说这件事并不是一个电闪雷鸣般的事件，或者说并非一个具有戏剧性的转折点，但他还是由此而顿悟，开始了转变成一名犹太教徒的正式进程。

生活中的哪些方面会受到皈信过程的影响呢？皈信带来的变化有多么广泛呢？皈信者在多大程度上会与广大的世界发生疏离或得到协调呢？如果（一个普通美国人）皈信于一个主流的基督新教的教会，可能不需要在日常生活中有多少重大变化。然而，如果他要皈信于正统派的犹太教，就会被要求改变饮食习惯，认识一批新的交往者，可能也要改变所从事的工作，还要学做一整套新的、复杂的仪式。正统派犹太教还要求皈信者切断以前的许多（如果不是所有的）社会关系，甚至包括皈信者家庭中的某些关系。

当我们评估变化程度的时候，必须看到直接后果以外的情况。许多当代学者认为，真正的皈信是一个持续的变化过程。初始的变化固然重要，但那仅是长期过程（犹如一趟朝圣）中的第一步。在皈信过程开始以后，更为深刻的变化可能会在几个月（甚至数年）后发生。

唐纳德·盖尔皮（Donald J. Gelpi）是一位耶稣会的神学家，他研究了一套复杂细致的方法对皈信过程做出规范性的解释。④ 盖尔皮的理论建立在伯纳德·朗尼根（Bernard Lonergan）的研究和美国哲学传统的基础之上，他写道："我用'皈信'这个词……意味着要做出承担责

【146】

任的决定，要对一个经历过成长和发展的、明确可辨的方面承担起责任。皈信者从不负责任的生活转向负责任的生活。……所谓'皈信'，我的意思是双重的决定，一方面摈弃不负责任的行为，同时为我自己所经历的某些方面的后续发展承担起责任。'责任'意味着能够面对问责的承担。负责任的人以他们认为是具有自我约束力的规范和理想为依据，来衡量他们自身行动的动机和后果。他们还要认识到，他们必须因为自己的动机和决定所造成的后果而对别人负责。"⑤

盖尔皮提出皈信的五个层面：情感、思智、伦理和道德、宗教、社会。情感层面的皈信是指对自己的情感生活负起责任，涉及激情、感情和意愿。审察自己的情感之本质，通过正视和去除诸如种族主义和性别歧视之类的情况，是对自己情感成熟过程的挑战。从自私自利走向关爱他人，需要在情感能力方面有根本性的改变。

思智层面的皈信需要当事者正视形形色色的伪劣思想和意识，判别那些被扭曲的理解和解释。思智方面的皈信要求有逻辑性和严密性。

伦理和道德层面的皈信对当事人提出的挑战，从仅仅满足即刻的个人需求走向具有持续的公平正义原则的生活。从处心积虑的个人享乐主义者转向以他人为取向的、遵循并追求公平正义原则的生活，在这类皈信中是必不可少的。

宗教层面的皈信对当事人提出挑战，要为"唯一的真神"而生活，而不仅仅是为了偶像崇拜。那些培养信众自以为是的态度并压制他人信仰的宗教是腐朽堕落的宗教。真正的宗教会向个人提出挑战，要超越个人的满足，超越依照我们自身形象创造出的任意放纵的神灵。按照盖尔皮的说法，宗教皈信是对上帝的历史性的自我启示和自我传播的回应。基督教的皈信是整体的宗教皈信范畴之下的某一种皈信方式。

皈信的第五个层面是社会政治的皈信。在多年探讨宗教皈信的话题以后，盖尔皮近来主张社会政治皈信的必然性。真正的皈信要求皈信者在发展和成长过程中超越仅局限于个人的皈信。参与到广阔世界的社会机构和体系之中并要求实现更上一层的皈信，其中包括为了确保这些机构和制度所产生的生活质量，要尽最大可能面对问责并承担责任。虽说皈信过程中其他方面的具体内容也是重要的，但关于皈信的社会性评估的核心内容就是对所有人的公正。那么，对于基督宗教的皈信者而言，迎战机构和制度提出的要求，追求以耶稣基督的道德伦理为准则的生活，就是一个持久不懈的、合乎逻辑的目标。

盖尔皮认为，初始的皈信与持续进行中的皈信之间有一定的差异。初始的皈信是在个人经历的某些方面从不负责任走向负责任行为的第一个阶段。持续进行中的皈信是皈信不同层面之间的互动以及终身改变的持续过程。整体的皈信是承诺在生活的方方面面实践这些根本性的改变——情绪层面、情感层面、伦理层面、思智层面、社会层面。真正的皈信是从单一的个人皈信转向在社会世界中实践皈信的过程。

盖尔皮关于宗教皈信研究的规范性途径具有非常高的价值，也与沃尔特·康恩（Walter Conn）和吉姆·沃利斯（Jim Wallis）的重要著作呼应。⑥从宗教、思智、情感、伦理和社会政治对皈信进行细致的评估，为我们发展对于皈信精细的、规范的解释提供了一个出发点。这样的研究途径超越了以往主导这方面学术领域的狭隘的教派研究的视角，并提供了一种将人文科学与宗教研究相结合的方法。【148】

皈信的社会文化和历史性后果（Sociocultural and Historical Consequences of Conversion）

宗教皈信不但会给当事者个人造成后果，而且（尤其作为一种累积性现象）可能会对皈信群体造成包括社会文化方面的后果。人类学家保罗·特纳（Paul Turner）曾研究墨西哥南部恰帕斯州奥克斯楚克地区的泽尔塔尔（Tzeltal）印第安人皈信基督新教造成的影响。⑦在奥克斯楚克镇上的四千居民中，一半以上皈信了基督新教。特纳注意到，其结果是在贫困、疾病和识字率方面发生了变化。那个地区的罗马天主教的影响相对较弱，因为当地没有神父居住。此外，印第安人一直受到西班牙殖民主义体系的剥削，所以皈信基督新教是一个具有吸引力的选择。当地印第安人土地拥有量少，而且还大量酗酒。酒精饮料只有从地主那里获得，售价极其昂贵。结果，这些印第安人经常负债累累。

然而，那里的基督新教皈信者被要求戒除一切酒精饮料。随着饮酒减少，这些人开始存下一些钱，自身的生活状态得以改善。此外，参加本土传统节日的狂欢代价高昂，曾使这些人无法从贫困中解脱，而新教皈信者则拒绝参加这些传统节日。皈信者受到教育，摈弃了传统的巫术体系，从而省下了为防范所谓恶邪力量要支付的大笔费用。

通过引进现代的健康卫生的生活方式、摈弃传统的医疗方法，采纳健康保健、环境卫生和改善饮食的基本原则，人们开始过上更为健康的生活。传教士向民众传授基本的医药知识，使当地人在卫生保健中扮演积极角色，其健康状态和寿命很快便得到改善。

在奥克斯楚克地区，大多数人仅仅略知西班牙语的基础知识，传教士就将《圣经》翻译成当地印第安人的语言，用印第安人自己所说的语言向他们介绍《圣经》的世界。此前，当地多数人都是文盲。现在，通过学习阅读他们自己的语言，当地人对西班牙语（整个墨西哥的主要语言）也产生了兴趣。皈信带来的影响改善了当地贫困、疾病和文盲的情况，与此同时，特纳还报道称皈信者们更乐于投入当地的社区生活。他们积极主动、满怀希望，努力克服困境，取代了以往被动、无望的状况。

特纳对小镇半数人口皈信后果的评估是积极肯定的。然而，作为威克里夫《圣经》翻译者组织（Wycliffe Bible Translators）成员，特纳参与了该地区的工作，其评估可能有溢美之嫌。[8]贾亚士里·戈卡勒（Jayashree B. Gokhale）对于皈信后果之评估则采用了另一种方法。[9]她的研究聚焦于数以百万计的印度教徒在阿姆贝德卡领导和鼓舞下皈依佛教的情况。1956年10月14日，五十多万马哈拉施特拉邦的贱民，在阿姆贝德卡的领导下，放弃了印度教而投身佛教。戈卡勒认为，这次宗教转变的后果是多样混杂的。最初，阿姆贝德卡追求的是改变贱民关于自己身份的观念——作为社会经济阶层中最底层的人。马哈人主要是乡村仆人，因为从事诸如搬运街道上动物死尸这类工作而被认为是不洁的。

成为佛教徒改变了这些人的自我认识。因为新的自我意识改变了他们以往所处困境的宿命态度，从而激励着这些家庭为子女的教育做出牺牲。尽管如此，宗教信仰的改变并没有使这些人跳脱种姓制度。种姓制度下的印度教徒，以及其他贱民群体，仍然认为马哈人是现行社会体系的一部分，而且事实上还在责骂他们妄称自己为佛教徒，指摘他们拒绝履行社会和经济"义务"。实际上，这次宗教信仰的改变产生的政治、经济和社会后果并不像阿姆贝德卡预想的那样意义深远。这场宗教皈信很大程度上改变了马哈人的自我认识并且激励了他们寻求教育发展，然而由此造成的社会后果滋生了怨恨、暴力，并且加剧了印度教种姓制度对马哈人的反对，马哈人的身份被直接重新命名为"佛教徒种姓"（a Buddhist caste）。

我们必须记住，宗教皈信的影响并非总是直接的、根本的和全方位的。由于受到有关宗教皈信的一般思想观念的影响，人们会期望有即刻出现的、戏剧性的结果。我想在此声辩，宗教皈信长期累积的影响所具有的历史性后果与那些更为显性的、即刻发生的后果具有同样重要的意义。尽管马哈人皈依佛教的社会性结果相当有限，但谁又知道最终累积的效果会怎样呢？1951年，印度马哈拉施特拉邦信佛教的人口是2487人。1961年人口普查的时候，即阿姆贝德卡领导的大规模皈依佛教运动五年以后，报道的佛教徒人口是2789501人。[⑩]在有些学者看来，例如特利佛·凌（Trevor Ling），阿姆贝德卡领导的宗教运动是一个更大范围的佛教复兴运动的一部分。[⑪]有可能的是，佛教的复兴伴随着其他一些社会力量的发展，不仅在印度人的思想上，而且在印度的政治结构上，侵蚀着印度教的支配性地位。

尽管宗教皈信的累积性效果有时难以追踪研究，但其影响还是深刻的，尤其是在产生大规模历史性变化的时候，诸如罗马帝国的基督教化，菲律宾皈信天主教，中东和爪哇地区的伊斯兰教化。许多人因为自身的种种偏见，拒绝使用"conversion"这个词来讨论这些带来历史性变化的重要潮流。我想在此辩称，这个词用在这里还是合适的，尽管这些变化并非总是那么显著，但也还是意义重大的。

罗马帝国皈信基督教花了四个多世纪。尽管在四世纪康斯坦丁皈信基督教的时候，罗马帝国的基督教运动的规模还是相对较小的（有人认为，不到整个帝国已知人口的10%），但当时的变化造成的影响是深刻的。拉姆塞·麦克穆伦（Ramsay MacMullen）的著作《罗马帝国的基督教化》（Christianizing the Roman Empire）讨论了那个过程的实质。[12]一个罗马皇帝成为基督教的皈信者，这在历史上是第一次。曾经一度仅仅是犹太教的一个宗派，现在成了罗马帝国官方的国教。从那以后，罗马帝国的资源便可以一方面用来发展基督教的事业，另一方面用来镇压异教。（基督教）作为曾经的受迫害者变成了迫害异教者。

然而，麦克穆伦在其文章《基督教带来了什么变化？》中提出了一些有争议的问题。[13]他将注意力聚焦于在312~412年"罗马帝国皈信基督教"的直接后果。麦克穆伦的目标是"要发现，当（罗马帝国的）人口成为基督徒以后，'世俗'生活整体模式的变化"。根据他的观点，基督教培养一种延伸到社会生活方方面面的道德，他试图认识这场由帝国大量人口参加的著名的宗教皈信（在社会道德方面）的影响。他选择了五个方面作为可能体现出这种影响的因子：性关系的规范、奴隶制度、角斗士表演、司法惩处、腐败现象。经过对资料的细致分析，他发现在对待奴隶制、角斗士表演和政府腐败（尤其是贿赂）的态度方面，并没有什么是宗教皈信带来的实际后果。在生活中持续存在的这些态度，反映出当时在异教世界大部分地区所流行的标准。

最有意义的影响见之于性关系的规范和司法惩处方面。在性关系方面，对于任何会滋养"淫乱"的行为，显然出现了更为广泛的社会谴责；然而，正如在其他方面一样，在精英阶层和普通人之间常常存在双重标准。更为令人吃惊的是，麦克穆伦描述了在司法方面的残暴行径有显著增长的情况：首先，民法被扩展到控制社会生活的更多方面，尤其是私人道德和宗教信仰方面；其次，惩戒方法更加残忍，312~412年，死刑和严刑拷打比起以往更为普遍。

对于麦克穆伦关于罗马帝国皈信基督教的后果之评估，应做出怎样的评价呢？我个人的第一反应是令人感到沮丧。在基督教成为罗马帝国"官方宗教"后的最初100年，发生的社会变化怎么会这么少呢？而且带来的具体变化为什么并非都是向着好的方面的变化呢？

对于宗教皈信后果的评估需要有非常长远的眼光，或许还需要有这样一种意愿，即正视我们不希望看到的情况。罗马帝国皈信基督教是一个非常复杂的过程，在帝国的不同区域有不同的影响，而这些后果的本质又是由许多因素决定的。此外，对机构、制度、社会、文化在宗教皈信过程中的变化之评估，比起对个人和较小群体的宗教皈信情况的评估，则更加困难。【152

我们还应该注意到，许多历史学家和神学家过高估计了基督教在其最初四百年中的影响。许多影响是发生在特定地理环境中的情况，因而是与罗马帝国境内社会生活的大潮流相区隔的。此外，宗教皈信的后果可能受到了极大的局限，因为当基督教成为官方宗教以后其宗教的本质有所改变。是否存在这样的可能呢——随着基督教的发展超越了其作为一个犹太教宗派的界域，进入罗马帝国的希腊化世界，基督教的根本性实质有所改变？

这些问题的提出令人深感不安，因为我们要探讨这些问题就必须考虑，什么是"真正的"基督宗教，什么是"真正的"宗教皈信。无论我们的立场何在，从宗教信仰的角度来说，罗马帝国皈信基督教并没有深刻地改变古代世界，这是令人感到窘迫不安的。

阿利斯泰尔·凯（Alistair Kee）在《君斯坦丁与基督》（*Constantine versus Christ*）中声称，君士坦丁没有皈信基督教，而是改变了基督教，将基督教收编到罗马帝国之中。[15]君士坦丁的案例提出了关于如何决定评估宗教皈信的有效性与价值的标准这样的重大问题。凯认为，君士坦丁在生活方式、道德标准，以及在《圣经·新约》文献中所描述的基督徒的信仰等方面，"腐蚀"了基督教。

在殖民时期，人们评估西方多国的宗教皈信过程中也出现了类似的问题。西班牙人是否使菲律宾人皈信了"真正的"基督宗教，抑或只是一种思想和价值观念控制的形式，服务于当时在大范围里控制着世界的西班牙人？要回答这个问题，需要有一个具体的神学观点。

据我所知，传教事业在那片后来被称为菲律宾的地方造成的后果意义深远。韦森特·拉斐尔（Vicente L. Rafael）在《缔约殖民主义》（*Contracting Colonialism*）一书中细致而深刻地探讨了这些问题。[16]无论一个人的神学立场怎样，都会承认西班牙的传教事业对于菲律宾这个国家的发展是影响深远的。作为亚洲唯一的基督教国家，菲律宾在太平洋地区有着与众不同的身份认同，而且不论好坏，菲律宾还是与西班牙以及后来与美国保持了一种独特的关系。罗马天主教的语言、神学、机构和气质影响着菲律宾民族命运的形成。1898年以后，美国控制了菲律宾。在美国的霸权之下，基督新教试图使菲律宾民众脱离罗马天主教而皈信新教，结果收效甚微。肯顿·克莱默（Kenton J. Clymer）在其著作《菲律宾的基督新教传教士（1898—1916）》（*Protestant Missionaries in the Philippines, 1898–1916*）总结了那段令人沮丧的传教事业。[17]

宗教版图（Religious Landscape）

宗教皈信过程的另一个主要后果是所谓宗教"地理"的形成。丹尼尔·多珀（Daniel Doepper）关于伊斯兰教和罗马天主教在菲律宾的影响研究就是一例。[18]伊斯兰教比基督宗教早二百年到达菲律宾。时至今日，棉兰老岛（Mindanao）和苏禄群岛（Sulu）仍坚定扎根伊斯兰传统，对菲律宾国家产生了独特的宗教和政治影响。西班牙传教士在使低地民众皈信基督宗教方面做得最为成功，通过将这些民众集中到更大的社区，越来越多的人能够受到宗教教育熏陶，而住在高地的民众则较少受此影响。

在1898年菲律宾革命时期，有一批人以成立菲律宾独立教会（the Philippine Independent Church）的方式形成一个教派，从天主教会中分裂出来。在有些地区，当地人感到宗教领袖剥削民众、削弱了本土领导力，独立教会在那些地方发展得最为成功。当美国人来到菲律宾并（在西美战争以后）居于支配地位的时候，那些远离罗马天主教会控制的地区，以及那些罗马天主教会服务较差的地区，对于来自美国的基督新教传教士采取最为开放的态度。尽管他们仅仅形成了一个规模不大的少数，然而基督新教的教徒、穆斯林以及其他一些独立教会的存在，还是显示出人们一般认为的菲律宾是一个罗马天主教国家的观念有不实之处。时至今日，这类情况的存在仍然从本质上继续影响着菲律宾的宗教生活和社会政治生活。

非意愿性的社会文化后果（Unintended Sociocultural Consequences）

研究宗教皈信的社会文化后果和历史后果最有意思的方面之一，是审察那些传教士期望之外的后果，而在多数情况下，是使他们感到大失所望的后果。例如，学者们辩称传教士在世界许多地方（尤其在非洲）发展教育，其设计的方案是要使学生皈信基督宗教，是要将这些学生引入现代教育，而体现在某些案例中则是试图使"这些野蛮人文明化"。然而，在实践中，通过学习欧洲的语言、文化、哲学常常会造就某些精英分子，而正是这些精英分子最终会利用他们所接受的西方教育和西方思想意识来挑战殖民主义的根基。

民族主义（Nationalism）

布兰登·卡莫迪（Brendan Carmody）以及其他许多人都注意到，传教士所从事的教育事业，其设计目的是要皈信和培训地方民众。[19]然而，欧洲的语言和思想同时也教育人们有关民主或马克思主义的思想，这样就培养出一些政治化的知识分子群体，他们能够综合整理这些政治思想和关于殖民体系的新知识，进而通过革命行动或者外交途径寻求独立。

宗教皈信的另一个后果是促进一些跨部落联盟的形成，而这些部落联盟最终成为发展民族主义情绪和目标的关键性催化剂。诺尔曼·埃瑟林顿（Norman Etherington）在他关于南非传教工作的研究中指出，早期皈信者中的大多数是在当地部落群体中遭到拒绝和排斥的人。[20]按照本土人和传教士的判断，这些人是当地社会中的渣滓。然而，具有悖论意义的是，通过传教站系统的发展和殖民地传教士的保护，这些人受到了教育并学习到种种技能，最终使他们在社会上得到了精英阶层的地位。

保留本土语言（Preservation of the Vernacular）

将《圣经》翻译成本土语言，对于保留本土文化常常会产生某些自相矛盾的影响。拉明·桑纳（Lamin Sanneh）就此话题进行了广泛的研究，其最新的研究体现在其优秀著作《讯息的翻译》（*Translating the Message*）中。[21]虽说桑纳不否认传教士常常对本土居民和文化持否定态度，然而他强调传教士推动将基督教福音书翻译成本土语言，即使是最为与世隔绝的小群体的语言，这件事本身以深刻的方式传递了一个信息——那些人的语言和文化是配得上用来承载和传递这样深受敬重的讯息的。此外，通过艰辛的努力来记录语言、整编字典和语法，从而保留了这些要不然可能会在现代化、世俗化和殖民化的冲击下消亡的语言。能够以他们自己语言的文字阅读《圣经》，也使得本土人亲眼见到上帝在《圣经》中所说的话。然而，在许多案例中，正是这些（阅读的）经历使得他们开始怀疑那些在行为上与《圣经》不一致的传教士，有可能会导致独立教会的发展。类似的经历也可能会促使人们形成这样的思想，即权威是可能被批评或挑战的。

世俗化（Secularization）

宗教皈信的后果中最有意思的问题之一是可能会激发世俗化的过程。[22]埃尔默·米勒（Elmer S. Miller）在一项关于阿根廷的几个部落群体的研究中发现，基督新教的传教士意在使当地人皈信他们那个版本的基督教，却在不经意之间造成当地人在世界观上的一次强烈的世俗化过程。[23]在当地人的世界观中，有很多关于生活经验中各种事件的"超自然"原因的解释。确实，整个生活中都弥漫着这样的意识，认为世界上充满着精灵，有善良的，有邪恶的。传教士们试图尽可能多地去除这些"迷信"。通过引进系统、正规的教育，他们否定了那种想法——认为知识可以通过精灵、睡梦或幻象得到灌输或启示。他们向民众宣讲，导致疾病的是细菌而不是精灵、巫觋或法术。疾病的诊断和治疗是通过科学的方法而不是靠魔法。当地经济的发展，现在受到传教士经营的商店和现代农业管理方法的影响，正是他们长期努力和用心经营的结果。农作物的产量是以科学方法来控制的，而不是受控于当地萨满和巫师的力量。经由传教士的小教堂掌控的宗教生活，使得个人的关系限定于上帝以及基督教信众的社区。米勒的结论是，通过倡导一种减少和限制超自然因素的宗教，传教士在不经意之间成为一股世俗化的力量。

宗教皈信的心理后果（Psychological Consequences of Conversion）

作为研究者，我们切不可忘记自己的偏见和预设观念，在对宗教皈信的心理评估中就必须问一问，是否存在理想化的进步观、退化观或者心理定式的情况。探讨这些问题的一项研究是由罗伯特·西蒙兹（Robert B. Simmonds）主持的。[24] 他提出这样的问题：当一个人皈信一项信仰耶稣的宗教运动，是真诚的皈信呢，抑或仅仅是要以对耶稣的沉迷取代对毒品的瘾癖呢。面对案例中所强调的"依靠耶稣"和顺从宗教群体的领袖和规范，西蒙兹感到他的研究对象并没有表现出任何在人格方面的真正变化，而仅仅以一种说起来似乎更健康的瘾癖取代了另一种瘾癖。

大卫·戈登（David F. Gordon）关于一个基要派宗教群体的研究也是具有启发性的。[25] 一般说来，心理学家对于降服、自我放弃，以及屈从于某个群体的说法抱有非常怀疑的态度，因为这类说法的预设前提常常意指某种软弱的自我和不成熟的人格。然而，戈登发现事实上他所研究的对象在生活中发生了意义重大的积极变化，因为他们放弃了那些在功能上无效的方法，同时学会了一些新的、更具适应性的生活模式。所以，特定群体所倡导的所谓"由死亡而再生的自我"（"dying to self"）在心理学意义上来说是有效的，能够使当事人获取对自我的控制和力量，这似乎是一个悖论。这一类心理学研究显示，影响评估过程的情况可能会多么复杂。

乔尔·埃里森（Joel Allison）在其对神学院男性学生的皈信研究

（1960年代的研究）中发现，他们的皈信是具有"前行性意义"（progressive）的。[26]所谓"前行性意义"是指这些学生能够在发展心理学的意义上取得前行性的进步，从而跳出他们对自己母亲的依赖性陷阱。由于家庭生活中父亲角色的亡故、缺失或软弱，这些年轻人变得过分依赖母亲。在这些案例中，对上帝的认同为他们提供了获取新形式独立性的心理途径。不用说，这样的研究发现引起了关于性别问题的争议。然而，应该注意的是查纳·乌尔曼，她的研究（1980年代的研究）中包括了女性的研究对象，也发现了类似的情况。[27]

关于宗教皈信的心理学评估的另一种途径是由詹姆斯·福勒（James W. Fowler）和罗姆尼·莫斯利（Romney M. Moseley）提出的"信仰发展"的观点。[28]这种观点声称，对于某特定的个人，可以采用与该人的年龄和心理发展阶段相关的标准对其皈信过程进行审察。皈信过程和心理发展过程可以在许多不同的方面互相关联。例如，在从一个发展阶段进入另一个发展阶段的转折时期就可能是一个宗教皈信的契机。同样，宗教皈信能够助长一个发展新阶段的形成。然而，有许多宗教皈信的情况并不要求个人心理发展进入一个新阶段，而仅仅是对皈信前的个人发展阶段进行反思。换言之，个人心理发展阶段的层面相当于一个过滤器，皈信过程从中得以过滤处理，从而设定通过皈信所能获取好处的范围，并影响到对于潜在皈信者来说何为具有吸引力的内容。将心理发展阶段作为透镜来观察宗教皈信的过程，并可以借此评估皈信的后果——从发展心理学的意义上来说，皈信者是否取得了前行性发展，还是发生了退行，抑或保持原状不变。

[158] **"洗脑"与新兴宗教运动**（"Brainwashing" and New Religious Movement）

多数社会学取向的研究所持的假设前提是，在新宗教运动的皈信者中很少会发现病态或变态的情况。[29]然而，许多精神病科医生、心理学家和社会工作者则报道，（新兴宗教运动）已经造成了重大的伤害，并且列举多种支持此类诊断的症状。

是什么原因造成这样非常不一致的情况呢？[30]社会学的研究视角体

现出乐观主义的一个主要原因可能是，大多数社会科学的实证研究都仅仅是以新兴宗教运动的"现有成员"作为研究对象的。可以争辩的是，关于这个特定群体客观的、精确的研究资料是不可能得到的，因为这些人都已经被"洗脑"了。另一个可能的原因是，因为皈信者囿于一个关系紧密的团体之中，他或她能够掩饰或控制其病态的情况。不过，这些考虑似乎同样可以应用于对主流宗教群体的研究。

心理学的研究视角体现出悲观主义的原因可能来自这样的事实——大多数心理治疗师研究的对象是那些已经离开了各种宗教群体的人。心理治疗师在工作中所接触的人群是，因为这种或那种原因已经拒绝了某个群体或者正在要离开某个群体的人，以及被强行驱逐出某个群体的人。如果一个人在研究目前处于婚姻之中的人，而另一个人在研究最近离婚的人，那么两组研究在婚姻问题方面的发现难道会没有差异吗？如果研究者在研究方法和研究对象方面存在如此根本性的差异，怎样才能判定皈信新兴宗教运动的后果问题呢？

宗教皈信的故事（Stories of Conversion）

另一个研究宗教皈信后果的途径是对宗教皈信的故事展开研究。尤其在基督教传统中，典型的宗教皈信会产生关于皈信过程的故事，而且这些故事还会激励其他人的皈信。这些故事以自传体的形式被一再地口头传述，变成人们解释自己生活轨迹的一种模式。[31] 在基督教的历史上，有一个尤具有影响力的皈信故事，那就是奥古斯丁皈信基督教的故事。自1500年以来，他的自传《忏悔录》（*The Confessions*）在基督教历史上对人们形成宗教意识一直具有强有力的影响。[32] 好几位皈信者告诉我，他们就是在阅读《忏悔录》的过程中皈信了基督教。有一位英语文学教授告诉我，他从小就是犹太人，当他在研究生院学习的时候读到了奥古斯丁的书，这开启了他成为基督教徒的历程。

比起其他任何文体，自传体可能更能够使读者与作者相遇在一个非常个人的层面。宗教皈信的自传能够激发读者的模仿并强化信念。宗教皈信的故事能够以种种方式触及人们的生活面，那是神学思考很少能做到的。至少在一定程度上，皈信故事的传统是源于《圣经·新约》"使徒行传"那一章的内容。保罗、哥尼流、腓立比的禁卒和吕底亚等人的皈信，都表明了宗教改变过程中个人影响的作用。关于宗教皈信的每一个故事都在倡导皈信入教，都在确认皈信的有效性，并形成宗教皈信的个人经验。

神学方面的后果（Theological Consequences）

从宗教传统的内部来评估皈信的情况，是评估宗教皈信后果的关键要素。阿哈龙·利希顿斯坦（Aharon Lichtenstein）声称，常见的有两个层面的评估。[33]第一个面向最为直接，是仪式或行为的。这个皈信的当事人是否已经完成了宗教皈信的仪式要求？例如，在犹太教的皈信过程中需要提供以下证据：男性进行割礼，在犹太法庭（rabbinical court）接受质询，同意服从托拉教律（the Torah），以及浸礼，这些都是相对简单且直接的事项。第二个面向的情况则更加难以把握：这个人是否对上帝有深切的追求？这个人是否真诚？这个人内心活动的真实情况是什么？这个人的皈信动机是否"纯正"，抑或这个人是否在通过归顺某宗教以便追求宗教以外的好处？根据利希顿斯坦的说法，对于这类内心活动过程的判断要困难得多。

皈信犹太教，通过仪式过程和个人经历得以与一个特定的社群和上帝建立起关系。仪式不应该被视作仅仅是为了归顺这个社群而提出的严格要求，而是要视为与信奉犹太教的社群建立了一个根本性的关系——过去，现在，将来。通过遵循犹太社群的仪式过程，当事人与一个新的群体形成了关联。根据利希顿斯坦的说法，其中内在的过程就像一个人获得了新生。皈信者诞生到了犹太教之中，成为上帝的仆人，同时也是以色列社群中的成员。

传教士常常因为对皈信的情况过于乐观的评估而遭受严厉的批评。有些案例中，批评者指责传教士对支持传教事业的机构虚报了皈信者的数量；还有些案例中，遭受指摘的情况是传教士出于全然的天真，认为那些皈信者是出于真诚而入教的，实际上他们的动机是可疑的。

如果说，有人反对这样的说法，即认为传教士从来不会在他们的皈信评估报告中篡改数据，那将是愚蠢的；不过，通常情况下，传教士在进行皈信过程的有效性评估时是极其仔细的。在传教事业的相关期刊和报告里充满了传教士围绕这个话题的纠结。他们怎样才能确定一个人的皈信是否是真诚的呢？什么是评判的标准呢？皈信者是否真的理解皈信过程中所发生的事情呢？皈信的真实后果是否与皈信者口头的信仰声明一致呢？[34]

皈信者关于神学性后果的报告（Theological Consequences Reported by Converts）

在过去的十二年里，我有机会与大约二百位不同宗教取向的皈信者交谈。我想从现象学的视角出发，就皈信者所报告的皈信后果的实质做一个总结。我将试图聚焦于宗教实践的经验，而不是教义的陈述。

在这些皈信者述及自身经验的时候，表述的一个共同主题是一种与上帝之间关系的意识。据描述，此前他们要么没有意识到上帝的存在，要么与上帝之间的关系是疏离的，现在他们与上帝之间的鸿沟得以弥合了。上帝不再是一个抽象的概念，而是一个活生生的现实存在。虽说不同的皈信者给出的细节可能不一样，但普遍都有一种此前所不存在的亲近和关联的意识。有些人用传统的词语，诸如"父亲"指称他们的上帝，还有些人选择"母亲""朋友""伴侣""引路人"或者其他表示亲密关系的词语。爱也是一个共同的主题。据有些皈信者报道，他们在皈信以后感受到一股爱的暖流拥抱着自己，一种如此强有力的爱，以至于他们被赋予了爱的力量去更加充分地爱别人。

皈信者描述的另一个共同的主题是，通过皈信他们有一种从罪感中解脱的意识。[35]有些皈信者，尤其在那些保守的基督教会，此前曾有一种普遍的罪感意识的经历，还有一些人的罪感意识主要是因为他们深刻地意识到自己以往的行为伤害了其他人，从而以某种方式侵害了他们与上帝的关系。皈信过程是一种经验，使他们经历了一种"从罪感的负担中得以提升"，并得到一种从自身行动的痛苦中解放出来的感觉。很少有皈信者认为，他们罪孽的后果（就其对其他人造成的伤害而言）仅仅被少量地去除了，相反自己确实深切地感受到上帝已经去除了过失。并非所有的皈信者聚焦于罪感的问题，但确实有相当多人执着于此。

另一个共同的主题是，皈信者获得了一种使命感和一种继续生活下去的理由。对于某些人，他们有一个明确的中心：我受召于上帝，要成为一名传教者，或者成为投身社会正义或某些其他具体任务的工作者。对于许多皈信者来说，存在一个投身教牧事业的明确召唤，这是不足为奇的。大数人扫罗的经典案例是这类皈信要素的最佳范例。扫罗成为保罗，不仅仅是为他自己灵魂得救的缘故；他"翻转身来"与整个异教徒的世界分享福音。许多人在皈信过程中获得了一种深刻的新意识——生命并不属于他们自己，不是用来沉湎于自我享乐的；他们获得了一种目的性，这种目的可以是与人分享获得拯救的福音，或者仅仅是做一个有爱心的人，为了上帝的缘故而服务众人。

还有一些皈信者庆贺自己加入了一个新的社群，获得了成员身份。上帝的"家庭"现在成了他们的家。这个家庭通常被认为是独具特色的，这是一个世界性的家庭，包括许多不同种类的人。这种归属感一方面支持了当事人的认同感，一方面为之提供了一个网络群体，当事人既服务于这个群体，也置身其中。

对于还有一些人来说，皈信是理解现实世界之本质的一个途径。有一位皈信者告诉我，他的皈信旅途中一个转折点的来临是在长期参加教会活动后。在一次活动休息的时候，他走出教堂，在周围一边散步一边思考。突然，他顿悟了，有生以来第一次感受到整个人生戏剧的深刻意义。新近接受的神学思想为他提供了一个从开始、中途到结尾的人类历史的框架结构。这并不仅仅是一个抽象的模式，因为他现在能够看到自己在这幅画中所处的位置。这个关于生活的意义和秩序的新意识，对于保持他的宗教委身有着关键性意义。

对于另外一些人而言，皈信过程是一场深刻的革命，其影响不仅在于他们对自身的看法，而且涉及对整个宇宙的看法。当事人会觉得自己的存在核心都发生了改变。皈信者常常会确认自身所经历的改变具有核心性、强力度和根本性的实质。我并不是要强调，所有的皈信者都有这样的经历，但是许多皈信者确实是有这类经历的。他们觉得整个生活都从头开始了，他们现在的思想、行为和意愿都与以往不一样了。现在，上帝是中心，个人的自我得到了改造。其中有些皈信者会有这样一种感受：以前破碎了的自我或灵魂现在得到了弥合；内心的矛盾斗争结束了，他们感受到和平。

在许多皈信者的描述并没有这样令人感受深刻的效果。其中有些人声称，他们的皈信仅仅是一段长途旅程的开始。上帝的恩宠将他们从一条路引向了另一条路。他们没有见到眼前大放光明，也没有感悟到突然的启示；事实上，他们没有感受到一种内在的力量，促使自己做出圣人般的行动。更确切地说，他们有一种平和的感受，上帝的存在给予他们在人生旅途中迈出下一步的勇气。

能够持续多久呢？(How Long Does It Last?)

在宗教皈信研究中经常出现的一个问题与皈信过程会持续多久相关。㊵令人遗憾的是，这个问题将其预设前提认定为皈信是一个静态的、一次性的事件，而不是一个充满活力的互动过程，这个过程发生的背景是一系列互相胶着的、互为回报的系统。对特定的当事人而言，在那个直接的特定情境和形势之下，其皈信可能是确切有效的，然而当那个特定的形势发生变化的时候，当事人可能也会发生变化，而某些其他力量的重要性就可能取代这个新近的委身承诺。不过，这样关于人类性格易变以及对宗教承诺持有如此随意性的观点，并非常见的观点。然而，唯有那种持久不变地改变当事人的皈信才是真正的皈信吗？当然，在许多情况下，有的变化显然仅仅是因为屈从特定情境中的某些因素而发生的。在这些案例中，并不存在内心的触动或真诚的变化，而仅仅是出于自我保护的一时动因，或者甚至是为了直截了当地趁机获益或其他性质的权宜之举。事实上，我想就此声辩，那些经历了皈信的过程而依然故我的人，其实并没有真正行进在寻求转变的灵性道路上。他们将皈信作为一个神圣的瞬间供奉起来，一再地重新体验那个事件，然而这样的事件几乎没有任何力量改变他们的生活。变化应是持久的、重要的和延续的；大多数宗教传统都期望并培养（其成员的）变化，为正在发展和成熟过程中的成员提供思想学说和方法指导。不幸的是，也存在某些宗教采用恶劣的手段以保持其成员处于被控制和顺从的状态。

皈信的重复（Repetition of Conversion）

在基督教传统中，有些人对那些在每一次奋兴会上都"抛头露面作见证"的人持严厉的批评态度。圈子外的人可能会说，这个人并没有真正皈信，要不然就不需要一而再再而三地重复皈信。我的观点是，在保守派基督教的圈子里，回归"皈信福音之路"或者坐上"忏悔者的长凳"（寻求灵魂拯救）是一种深度的灵性渴求的表示，这样的渴求不可能通过其他任何方式来满足。换言之，人们愿意站出来如此表现，是因为在他们的灵性发展过程中，没有其他的方法使其能够找到所需要的那种获得新生和受到支持的感受。我认为，这是缺乏一种机制来面对并回应深层次的灵性问题的表现。在某些保守派基督教圈子里，对于寻求灵性再生的人来说，皈信的主题不但是具有主导性的而且是唯一的仪式化的机制。

另一种可能的解释是，对于保守派来说，将皈信设为中心主题是势在必行的，因为凡俗世界和基督教世界之间的区别如此巨大，他们必须时刻牢记两者之间的沟壑，并提供具体的途径以保证自己始终站在正确的那一边。通过不断提醒教会信众那条沟壑的存在，教会成员能够保持清晰的意识——他们既生活在凡俗的世界上，也生活在神圣的教会中，他们必须从自身的存在中不断地去除俗世的影响。

注　释

① 参见 Ken Wilber, "The Pre/Trans Fallacy," *ReVision* 3 (1980): 51–72. Wilber 研究的关注点在于，在当事人的宗教经验处于渐进性或渐退性发展的情况下，给观察者带来的难度。对某些观察者来说，当事人的外在行为与其报告的经验可能是非常相似的。Wilber 对这些问题的研究采用了人际心理学的视角。有关基

督教在这方面的路径，参见 James E. Loder, *The Transforming Moment*（Colorado Springs: Helmers and Howard, 1989）, and Conn, *Christian Conversion*。

② 我用这样的方法描述扫罗/保罗皈信过程的本质，具有相当大的随意性。有些人辩称，关于扫罗皈信基督教的说法是将我们的观点强加于他与犹太教之间的关系，而犹太教的这一部分后来变成了基督教。假设《圣经·新约》中相关的描述是准确的，那么扫罗的皈信并非从犹太教转向基督教，而是一个犹太人从犹太教内部的一个教派运动（就扫罗而言，他属于法利赛人）转向另一个犹太人的群体，而这个群体相信耶稣就是弥赛亚。有关这些问题的深入探讨，参见 Segal, *Paul the Convert*。

③ 尽管保罗生命历程中的戏剧性变化为众人所肯定，然而 C. H. Dodd 辩称，虽说保罗个人的效忠属系从一个攻击耶稣的宗派转换到一个宣扬耶稣的宗派，但在保罗皈信的那个瞬间他的个性并没有在很大程度上得到改变。Dodd 认为，保罗的书信显示他的改变经历了一个相当长时期的发展过程。参见 C. H. Dodd, *New Testament Studies*（Manchester: Manchester University Press, 1953）: 67-128, originally published as "The Mind of Paul: A Psychological Approach," *John Rylands Library Bulletin* 17（1933）: 91-105, and "The Mind of Paul: Change and Development," *John Rylands Library Bulletin* 18（1934）: 69-110。

④ 关于皈信的论题，唐纳德·盖尔皮有大量的研究和发表，参见以下具体探讨皈信问题的文章："Conversion: The Challenge of Contemporary Charismatic Piety," *Theological Studies* 43（December 1982）: 606-28; "The Converting Jesuit," *Studies in the Spirituality of Jesuits* 18（January 1986）: 1-38; "The Converting Catechumen," *Lumen vitae* 42（1987）: 401-15; "Religious Conversion: A New Way of Being," in *The Human Experience of Conversion: Persons and Structures in Transformation*, ed. Francis A. Eigo（Villanova, Pa.: Villanova University Press, 1987）, pp. 175-202; and "Conversion: Beyond the Impasses of Individualism," in *Beyond Individualism*, ed. Donald J. Gelpi（Notre Dame, Ind.: University of Notre Dame Press, 1989）, pp. 1-30。

⑤ Gelpi, "The Converting Jesuit," pp. 4-5.

⑥ 参见 Conn, *Christian Conversion*, and Wallis, *The Call to Conversion*。这些著作与唐纳德·盖尔皮的著作一道，对基督教团体构成了重要挑战。沃尔特·康恩的著作从伦理和发展心理学的视角出发，对皈信过程进行了细致入微的探讨。沃尔特·康恩的研究与唐纳德·盖尔皮的研究都探讨了类似面向的一些问题（情

感，思智，伦理，宗教，社会）。沃尔特·康恩的侧重点在于发展成长中的人所经历的心理过程和所具备的能力。然而，吉姆·沃利斯则侧重于研究皈信过程的社会政治方面，他的书是一部引发争议的深刻著作。有意思的是，在这些研究中出现了不同研究者的关注点之会聚，无论这些研究是出自罗马天主教神学的视角还是新教福音派的视角。

⑦ Paul R. Turner, "Religious Conversion and Community Development," *Journal for Scientific Study of Religion* 18 (1979): 252-60, and "Religious Conversion and Folk Catholicism," *Missiology* 12 (1984): 111-21.

⑧ See Paul R. Turner, "Evaluating Religions," *Missiology* 19 (1991): 131-42.

⑨ J. B. Gokhale, "The Sociopolitical Effects of Ideological Change." 有关阿姆贝德卡运动的一篇相当好的概述，参见 J. B. Gokhale, "Castaways of Caste"。

⑩ Gokhale, "Sociopolitical Effects of Ideological Change," p. 270.

⑪ Ling, *Buddhist Revival in India*. See also Heinrich Dumoulin, ed., *Buddhism in the Modern World*, New York: Comer Books, 1976, pp. 67-92.

⑫ MacMullen, *Christianizing the Roman Empire*. See also his "Two types of Conversion to Early Christianity," *Vigiliae Christianae* 37 (1983): 174-92; "Conversion: A Historian's View," *The Second Century* 5 (1985/1986): 67-96; *Paganism and the Roman Empire* (New Haven: Yale University Press, 1981); and *Constantine* (London: Croom Helm, 1967).

⑬ Ramsay MacMullen, "What Difference Did Christianity Make?" *Historia* 35, 1986, pp. 322-43.

⑭ 在经过一些思考以后，又有一个想法出现了。"更深层"的想法反映了我以往的基要主义背景，其中包含着种种偏见。"是的，当然如此，"我自言自语，因为罗马天主教使得基督宗教堕落了，所以就没什么改变了，也就很少有积极的后果了，因为这是一个扭曲的、背叛的宗教。

⑮ Alistair Kee, *Constantine versus Christ*, London: SCM Press, 1982.

⑯ Vicente L. Rafael, "Confession, Conversion, and Reciprocity in Early Tagalo Colonial Society," *Comparative Studies in Society and History* 29 (1987): 320-39, and *Contracting Colonialism*.

⑰ Kenton J. Clymer, *Protestant Missionaries in the Philippines, 1898-1916*.

⑱ Daniel Doeppers, "The Evolution of the Geography of Religious Adherence in the Philippines before 1898," *Journal of Historical Geography* 2 (1976): 95-110, and

"The Philippine Revolution and the Geography of Schism," *Geographical Review* 66 (1976): 158-77.

⑲ Brendan Carmody, "Conversion and School at Chikuni, 1905-39," *Africa* 58 (1988): 193-209; "Conversion to Roman Catholicism in Zambia: Shifting Pedagogies," *African Christian Studies* 4 (1988): 5-24; and "Mission Primary Schools and Conversion: Help or Hindrance to Church Growth?" *Missiology* 17 (1989): 177-92. 有关这些问题的全面讨论, 参见 Carmody's "Nature and Consequences of Conversion in Jesuit Education at Chikuni: 1905-1978," unpub. diss., Graduate Theological Union, Berkeley, 1986。

⑳ Norman Etherington, "Social Theory and the Study of Christian Missions in Africa A South African Case Study," *Africa* 47 (1977): 31-40; "Mission Station Melting Pot as a Factor in the Rise of South African Black Nationalism," *International Journal of African Historical Studies* 9 (1976): 592-605; and "An American Errand into the South African Wilderness," *Church History* 39 (1970): 62-71.

㉑ Lamin Sanneh, *Translating the Message: The Missionary Impact on Culture*, Maryknoll, N.Y. Orbis Books, 1989. See also his West *African Christianity: The Religious Impact* (Maryknoll, N.Y.: Orbis Books, 1983); "The Horizontal and the Vertical in Mission: An African Perspective," *International Bulletin of Missionary Research* 7 (1983): 165-71; 有关这个问题最为简约的论述, 参见 Lamin Sanneh, "Christian Missions and the Western Guilt Complex," *Christian Century* 104 (8 April 1987): 330-34。

㉒ 世俗化的问题本身就是一个极其复杂的话题。具体而言, 参见 Shiner, "Six Meanings of 'Secularization,'" and Martin, *A General Theory of Secularization*, pp. 207-220。

㉓ Elmer S. Miller, "The Christian Missionary: Agent of Secularization," *Anthropological Quarterly* 43 (1970): 14-22.

㉔ Robert B. Simmonds, "Conversion or Addiction: Consequences of Joining a Jesus Movement Group," *American Behavioral Scientist* 20 (July/August 1977): 909-24.

㉕ David F. Gordon, "Dying to Self: Self-Control through Self-Abandonment," *Sociological Analysis* 45 (1984): 41-56.

㉖ See Joel Allison, "Adaptive Regression and Intense Religious Experience" *Journal of Nervous and Mental Disease* 145 (1968): 452-63, and "Religious Conversion:

㉗ See Chana Ullman, *The Transformed Self* (New York: Plenum Press, 1989), pp. 29–74.

㉘ James W. Fowler, *Stages of Faith: The Psychology of Human Development and the Quest for Meaning* (San Francisco: Harper and Row, 1981), and *Becoming Adult, Becoming Christian* (San Francisco: Harper and Row, 1984). Also see Romney M. Moseley, *Becoming a Self Before God: Critical transformations*, Nashville: Abingdon Press, 1991.

㉙ See the work of Arnold S. Weiss and Richard H. Mendoza, "Effects of Acculturation into the Hare Krishna Movement on Mental Health and Personality," *Journal for the Scientific Study of Religion* 29 (1990): 173–84.

㉚ 有关这个问题的一项极佳讨论，参见 James T. Richardson, "The Psychology of Induction," pp. 211–38。

㉛ 关于这个论点在个人层面上的雄辩性论述，见之于 Emilie Griffin 的著作 *Turning*。关于这个问题的一项极佳的学术性研究，见之于 Anne Hunsaker Hawkins 的著作 *Archetypes of Conversion*。

㉜ 有关奥古斯丁的著作《忏悔录》的新近研究成果，见 Donald Capps and James E. Dittes, eds., *The Hunger of the Heart: Reflections on the Confessions of Augustine*, West Lafayette, Ind.: Society for the Scientific Study of Religion, 1990。

㉝ Lichtenstein, "On Conversion," pp. 1–18.

㉞ 就此问题 James Axtell 进行了敏锐的探讨，参见 James Axtell, "Were Indian Conversions *Bona Fide*?" in *After Columbus: Essays in the Ethnohistory of Colonial North America*, New York: Oxford University Press, 1988, pp. 100–21。某些学者近来的研究诋毁了在本土印第安人中开展的传教皈信事业，Axtell 的研究直接挑战了这些学者；他令人信服地论证了，就其（传教士们）神学观点来看，传教士们对新皈信者提出了严格的标准。事实上，Axtell 坚称，他们的标准甚至要比英国移民的清教徒教会所用的标准更为严厉。

㉟ 有关罪感的一项极佳讨论，参见 Edward V. Stein, *Guilt: Theory and Therapy*, Philadelphia: Westminster Press, 1968。

㊱ 有关这个问题的一项讨论，参见 Robert O. Ferm with Caroline M. Whiting, *Billy Graham: Do the Conversions Last?*, Minneapolis: World Wide Publications, 1988。

结　论

　　如本书所述，宗教皈信是一个复杂的、多方面的过程，涉及个人、文化、社会和宗教等面向。宗教皈信的过程可能由特定的事件而触发，在某些个案中也可能导致突发性变化的经历，而在大多数情况下，皈信发生的过程需要跨越一个时间阶段。人们会由于多种原因而发生（宗教信仰的）变化，而所发生的变化有时是永久性的，有时则是暂时性的。某些当代神学家认为，真正的皈信是持续贯穿于整个生命过程的。

　　作为本书组织框架的阶段模型（the stage model）是一种探索性的结构，其设计整合了人类学、心理学、社会学和宗教研究等学科的不同视角。尽管，在宗教皈信过程中，各阶段的发生呈现为一个时间上的序列，但是（在不同的皈信案例中）这些阶段的前后顺序并**不是**普遍一致、没有变化的。阶段模型的作用在于将宗教变化过程中的种种主题、模式和步骤组织起来。下面让我们将阶段模型的各个部分做一个总结。

阶段（The Stages）

情境：皈信过程的生态（Context: The Ecology of the Conversion Process）

　　情境是所有阶段中最具有综合性意义的，是皈信过程所发生的那个互动的力场。情境涵盖了接触过程和信息传递的方式，提供了皈信的模式和方法，同时也包括皈信过程中抵制因素的源头。

人类与他们所居住、生活的世界密切相关。在种种社会机构中，组织性的宗教发挥着载体作用，宗教皈信的方法和模式得以表达。人们可能会对社会和教会产生疏离感，然而我们也都处在情境中的动态力场的影响之下。在思想的、精神的和文化的社会性气候环境中，充满了各种抵制力和吸引力。宗教组织及其他的文化媒体（无论是书籍、杂志、电视还是电影），每一天都在向人们传递着信息，改变着人们的生活，无论其具体的生活状态是如意的还是不如意的。读一本书，与朋友交谈，听一场讲座，或者到犹太会堂、基督教会、清真寺或者禅修中心参加活动，都使我们置身于特定的情境氛围，即皈信过程所发生的生态环境之中。虽然人们能够意识到这些影响的存在，他们通常拒绝改变。对于变化的抵制是普遍存在的。

我们倾向于将个人与环境分开。我们往往会忽略这样的事实：政治、宗教、经济、社会和文化的世界是由人塑造出来的，人又是在广大世界中通过社会化的过程造就的。各种社会关系的网络，以及通过教育、培训和制度性结构形成的累积性效果，都在影响着潜在的皈信者。正是在这样诸多影响的背景下，皈信过程的轨迹得以展开；通过诸如与他人交谈，或者通过神秘的幻象等途径，促使当事者进行更为深入的探寻，最终走向对某种宗教取向的委身。

危机：变化的催化剂（Crisis: Catalyst for Change）

危机为新的宗教选择提供了机遇。危机迫使个人和群体正视自身的有限性，能够激起人们寻求方法解决冲突、填补空白、适应新的环境，或者寻找变革的不同途径。人生经历中常常产生危机。失去人生方向有时会激发当事者对新选项的探寻。危机可能有许多不同的源头，危机的强度、持续的时间和范围也各不相同。危机可能是变化的主要动力，抑或仅是那个起到催化作用的事件，促成个人所处的特定情形。

追寻：主动的寻求（Quest: Active Search）

人类会主动地寻求所面临问题的解决方案，努力寻找意义、目和超越的存在。追寻比现状更多、更好的状态似乎是人类特有的本能。有些时候，因为个人所处极端脆弱的状态，或者因为具有强制性的环境，皈信者在皈信过程中体现出被动的态度，不过大多数皈信者都会主动参与到寻求自我实现的进程。在一定程度上，追寻的过程会受到个人的情感、思想和宗教状态的影响。潜在的皈信者像所有其他人一样，受到寻乐避苦的欲望之驱动，要维持自身的观念体系，要提高自尊，建立满意的社会关系，并获取一种强有力的且具有超越性的意识。

遭遇：宣教者与潜在皈信者的接触（Encounter：Advocate and Potential Convert in Contact）

遭遇阶段使得两种人——处于危机之中寻求新选项的人和那些试图为追寻者提供新取向的人——走到了一起。然而，人与人之间并非总能找到共同的兴趣。宣教者与潜在的皈信者之间是一种辩证互动的关系，要根据双方各自权力的差异程度以及特定环境的具体情况，才能确定两人的遭遇是否有可能发展为互动。

遭遇是复杂的互换信息和彼此交往的过程，一般情况下并不能最终导致（潜在皈信者）皈信。基于强有力的个人或群体的社会文化倾向而形成的抵制性态度，最终会导致（潜在皈信者）对新选项直截了当的拒绝，或者仅表现出无动于衷的漠然。宣教者往往会锲而不舍并采取灵活的态度。为了寻找新方法来唤起潜在皈信者的兴趣，宣教者会做出努力以便更好地理解他们，更好地与他们沟通。作为互动过程中的积极参与者，潜在皈信者也会巧妙地寻求自身所希望得到的东西，而拒绝那些并不希望的东西。

互动：变化过程的复杂环境（Interaction：The Matrix of Change）

一旦彼此建立或产生足够的兴趣，互动就会涉及更深层面的交流。社会关系的形成，往往是潜在皈信者与新的宗教选项产生关联的最有力度的渠道。在有些案例中，发展一种新的关系就构成了建立新的生活方式的基础。仪式能够使潜在皈信者经历超越单纯思想概念层面的宗教感受。特定的语言表述方式则为皈信者提供了一个解释体系，不

结 论

第一阶段 情境	第二阶段 危机	第三阶段 追寻	第四阶段 遭遇	第五阶段 互动	第六阶段 委身	第七阶段 后果
宏观情境 进入和控制系统 微观情境 融入和冲突程度 情境的轮廓 文化的 社会的 个人的 宗教的 各层面的影响力 情境的影响 抵制和拒绝 皈信的路径 融合 皈信的分类 传统的转变 机构的转换 属系 强化 脱教 皈信主题分类 知识性思想性的 神秘主义的 尝试性的 情感性的 复兴主义的 强制性的	危机的性质 危机的强度 持续时间 危机范围 源头：内部/外部 促成皈信的因素 神秘经历 近乎死亡的经历 疾病与忧伤 就是这些吗？ 欲望超越 改变了的意识状态 多变无常的自我 病理性因素 预教 外因激发的危机	回应的风格 主动回应 被动回应 结构的可用性 情感的 思想的 宗教的 动机的结构 趋乐避苦 观念体系 提升自尊 建立和维持关系 权力 超越	宣教者 皈信特点 皈信的诱导物 宣教者的策略 分散风格 集中风格 皈信的方式 接触的方式 公开的/私密的 个人的/非个人化的 皈信的利益 意义系统 情感的满足 生活技能 领导权 权力 宣教者与皈信者 初始的回应 抵制 创新扩散原理 差异的动机和经历 传教士皈信者的调适	胶囊化 产生变化的环境 物理的 社会的 意识形态的 关系 亲属关系 朋友关系 领导关系 弟子/导师 仪式：灵魂之编舞 解构 修辞：解释系统 归因 理解的模式 角色： 互相的期望和行为 自我与上帝 自我与他人	决定的仪式 分离 过渡 融入 降服 愿望 冲突 "屈服"： 解脱和解放 持续降服 见证：生平再造，融合个人 经历与社群故事 动机重构 多样性 可变性 互动性 累积性	评估中的个人偏见 皈信后果的本质 情感 思想 伦理 宗教 社会政治 社会文化和历史性后果 宗教版图 非意愿性社会文化后果 民族主义 保留本土语言 世俗化 心理后果 前行性 退行性 静止状态 皈信的故事 皈信学后果

规范：限制和要求

图18 皈信过程小结

仅与个人生活中的宗教层面相关,而且在某些案例中与个人生活的整体相关。在特定的社会背景下,(互动过程中的双方)扮演着彼此所互相期望的角色,这样会使潜在的皈信者或新近的皈信者启动并经历一种新的生活方式,而且常常会伴随着一种使命感;通过内化皈信者这个新角色,常常会产生一种新的自我意识。

委身:圆满成功与转变的巩固(Commitment: Consummation and Consolidation of Transformation)

委身是宗教皈信过程达到圆满成功的极点。做出委身的决定常常是期望之中的事;是一种在心理和灵性上降服的经验赋予皈信者力量,产生一种与上帝和教会社群融为一体的感受。有些宗教群体会要求皈信者参与某些特定的仪式,使他或她能够与自己的过去切断关系,走向一个全新的"世界",通过某些融入群体的仪式巩固新的身份认同。在此过程的初始或过渡阶段,皈信者会投入更为强化的学习,学习如何像一个新人那样思考、行为和感受。在皈信过程中具有中心意义的是,皈信者会对自己人生记忆进行再造,并采用一个新的归因方式解释生活中诸多方面发生的情况。通过融入群体的仪式,皈信者成为新社群中的正式成员。

后果:皈信过程的效果和影响(Consequences: Effects of Converting Processes)

皈信的后果贯穿于发生变化的整个过程。皈信者或多或少能够意识到自己正在经历的过程之本质。从最初经历的危机和寻求阶段,或者,在其他一些案例中,从最初与新的宗教选项的遭遇开始,皈信者就处于探索和试验的状态,在某种意义上是在与一种新的可能性进行"交涉"。经过一段时间,某些后果就会比其他后果更为突兀地暴露出来。对于有些人来说,其后果是一种大为改变了的生活。他们的信仰和行为模式相较以往有显著的不同。有一些人得到了一种使命感和目的性的意识,还有一些人则获取了一种安全、平和的,非常宁静的感觉。皈信过程也有可能产生具有破坏性的后果。当事者可能会发现新的取向并非如其期望的那样。有些案例中，皈信者认识到自己被别人操纵利用以实现这些群体的目的。无论怎样，宗教皈信是一个充满变数的过程；皈信过程必须得到维护、培育、支持和肯定才能得到成功。实现皈信需要有社群支持、得到肯定和协作行动。随着皈信者在灵性方面的发展，他们的理解变得更为细腻和复杂，他们会对自己的经历进行回顾、重新解释、重新评价。

重要主题和问题（Major Themes and Issues）

本书的主要发现之一是，在皈信研究中，人们经常提出的涉及"非此即彼"式的论断是不充分的。关于皈信是突然的或渐进的、部分的或完全的、内在的或外在的等诸如此类问题的辩论，可以通过认可一个具备多种可能性的渐进谱系而得以解决。皈信的过程是可塑多变的。这是一个复杂的过程，其详细情况和效果随着时间的推移逐步展开，既受到那些主张某种特定皈信方式的人所持期望的影响，也受到经历着皈信过程的当事人的经验之影响。虽说我们可能常常感到存在着某些一般性的模式，但由此断言每一个皈信者都经历了完全一样的过程，那是不可能的。现实情况是：群体不一样，个人不一样，个人与群体之间互动的模式也不一样。

从现象学意义上来说，皈信过程中的有些因素是突发的，有些则是渐进的。在现实中，许多人对于什么是与皈信过程相关的内容持有固定不变的想法，在研究过程中系统地去除那些被认为是不合乎其想象的有关皈信研究的数据或资料会使问题更为复杂。

皈信研究最为复杂的问题之一，是将个人的皈信经验与文化—社会—宗教环境的期望进行比较。有些人认为，皈信过程是一种普世存在的经验，具有明晰的界限和标准来辨察皈信的真伪。尤金·加拉格尔（Eugene V. Gallagher）的著作《期望与经验：解释宗教皈信》（*Expectation and Experience*：*Explaining Religious Conversion*）正是研究这一问题的佳作。[①]加拉格尔的研究以韦恩·普劳德夫特（Wayne Proudfoot）的研究为基础，他认为考虑到人们持有关于皈信的观念以及相关的期望无所不在，要发现"纯粹的"皈信经验——假设这样的经验确实存在——或许是不可能的。②然而，我想争辩的是，这种将纯粹的经验与期望分开的方法是一种虚假的割裂。这样一种割裂的预设前提是，人类意识中的某些原始方面，或者说神—人之遭遇是超越文化的现象。然而，更确切地说，就其定义而言，人类的经验是受环境影响而形成的；在人类的经验与特定环境之间存在一种恒常的辩证关系。

形成特定的经验和期望的最重要途径之一，就是通过宗教传统所持有的意识形态、神学思想和典礼仪式，从而构成与宗教变化相关的规范。③我将通过基督宗教的例子阐明这一点，但我相信这一点可以用于所有的宗教。神学在皈信过程中起到的核心作用，就是为皈信过程所期望的内容创建出规范，从而影响皈信者在此过程中的期望和经验的形成。神学有多种不同流派。总体而言，神学是通过规范有序的努力，将特定的信仰和生活方式以既具有启发性又具有挑战性的方式表达出来，从而使其中的宗教信息能够被不同文化的人接受和理解。正规的神学（formal theology）通常是在学术环境下，由那些接受过神学和哲学训练的学者从事的专业研究。从事学术研究的神学家所进行的工作是一种非常复杂细致的过程，他们依照哲学和当代思想的知识传统，将基督教群体的信仰概念化。那些学术高深的神学书籍和文章的作者是这样一类教授——尽管他们的著作很少会被教会的一般信众阅读，但是他们培养造就了那些到教会中担任教师、布道者和牧师的神职人员。

第二个层面的神学是那些在地方教会工作的教师、布道者、牧师所用的演讲稿和著述。我想声辩的是，这种形式的神学对于"普通"皈信者皈信经验的形成具有最为直接的影响力。

人们对于第三个层面的神学及其影响并没有予以那么清楚的界定，然而它们还是具有影响力的，那就是赞美诗、礼拜仪式和《圣经》。这些与牧师的布道具有同样的重要性。长期以来，人们就一直在唱圣歌、念诵祈祷文、阅读《圣经》，其中的意象、思想、感受、故事和情感对于构成皈信过程中的整体气氛具有重要性。即使某一位宗教领袖并不

【172

强调皈信过程中的某些特定方面，礼拜仪式和《圣经》中的许多内容还是会影响到人们的意识。我想辩称的是，宗教传统传递着皈信的种种模式，其产生的直接影响要远甚于知识阶层的正规神学。

宗教皈信的概念包含着多方面的、互相关联的不同现象。皈信可以被视为一个过程，例如某一个地区的"基督教化"或"伊斯兰教化"。有人举例说到"罗马帝国的皈信"或者"菲律宾的皈信"。皈信可以被视作不同宗教传统之间的运动（传统的转变），也可以是在某一特定传统内部不同宗教选项之间的运动（教派或机构之间的转变）。有时候，皈信关涉到加入某一个群体，而皈信者仅有很少（或者甚至完全没有）先前的宗教关联（即附属关系）。皈信也可以被认为是在某一个宗教传统内部发生的强化过程（intensification）。虽然有人认为这些是截然不同的现象，但我认为这些过程中存在某些暗含的一致性，其中的一致性超越了它们之间的差异性。

我认为，在所有这些现象中，使用"皈信"这个词是恰当得体的，其中各种意义密切地交织在一起。一个地理区域的皈信，为当地人能够接触到某一种宗教选项打下了基础，或者说提供了环境。换言之，一个地理区域发生的皈信，会通过当地在宗教、文化、个人和社会基本结构等诸方面发生的变化而促进整体的变化。

在两种情况下可以使一个传统向另一个传统的转变成为可能：要么是在两个此前互不知晓的文化—政治体系（例如，在殖民时期欧洲传教士所面临的情况）相遇的情况下，要么是在不同传统互相接触的社会基本结构已经建立的环境中。例如，在非洲的许多地方，伊斯兰教和基督教已经存在，人们常常期望本土人做出选择，效忠于其中之一。

换言之，皈信涉及的变化过程是建立在一定的基础结构之上的，其中包括支持因素和抑制因素，开放因素和约束因素，鼓励因素和反对因素。强化（intensification）是个人信仰的更新以及深化个人宗教委身之信念的过程。也就是说，强化的过程意味着这个人已经在较小的程度上参与到信仰群体之中，然而通过强化使他或她的灵性经验得到进一步深化。

我认为，上述概念之间是相关且互相链接的。要使一个人经历激进的、全然的转变——包括个人的情感、思想、道德、宗教和社会承诺——成为可能，要通过在个人和群体之中业已存在的广泛复杂的关系网络、仪式过程、角色扮演和话语表述实现。换言之，要使特定的皈信发生，特定的社会基础结构和上层建筑必须到位。在某种意义上，特定的宗教机构、教师、领导者和组织信条等被认为是理所当然的存在。他们极力推行的皈信就是对早已存在的那些原则和实践的强化。

　　在不同宗教群体之间的转换，可能会（也可能不会）引发皈信者【174】深刻的灵性经验。然而，可以明确认为这些从一个群体转向另一个群体的变化可能是，而且常常确实是，对于正在经历灵性转变或宗教转变过程中的当事者具有重要意义的。

　　在传教士主持的差会环境下成为一名皈信者——尤其是当事人先前只有很少或者完全没有与该宗教接触的情况下——是一种需要在个人生活中做出重大调整和变化的过程。对于一些人，这种变化仅仅是出于权宜之策；而对于另外一些人，这种变化则必须包括对于上帝的新的深刻理解，以及对于个人与上帝之间关系的新的深刻理解。有些人可能期望新的皈信者会经历深刻的转变，达到那些生来就在该宗教传统中接受教养的人的程度，这是在提出非常高的要求。在传教士主持的环境下成为皈信者，有些人经历了深刻的转变，有些则没有。

将来的研究（Future Research）

　　迄今为止，有关女性的宗教皈信研究很少，不足以在所谓一般性（但几乎总是男性）皈信研究中实现性别平衡。有些重要的问题需要关注：女性皈信经历与男性是否有差异性？如果有，那么是什么样的差异？因为皈信过程的刻板模式中某些父权传统的要求，在多大程度上使得女性的皈信经历被扭曲、贬低或拒绝了？这样的问题在现有的文献中几乎很少被提及，更不用说深入的研究了。

　　苏珊·加斯特（Susan Juster）是这方面为数不多的研究者之一，她对女性皈信的问题予以长期的关注。她的优秀论文《"不同的声音"：

美国革命后男性与女性关于宗教皈信的叙事》("In a Different Voice": Male and Female Narratives of Religious Conversion in Post-Revolutionary America)④探讨了1790~1830年福音派信徒中宗教皈信经历的本质。虽然加斯特发现"一种男女共享的宗教再生的模式,最终呼应了《圣经》中的断言——在基督那里不区别对待……男性或女性",⑤然而在没有对此进行种种研究并确证以前,人们很难认为归结于这样的说法是具有决定性和结论性意义的。

与上述情况类似的是一个值得深入探讨的问题——至少在制度层面上,某些宗教信仰是反对,甚至诅咒同性恋者的,那么这些同性恋者又如何能够从皈信这些宗教信仰中得到好处呢?不过,在同性恋人群中,有一个活跃的且不断壮大的向往基督教和犹太教的运动。这个运动在某些方面挑战了现存宗教组织最根本的思想前提,该运动将来可能会演化出两种情况——要么成为具有革命性的运动,如果它在发展过程中执意求得回应的话;要么淹没于社会发展的潮流,随着它的式微逝去或被融入主流社会。或许,也会发生处于两者之间的某种情况。但无论怎样,就开展积极的研究而言,这是一片沉寂的土地。

在皈信研究中需要关注的另一个问题,是宗教传统形成和转化过程中皈信的本质问题。除了诺曼·哥特瓦尔德(Norman Gottwald)、雅阁·米尔格罗姆(Jacob Milgrom)、唐纳德·格莱(Donald Gray)和蒙哥马利·瓦特(W. Montgomery Watt)的研究以外,很少有研究者将宗教皈信的过程与宗教创立者的经历相关联。迄今为止,这类研究聚焦于犹太教、基督教和伊斯兰教,焦点在于这些宗教运动早期阶段的皈信之本质。⑥宗教传统创立者的皈信经验之本质,对于辨察宗教运动变化的基本取向,以及那种经验如何(或是否)成为规范化的传统都具有重要意义。而且,这方面的研究对于追踪皈信规范化的实质及其在特定宗教传统发展过程中的变化同样具有重要意义。

此外,有关宗教发展过程中皈信情况的历史,也需要开展系统性的研究。关于这方面历史的重要资料目前是具备的。⑦宗教皈信的历史——很大程度上见于我所写的这本书——将会凸显出多种不同的观念,但它同时也会显示出隐含的一致性。要厘清宗教皈信历史中规范性的和描述性的方方面面是相当复杂的事,然而我认为这样做对于现阶段皈信研究的学术发展具有关键性意义。

最后,心理学、社会学和人类学等学科必须发展出新的研究模式,以便我们能够更加敏锐地认识现当代世界人们皈信经验的确切情况。我同意爱德华·桑普森(Edward E. Sampson)的观点,心理学需要就人作为全球情境中的行为者建构一种新的理论。[8]旧有的研究范式已经不足以充分理解现代社会生活中的宗教变化了。

宗教皈信是一种悖论迭出的现象。它难以捉摸,且包罗万象。它既摧毁,又拯救。宗教皈信既是突发的,也是渐进的;既是全然由上帝的行动所创造的,也是全然由人类的作为所成就的。宗教皈信是个人的,又是社群的;是私密的,又是公开的。它既显被动,又呈主动。它是从现实世界退却的行为,是用以解决冲突的手段,同时又赋予人们力量进入现实世界并正视(如果不是创造)冲突。皈信是一个事件,也是一个过程。它既是结束,又是开始;它既是终结性的,又是开放性的。皈信的经历使我们遭受毁灭,同时得到再生。

注 释

① Eugene V. Gallagher, *Expectation and Experience Explaining Religious Conversion*, Atlanta: Scholars Press, 1990.
② Wayne Proudfoot, *Religious Experience*, Berkeley: University of California Press, 1985.
③ 我想指出某些新近出现的非常重要的趋势,一种崭露头角的关于皈信的神学思想。需要引起注意的是,那些"生来就是基督徒"(born Christians)的人,即那些在基督教会环境中长大的人,他们的皈信过程的质量如何。在其著作 *The Call to Conversion* (San Francisco: Harper and Row, 1981) 中,Jim Wallis 描写一位福音派基督徒寻求对自身最初皈信入教的信仰——将耶稣基督视为主和救星的信念——实现超越。Wallis 介绍了一种更为激进的关于皈信的概念——对个人生活方式的全方位变革,甚至要达到对政治、经济和宗教传统进行激进的、全面挑战的地步——在这个案例中,它代表了美国保守主义的立场。无需赘

言，Wallis 的书在福音派领袖人物当中引发了广泛的讨论。

一位叫 Bernard Lonergan 的罗马天主教的神学家，促成了一些关于皈信问题的极具争议的研究。（有关 Lonergan 的一项综合研究以及他的全部文献目录，参见 Vernon Gregson, ed., *The Desires of the Human Heart*: *An Introduction to Tile Theology of Bernard Lonergan*, New York: Paulist Press, 1988。）对 Lonergan 进行回应的研究文献包括 Walter Conn, Robert M. Doran, Donald Gelpi 等人的研究。[参见 Walter Conn, *Christian Conversion*: *A Developmental Interpretation of Autonomy and Surrender* (New York: Paulist Press, 1986); Robert M. Doran, *Psychic Conversion and Theological Foundations*: *Toward a Reorientation of the Human Sciences* (Chico, Calif.: Scholars Press, 1981); and Donald L. Gelpi, *Inculturating North American Theology*: *An Experiment in Foundational Method* (Atlanta: Scholars Press, 1988).] 在 Lonergan 的理念（即皈信囊括了宗教、道德、思想等因素）基础上，他们又增加了情感（情绪和心理）和社会（政治及其他）等因素作为皈信过程的影响和变化的要素。这些神学家们主要关心的是，那种已经是基督教徒的人正在经历的全方位变化，以期深化皈信的过程。对于经由传教士努力而实现的皈信问题或者大规模加入天主教的皈信情况，他们几乎没有表现出什么兴趣。他们所关心的是通过服从耶稣基督和上帝之国之召唤而形成的激进的变化。沃尔特·康思的研究从发展心理学的观点切入问题；而唐纳德·盖尔皮则以美国的哲学/神学传统为出发点审察了这些问题。

④ Susan Juster, "'In a Different Voice': Male and Female Narratives of Religious Conversion in Post-Revolutionary America," *American Quarterly* 41 (1989): 34-62. 自从本书完稿以后，我又发现了两本关于女性皈信问题的新书：Lynn Davidman, *Tradition in a Rootless World*: *Women Turn to Orthodox Judaism* (Berkeley: University of California Press, 1991), and Virginia Lieson Brereton, *From Sin to Salvation*: *Stories of Women's Conversions*, *1800 to the Present* (Bloomington: University of Indiana Press, 1991)。Brereton 提及了另一篇文章：Debra Renee Kaufman, "Patriarchal Women: A Case Study of Newly Orthodox Jewish Women," *Symbolic Interaction* 12 (1989): 299-315。

⑤ Susan Juster, "In a Different Voice,", p.36.

⑥ See Norman K. Gottwald, *Tribes of Yahweh* (Maryknoll, N.Y.: Orbis, 1979), and "Religious Conversion," *Perspectives in Religious Studies* 15 (1988): 49-66; Jacob Milgrom, "Religious Conversion and the Revolt Model for the Formation of Israel,"

Journal of Biblical Literature 101 (1982): 169-76; Donald P. Gray, "Was Jesus a Convert?", *Religion in Life* 43 (1974): 445-55; and M. Montgomery Watt, "Conversion in Islam at the Time of the prophet," *Journal of the American Academy of Religion* 47 (1979): 721-32.

⑦ 我想列举的一个例子见之于 Morrison 的研究: Karl F. Morrison, *Understanding Conversion* (Charlottesville: University Press of Virginia, 1992), and *Conversion and Text: The Cases of Augustine of Hippo, Herman-Judah, and Constantine Tsatsos* (Charlottesville: University Press of Virginia, 1992)。

⑧ Edward E. Sampson, "The Challenge of Social Change for Psychology: Globalization and Psychology's Theory of the Person," *American Psychologist* 44 (1989): 914-21. See also Philip Cushman, "Why the Self Is Empty: Toward a Historically Situated Psychology," *American Psychologist* 45 (1990): 599-611.

参考文献

Allison, Joel. 1966. "Recent Empirical Studies in Religious Conversion Experiences." *Pastoral Psychology* 17: 21-34.

——1968. "Adaptive Regression and Intense Religious Experience." *Journal of Nervous and Mental Disease* 145: 452-63.

——1969. "Religious Conversion: Regression and Progression in an Adolescent Experience." *Journal for the Scientific Study of Religion* 8: 23-38.

Ammerman, Nancy Tatom. 1987. *Bible Believers: Fundamentalists in the Modem World*. New Brunswick, N. J.: Rutgers University Press.

An-Na'im, Abdullah Ahmed. 1986. "The Islamic Law of Apostasy and Its Modern Applicability." *Religion* 16: 197-224.

Anthony, Dick, Bruce Ecker, and Ken Wilbur, eds. 1987. *Spiritual Choices: The Problem of Recognizing Authentic Paths to Inner Transformation*. New York: Paragon House Publishers.

Antoun, Richard T., and Mary Elain Hegland, eds. 1987. *Religious Resurgence Contemporary Cases in Islam, Christianity, and Judaism*. Syracuse, N. Y. Syracuse University Press.

Arens, W. 1975. "Islam and Christianity in Sub-Saharan Africa: Ethnographic Reality or Ideology." *Cahiers d'études africaines* 15: 443-56.

Arnold, T. W. 1986. *The Preaching of Islam: A History of the Propagation of the Muslim Faith*. Westminster, U. K.: Archibald Constable.

Aronson, Elliot, and Judson Mills. 1959. "The Effect of Severity of

Initiation on Liking for a Group." *Journal of Abnormal and Social Psychology* 59: 177-81.

Augustine. 1960. *The Confessions of St. Augustine.* Translated by John K. Ryan. Garden City, N.Y.: Doubleday.

Aviad, Janet. 1983. *Return to Judaism: Religious Renewal in Israel.* Chicago: University of Chicago Press.

Axtell, James. 1985. *The Invasion Within: The Contest of Cultures in Colonial North America.* New York: Oxford University Press.

——1988. *After Columbus: Essays in the Ethnohistory of Colonial North America.* New York: Oxford University Press.

Bagnall, Roger S. 1982. "Religious Conversion and Onomastic Change in Early Byzantine Egypt." *Bulletin of the American Society of Papyrologists* 19: 105-24.

Baker, Henry, Jr. 1862. *The Hill Arrians.* London: British Book Society.

——1862. *The Hill Arrians of Travancore and the Progress of Christianity among Them.* London: British Book Society.

Baker, Irwin R., and Raymond F. Currie. 1985. "Do Converts Always Make the Most Committed Christians?" *Journal for the Scientific Study of Religion* 24: 305-13.

Balch, Robert W. 1980. "Looking behind the Scenes in a Religious Cult: Implications for the Study of Conversion." *Sociological Analysis* 41: 137-43.

Balch, Robert W., and David Taylor. 1977. "Seekers and Saucers: The Role of the Cultic Milieu in Joining a UFO Cult." *American Behavioral Scientist* 20: 839-60.

Bankston, William B., H. Hugh Floyd, Jr., and Craig J. Forsyth. 1981. "Toward a General Model of the Process of Radical Conversion: An Interactionist Perspective on the Transformation of Self-Identity." *Qualitative Sociology* 4: 279-97.

Barker, Eileen. 1985. "The Conversion of Conversion: A Sociological

Anti-Reductionist Perspective. "*Reductionism in Academic Disciplines.* Edited by Arthur Peacocke. London: Society for Research in Higher Education.

Barnhart, Joe Edward, and Mary Ann Barnhart. 1981. *The New Birth: A Naturalistic View of Religious Conversion.* Macon, Ga.: Mercer University Press.

Barrett, David B. 1982. *World Christian Encyclopedia: A Comparative Study of Churches and Religions in the Modern World, 1900-2000.* Nairobi: Oxford University Press.

——1984. "Five Statistical Eras of Global Mission." *Missiology* 12: 21-37.

——1984. "Five Statistical Eras of Global Mission: A Thesis and Discussion." *International Bulletin of Missionary Research* 8: 160-69.

——1985-1990. "Annual Statistical Table [s] on Global Mission." *International Bulletin of Missionary Research* 9: 30-31; 10: 22-23; 11: 24-25; 12: 16-17; 13: 20-21; 14: 26-27.

——1987. "Getting Ready for Mission in the 1990s: What Should We Be Doing to Prepare?" *Missiology* 15: 3-14.

——1987. "Forecasting the Future in World Mission: Some Future Faces of Missions." *Missiology* 15: 433-50.

——1987. *Cosmos, Chaos, and Gospel: A Chronology of World Evangelization from Creation to Neat Creation.* Birmingham, Ala.: New Hope.

——1987. *Evangelize! A Historical Survey of the Concept.* Birmingham, Ala.: New Hope.

——1988. *Evangelize the World: The Rise of a Global Evangelization Movement.* Birmingham, Ala.: New Hope.

——1988. "The Twentieth-Century Pentecostal/Charismatic Renewal in the Holy Spirit, with Its Goal of World Evangelization." *International Bulletin of Missionary Research* 12: 119-29.

Barrett, David B., and Todd M. Johnson. 1990. *Our Globe and How to Reach It: Seeing the World Evangelized by A. D. 2000 and Beyond.* Birmingham,

Ala.: New Hope.

Barrett, David B., and James W. Reapsome. 1986. *Seven Hundred Plans to World-Class Cities and World Evangelization.* Birmingham, Ala.: New Hope.

Battin, Margaret P. 1990. *Ethics in the Sanctuary: Examining the Practices of Organized Religion.* New Haven: Yale University Press.

Beaver, R. Pierce. 1962. "American Missionary Motivation before the Revolution." *Church History* 31: 216-26.

Beckford, James A. 1978. "Accounting for Conversion." *British Journal of Sociology* 29: 249-62.

——1983. "The Restoration of 'Power' to the Sociology of Religion." *Sociological Analysis* 44: 11-33.

Beidelman, Thomas O. 1974. "Social Theory and the Study of Christian Missions in Africa." *Africa* 44: 235-49.

——1981. "Contradictions between the Sacred and Secular Life: The Church Missionary Society in Ukaguru, Tanzania, West Africa, 1876-1914." *Comparative Studies in Society and History* 23: 73-95.

——1982. *Colonial Evangelism.* Bloomington: Indiana University Press.

Beit-Hallahmi, Benjamin. 1989. *Prolegomena to the Psychological Study of Religion.* Lewisburg, Pa.: Bucknell University Press.

——1992. *Despair and Deliverance: Private Salvation in Contemporary Israel.* Albany, N.Y.: State University of New York Press.

Berger, Peter L. 1969. *The Sacred Canopy*, Garden City, N.Y.: Doubleday.

——1974. "Some Second Thoughts on Substantive versus Functional Definitions of Religion." *Journal for the Scientific Study of Religion* 13: 125-34.

——1977. *Facing Up to Modernity.* New York: Basic Books.

——1979. *The Heretical Imperative.* Garden City, N.Y.: Doubleday.

Berger, Peter L., and Thomas Luckmann. 1967. *The Social Construction of Reality.* Garden City N.Y.: Doubleday.

Berkhofer, Robert F., Jr. 1963. "Protestants, Pagans, and Sequences among the North American Indians, 1760-1860." *Ethnohistory* 10: 201-32.

Bond, George D. 1980. "Theravada Buddhism's Meditations on Death and the Symbolism of Initiatory Death." *History of Religions* 19: 237-58.

Bopegamage, A. 1979. "Status Seekers in India: A Sociological Study of the Neo-Buddhist Movement." *Archives européennes de sociologie* 20: 19-39.

Boyack, Kenneth, ed. 1987. *Catholic Evangelization Today*. New York: Paulist Press.

Brauer, Jerald C. 1978. "Conversion: From Puritanism to Revivalism." *Journal of Religion* 58: 227-48.

Bregman, Lucy. 1987. "Baptism as Death and Birth: A Psychological Interpretation of Its Imagery." *Journal of Ritual Studies* 1: 127-42.

Brereton, Virginia Lieson. 1991. *From Sin to Salvation: Stories of Women's Conversions, 1800 to the Present*. Bloomington: University of Indiana Press.

Britsch, R. Lanier. 1977. "Mormon Missions: An Introduction to the Latte-Day Saints Missionary System." *Occasional Bulletin of Missionary Research* 3: 22-27.

Bromley David G., ed. 1988. *Falling from the Faith: Causes and Consequences of Religious Apostasy*. Beverly Hills: Sage Publications.

Bromley, David G., and Anson Shupe. 1986. "Affiliation and Disaffiliation: A Role-Theory Interpretation of Joining and Leaving New Religious Movements." *Thought* 61: 197-211.

Brown, G. Thompson. 1986. *Christianity in the People's Republic of China*. Atlanta: John Knox Press.

Brown, Peter. 1967. *Augustine of Hippo: A Biography*. Berkeley University of California Press.

Bulliet, Richard W. 1979. *Conversion to Islam in the Medieval Period: An Essay in Quantitative History*. Cambridge, Mass.: Harvard University Press.

Burke, Kathryn L., and Merlin B. Brinkerhoff. 1981. "Capturing Charisma: Notes on an Elusive Concept." *Journal for the Scientific Study of*

Religion 20: 274-84.

Burridge, Kenelm. 1991. *In the Way: A Study of Christian Missionary Endeavours*. Vancouver: University of British Columbia Press.

Caldwell, Patricia. 1983. *The Puritan Conversion Narrative*. New York: Cambridge University Press.

Camic, Charles. 1980. "Charisma: Its Varieties, Preconditions, and Consequences." *Sociological Inquiry* 50: 5-23.

Capps, Donald. 1990. "Sin, Narcissism, and the Changing Face of Conversion." *Journal of Religion and Health* 29: 233-51.

Capps, Donald, and James E. Dittes, eds. 1990. *The Hunger of the Heart: Reflections on the Confessions of Augustine*. West Lafayetbe, Ind. : Society for the Scientific Study of Religion.

Carmen, C. Tineke. 1987. "Conversion and the Missionary Vocation: American Board of Missionaries in South Africa." *Mission Studies: Journal of the LAMS* 4: 27-38.

Carmody Brendan Patrick. 1986. "The Nature and Consequences of Conversion in Jesuit Education at Chikuni, 1905-1978." Unpub. diss., Graduate Theological Union, Berkeley.

——1988. "Conversion and School at Chikuni, 1905-39." *Africa* 58: 193-209.

——1988. "Conversion to Roman Catholicism in Zambia: Shifting Pedagogies." *African Christian Studies* 4: 5-24.

——1989. "Mission Primary Schools and Conversion: Help or Hindrance to Church Growth?" *Missiology* 17: 177-92.

——1992. *Conversion and Jesuit Schooling in Zambia*. New York: E. J. Brill.

Charney, Linda Ann. 1986. "Religious Conversion: A Longitudinal Study." Ph. D. diss., University of Utah, Salt Lake City.

Churchill, Winston. 1956-1958. *A History of the English-Speaking Peoples*. New York: Dodd and Mead.

Cleaver, Eldridge. 1968. *Soul on Ice*. New York: McGraw-Hill.

———1978. *Soul on Fire.* Waco, Tex.: Word Books.

Clymer, Kenton J. 1986. *Protestant Missionaries in the Philippines, 1898–1916: An Inquiry into the American Colonial Mentality.* Urbana: University of Illinois Press.

Cohen, Charles Lloyd. 1986. *God's Caress: The Psychology of Puritan Religious Experience.* New York: Oxford University Press.

Cohen, Erik. 1990. "The Missionary as Stranger: A Phenomenological Analysis of Christian Missionaries' Encounter with the Folk Religions of Thailand." *Review of Religious Research* 31: 337–50.

———1991. "Christianity and Buddhism in Thailand: The 'Battle of the Axes' and the 'Contest of Power.'" *Social Compass* 38: 115–40.

Colpe, Carsten. 1987. "Syncretism." *Encyclopedia of Religion.* Edited by Mircea Eliade. New York: Macmillan.

Colson, Charles W. 1976. *Born Again.* New York: Bantam Books.

Conn, Walter. 1986. *Christian Conversion: A Developmental Interpretation of Autonomy Surrender.* New York: Paulist Press.

———1986. "Adult Conversions." *Pastoral Psychology* 34: 225–36.

———1987. "Pastoral Counseling for Self-Transcendence: The Integration of Psychology and Theology." *Pastoral Psychology* 36: 29–48.

Conway, Flo, and Jim Siegelman. 1978. *Snapping: America's Epidemic of Sudden Personality Change.* Philadelphia: J. B. Lippincott.

Cronin, Brian. 1989. "Missionary Motivation." *Milltown Studies* 23: 89–107.

Cushman, Philip. 1986. "The Self Besieged: Recruitment-Indoctrination Processes in Restrictive Groups." *Journal for the Theory of Social Behavior* 16: 1–32.

Daniel, K. G. 1989. "The Conversion of the 'Hill Arrians' of Kerala State in India from 1848 to 1878: The Implications for Twentieth-Century Evangelism in India." D. Min. Diss., San Francisco Theological Seminary, San Anselmo.

Danzger, M. Herbert. 1989. *Returning to Tradition: The Contemporary Revival of Orthodox Judaism.* New Haven: Yale University Press.

Davidman, Lynn. 1991. *Tradition in a Rootless World: Women Turn to Orthodox Judaism.* Berkeley: University of California Press.

Dawson, Lorne. 1990. "Self-Affirmation, Freedom, and Rationality: Theoretically Elaboraing 'Active' Conversions." *Journal for the Scientific Study of Religion* 29: 141-63.

Deikman, Arthur J. 1985. The Observing Self: *Mysticism and Psychotherapy.* Boston: Beacon Press.

——1990. *The Wrong Way Home: Uncovering the Patterns of Cult Behavior in American Society.* Boston: Beacon Press.

Dodd, C. H. 1953. *New Testament Studies.* Manchester, U. K.: Manchester University Press.

Doeppers, Daniel. 1976. "The Evolution of the Geography of Religious Adherence in the Philippines before 1898." *Journal of Historical Geography* 2: 95-110.

——1976. "The Philippine Revolution and the Geography of Schism." *Geographical Review* 66: 158-77.

Donahue, Michael J. 1985. "Intrinsic and Extrinsic Religiousness: Review and Meta-Analysis." *Journal of Personality and Social Psychology* 48: 400-19.

Donovan, Vincent J. 1978. Christianity Rediscovered: *An Epistle from the Masai.* Maryknoll, N. Y.: Orbis Books.

Dow, James. 1986. "Universal Aspects of symbolic Healing: A Theoretical Synthesis." *American Anthropologist* 88: 56-69.

Downton, James V., Jr. 1979. *Sacred Journeys: The Conversion of Young Americans to Divine Light Mission.* New York: Columbia University Press.

——1980. "An Evolutionary Theory of Spiritual Conversion and Commitment: The Case of Divine Light Mission." *Journal for the Scientific Study of Religion* 19: 381-86.

Drummond, Richard H. 1971. *A History of Christianity in Japan.* Grand Rapids, Mich.: Eerdmans Publishing Company.

Duggan, Robert, ed. 1984. *Conversion and the Catechumenate.* New York: Paulist Press.

Dumoulin, Heinrich, ed. 1976. *Buddhism in the Modern World.* New York: Collier Books.

Earhart, H. Byron. 1980. "Toward a Theory of the Formation of the Japanese New Religions: A Case Study of Gedatsu-Kai." *History of Religions* 20: 175-97.

Eaton, Richard M. 1985. "Approaches to the Study of Conversion to Islam in India." *Approaches to Islam in Religious Studies.* Edited by Richard C. Martin. Tucson University of Arizona Press,

Ebaugh, Helen R. F. 1988. *Becoming an Ex: The Process of Role Exit.* Chicago: University of Chicago Press.

Eberhard, Ernest. 1974. "How to Share the Gospel: A Step-by-Step Approach for You and Your Neighbors." *Ensign 4*: 6-12.

Engel, James F. 1990. "The Road to Conversion: The Latest Research Insights." *Evangelical Missions Quarterly* 26: 184-95.

Epstein, Seymour. 1985. "The Implications of Cognitive-Experiential Self-Theory for Research. in Social Psychology and Personality." *Journal for the Theory of Social Behavior* 15: 283-310.

Epstein, Seymour, and Edward. Obrien. 1985. "The Person-Situation Debate in Historical and Current Perspective." *Psychological Bulletin* 98: 513-37.

Etherington, Norman A. 1970. "An American Errand into the South African Wildness." *Church History* 39: 62-71.

——1976. "Mission Station Melting Pot as a Factor in the Rise of South African Black Nationalism." *International Journal of African Historical Studies* 9: 592-605.

——1977. "Social Theory and the Study of Christian Missions in Africa:

A South African Case Study." *Africa* 47: 31-40.

Feldman, Emanuel, and Joel B. Wolowelsky, eds. 1990. *The Conversion Crisis: Essays from the Pages of Tradition.* Hoboken, N.J.: Ktav.

Ferm, Robert O. 1959. *The Psychology of Christian Conversion.* Westwood, N.J.: Fleming H. Revell.

Ferm, Robert O., with Caroline M. Whiting. 1988. *Billy Graham: Do the Conversions Last?* Minneapolis: World Wide Publications.

Finn, Thomas M. 1989. "Ritual Processes and the Survival of Early Christianity: A Study of the Apostolic Tradition, of Hippolytus." *Journal of Ritual Studies* 3: 69-90.

——1990. "It Happened One Saturday Night: Ritual and Conversion in Augustine's North Africa." *Journal of the American Academy of Religion* 58: 589-616.

Finne John M. 1978. "A Theory of Religious Commitment." *Sociological Analysis* 39: 19-35.

Fisher, Humphrey J. 1973. "Conversion Reconsidered: Some Historical Aspects of Religious Conversion in Black Africa." *Africa* 43: 27-40.

——1986. "The Juggernaut's Apologia: Conversion to Islam in Black Africa." *Africa* 55: 153-73.

Flinn, Hank K. 1987. "Criminalizing Conversion: The Legislative Assault on New Religions et al." *Crime, Values, and Religion.* Edited by James M. Day and William S. Laufer. Norwood, N.J.: Ables.

Forster, Brenda, and Joseph Tabachnik. 1991. *Jews by Choice: A Study of Conoerts to Reform and Conservation Judaism.* Hoboke, N.J.: Ktav.

Fowler, James W. 1981. *Stages of Faith: The Psychology of Human Development and the Quest for Meaning.* San Francisco: Harper and Row.

——1984. *Becoming Adult, Becoming Christian.* San Francisco: Harper and Row.

Frank, Jerome D. 1974. *Persuasion and Healing.* Rev. Ed. New York: Schocken Books.

Fried, Morton H. 1987. "Reflections on Christianity in China." *American Ethnologist* 14: 94–106.

Galanter, Marc. 1978. "The 'Relief Effect': A Sociobiological Model for Neurotic Distress and Large-Group Therapy." *American Journal of Psychiatry* 135: 588–91.

—— 1980. "Psychological Induction into the Large Group Findings from a Modem Religious Sect." *American Journal of Psychiatry* 137: 1574–79.

—— 1989. *Cults, Faith, Healing, and Coercion.* New York: Oxford University Press.

Galanter, Marc, Richard Babkin, Judith Babkin, and Alexander Deutsch. 1979. "The 'Moonies': A Psychological Study of Conversion and Membership in a Contemporary Religious Sect." *American Journal of Psychiatry* 136: 165–70.

Gallagher, Eugene V. 1990. *Expectation and Experience: Explaining Religious Experience.* Atlanta: Scholars Press.

—— "Conversion and Salvation in the Apocryphal Acts of the Apostles." *The Second Century* 8: 13–30.

Garfunkel, H. 1956. "Conditions of Successful Degradation Ceremonies." *American Journal of Sociology* 64: 20–24.

Garrett, William R. 1974. "Troublesome Transcendence: The Supernatural in the Scientific Study of Religion." *Sociological Analysis* 35: 167–80.

Gartrell, C. David., and Zane K. Shannon. 1985. "Contacts, Cognitions, and Conversion: A Rational Choice Approach." *Review of Religious Research* 27: 32–48.

Gaventa, Beverly Roberts. 1986. *From Darkness to Light.* Philadelphia: Fortress Press.

Geertz, Clifford. 1973. *The Interpretation of Cultures.* New York: Basic Books.

Gelpi, Donald J. 1982. "Conversion: The Challenge of Contemporary Charismatic Piety." *Theological Studies* 43: 606–28.

———1986. "The Converting Jesuit." *Studies in the Spirituality of Jesuits* 18: 1–38.

———1987. "The Converting Catechumen." *Lumen vitae* 42: 401–15.

———1987. "Religious Conversion: A New Way of Being." *The Human Experience of Conversion Persons and Structures in Transformation*. Edited by Francis A. Eigo. Villanova, Pa.: Villanova University Press.

———1989. "Conversion Beyond the Impasses of Individualism." *Beyond Individualism*. Edited by Donald J. Gelpi. South Bend, Ind.: University of Notre Dame Press.

Gerlach, Luther P., and Virginia H. Hine. 1970. *People, Power, Change: Movements of Social Transformation*. Indianapolis: Bobbs-Merrill.

———1968. "Five Factors Crucial to the Growth and Spread of a Modem Religious Movement." *Journal for the Scientific Study of Religion* 7: 23–40.

Gernet, Jacques. 1985. *China and the Christian Impact: A Conflict of Cultures*. Translated by Janet Lloyd. New York: Cambridge University Press.

Gibbon, Edward. 1936. *The Decline and Fall of the Roman Empire*. New York: Harper and Brothers.

Gillespie, V. Bailey. 1991. *The Dynamics of Religious Conversion: Identity and Transformation*. Birmingham, Ala.: Religious Education Press.

Gilligan, Carol. 1982. *In a Different Voice: Psychological Theory and Women's Development*. Cambridge, Mass.: Harvard University Press.

Gokhale, B. G. 1976. "Dr. Bhimrao Ramji Ambedkar: Rebel against Hindu Tradition." *Journal of Asian and African Studies* 11: 13–23.

Gokhale, J. B. 1986. "Castaways of Caste." *Natural History* 95: 31–39.

———1986. "The Sociopolitical Effects of Ideological Change: The Buddhist Conversion of Maharashtrian Untouchables." *Journal of Asian Studies* 45: 269–82.

Goody, Jack, ed. 1975. *Changing Social Structure in Ghana: Essays in the Comparative Sociology of a New State and an Old Tradition*. London: International African Institute.

Gordon. David F. 1974. "The Jesus People: An Identity Synthesis." *Urban Life and Culture* 3: 159-78.

——1984. "Dying to Self: Self-control through Self-Abandonment." *Sociological Analysis* 45: 41-56.

Gottwald, Norman K. 1988. "Religious Conversion and the Societal Origins of Ancient Israel." *Perspectives in Religious Studies* 15: 49-66.

Gration, John A. 1983. "Conversion in Cultural Context." *International Bulletin of Missionary Research* 7: 157-63.

Greeley, Andrew M. 1972. *Unsecular Man: The Persistence of Religion.* New York: Schocken Books.

——1989. *Religious Change in America.* Cambridge, Mass.: Harvard University Press.

Greit, Arthur L., and David R. Rudy. 1984. "Social Cocoons: Encapsulation and Identity Transformation Organizations." *Sociological Inquiry* 54: 260-78.

Griffin, Emilie. 1980. *Turning: Reflections on the Experience of Conversion.* Garden City, N.Y.: Doubleday.

——1984. *Clinging: The Experience of Prayer.* San Francisco: Harper and Row.

Harding, Susan F. 1987. "Convicted by the Holy Spirit: The Rhetoric of Fundamental Baptist Conversion." *American Ethnology* 14: 167-81.

Harran, Marilyn J. 1983. *Luther on Conversion: The Early Years.* Ithaca, N.Y.: Cornell University Press.

Hassan, Steve. 1988. *Combatting Cult Mind Control.* Rochester, Vt.: Park Street Press.

Hawkins, Ann Husaker. 1985. *Archetypes of Conversion: The Autobiographies of Augustine, Bunyan, and Merton.* Lewisburg, Pa.: Bucknell University Press.

Heirich, Max. 1977. "Change of Heart: A Test of Some Widely Held Theories about Religious Conversion." *American Journal of Sociology* 83:

653-80.

Heise, David R. 1967. "Prefatory Findings in the Sociology of Missions." *Journal for the Scientific Study of Religion* 6: 49-58.

Hiebert, Paul G. 1978. "Conversion, Culture, and Cognitive Categories." *Gospel in Context* 1: 24-29.

——1983. "The Category 'Christian' in the Mission Task." *International Review of Mission* 72: 421-27.

Hińe, Virginia H. 1970. "Bridge Burners: Commitment and Participation in a Religious Movement." *Sociological Analysis* 31: 61-66.

Hofmeyr, J. 1986. "A Catastrophe Model of Conversion." *Religions in Southern Africa* 7: 47-58.

Hoge, Dean R. 1981. *Converts, Dropouts, Returnees: A Study of Religious Change among Catholics.* New York: Pilgrim Press.

Holy Bible. 1988. New Revised Standard Version. Grand Rapids, Mich.: Zondervan.

Horsley G. H. R. 1987. "Name Changes as an Indication of Religious Conversion in Antiquity." *Numen* 34: 1-17.

Horton, Robin. 1971. "African Conversion." *Africa* 41: 85-108.

——1975. "On the Rationality of Conversion, Part I." *Africa* 45: 219-35.

——1975. "On the Rationality of Conversion, Part II." *Africa* 45: 373-99.

Hutchison, William R. 1983. "A Moral Equivalent for Imperialism: Americans and the Promotion of 'Christian Civilization,' 1880-1910." *Indian Journal of American Studies* 13: 55-67.

——1987. *Errand to the World: American Protestant Thought and Foreign Missions.* Chicago: University of Chicago Press.

Ifeka-Moller, Caroline. 1974. "White Power: Social-Structural Factors in Conversion to Christianity, Eastern Nigeria, 1921-1966." *Canadian Journal of African Studies* 8: 55-72.

Ikenga-Metuh, Emefie. 1985. "The Shattered Microcosm: A Critical Survey of Explanations of Conversion in Africa." *Neue Zeitschrift für Missionswissenschaft* 41: 241-54.

Isichei, Elizabeth. 1970. "Seven Varieties of Ambiguity: Some Patterns of Igbo Response to Christian Missions." *Journal of Religion in Africa* (3): 209-27.

Jacobs, Janet Liebman. 1989. *Divine Disenchantment: Deconverting from New Religions*. Bloomington: Indiana University press.

James, William. 1929. *The Varieties of Religious Experience: A Study in Human Nature*. New York: Modem Library.

Jennings, Francis. 1971. "Goals and Functions of Puritan Missions to the Indians." *Ethnohistory* 18: 197-212.

Jennings, Theodore W, 1982. "On Ritual Knowledge." *Journal of Religion* 62: 113-27.

Johnson, Cedric B., and H. Newton Malony. 1982. *Christian Conversion: Biblical and Psychological Perspectives*. Grand Rapids, Mich.: Zondervan.

Johnson, Weldon T. 1971. "The Religious Crusade: Revival or Ritual?" *American Journal of Sociology* 76: 873-90.

Jones, James 1991. *Contemporary Psychoanalysis and Religion: Transference and Transcendence*. New Haven: Yale University Press.

Jules-Rosette, Benneta. 1976. "The Conversion Experience: The Apostles of John Maranke." *Journal of Religion in Africa* 7: 132-64.

Juster, Susan. 1989. "'In a Different Voice': Male and Female Narratives of Religious Conversion in Post-Revolutionary America." *American Quarterly* 41: 34-62.

Kanter Rosabeth Moss. 1968. "Commitment and Social Organization: A Study of Commitment Mechanisms in Utopian Communities." *American Sociological Review* 33: 499-517.

Kaplan, Steven. 1985. "Rejection of Conversion." Unpub. paper, Hebrew University of Jerusalem.

———1986. "The Africanization of Missionary Christianity: History and Typology." *Journal of Religion in Africa* 16: 166–86.

Karras, Ruth Mazo. 1986. "Pagan Survivals and Syncretism in the Conversion of Saxony." *The Catholic Historical Review* 72: 553–72.

Kasdorf, Hans. 1980. *Christian Conversion in Context*. Scottsdale, Pa.: Herald Press.

Kaufman, Debra Renee. 1989. "Patriarchal Women: A Case Study of Newly Orthodox Jewish Women." *Symbolic Interaction* 12: 299–315.

Kee, Alistair. 1982. *Constantine versus Christ*. London: SCM Press.

Kelly, Henry Ansgar. 1985. *The Devil at Baptism: Ritual, Theology, and Drama*. Ithaca, N.Y.: Cornell University Press.

Kilbourne, Brock K., and James T. Richardson. 1988. "A Social Psychological Analysis of Healing." *Journal of Integrative and Eclectic Psychotherapy* 7: 20–34.

King, John Owen. 1983. *The Iron of Melancholy*. Middletown, Conn.: Wesleyan University press.

Kirkpatrick, Lee A. 1992. "An Attachment Theory Approach to the Psychology of Religion." *The International Journal for the Psychology of Religion* 2: 3–28.

Kirkpatrick, Lee A., and Phillip R. Shaver. 1990. "Attachment Theory and Religion Childhood Attachments, Religious Beliefs, and Conversion." *Journal for the Scientific Study of Religion* 29: 315–35.

Kobrin, David. 1967. "The Expansion of the Visible Church in New England, 1629–1650." *Church History* 36: 189–209.

Kox, Willem, Wim Meeus, and Harm't Hart. 1991. "Religious Conversion of Adolescents: Testing the Lofland and Stark Model of Religious Conversion." *Sociological Analysis* 52: 227–40.

Kraft, Charles H. 1976. "Cultural Concomitant of Higi Conversion: Early Period." *Missiology* 4: 431–42.

———1979. *Christianity in Culture*. Maryknoll, N.Y.: Orbis Books.

Kroll-Smith, J. Stephen. 1980. "The Testimony as Performance The Relationship of an Expressive Event to the Belief System of a Holiness Sect." *Journal for the Scientific Study of Religion 19* 16-25.

Lawless, Elaine J. 1988. "'The Night I Got the Holy Ghost': Holy Ghost Narratives and the Pentecostal Conversion Process." *Western Folklore* 47: 1-19.

——1988. *God's Peculiar People.* Lexington: University Press of Kentucky.

Lawrence. Bruce B. 1989. *Defenders of God.* San Francisco: Harper and Row.

Leonard, Bill J. 1985. "Getting Saved in America: Conversion Event in a Pluralistic Culture." *Review and Expositor* 82: 111-27.

Levtzion, Nehemia, ed. 1979. *Conversion to Islam.* New York: Holmes and Meier.

Lewis, C. S. 1955. *Surprised by Joy.* New York: Harcourt, Brace and World.

Lex, Barbara. 1978. "Neurological Bases of Revitalization Movements." *Zygon* 13: 276-312.

Lichtenstein, Aharon. 1988. "On Conversion." Translated by Michael Berger. *Tradition* 23: 1-18.

Lifton, Robert Jay. 1968. "Protean Man." *Partisan Review* 35: 13-27.

Ling, Trevor. 1980. *Buddhist Revival in India: Aspects of the Sociology of Buddhism.* New York: St. Martin's Press.

Liu, Christine. 1991. "Becoming a Christian Consciously versus Nonconsciously." *Journal of Psychology and Theology* 19: 364-75.

Loder, James E. 1989. *The Transforming Moment.* Colorado Springs: Helmers and Howard.

Lofland, John. 1977. "'Becoming a World-Saver' Revisited." *American Behavioral Scientist* 20: 805-18.

Lofland, John, and Norman Skonovd. 1981. "Conversion Motifs." *Journal for the Scientific Study of Religion* 20: 373-85.

Lofland, John, and Rodney Stark. 1965. "Becoming a World-Saver: A Theory of Conversion to a Deviant Perspective." *American Sociological Review* 30: 862-75.

Luzbetak, Louis J. 1988. *The Church and Cultures.* Maryknoll, N. Y.: Orbis Books.

MacMullen, Ramsay. 1967. *Constantine.* London: Croom Helm.

——1981. *Paganism and the Roman Empire.* New Haven: Yale University Press.

——1983. "Two Types of Conversion to Early Christianity." *Vigiliae Christianae* 37: 174-92.

——1984. *Christianizing the Roman Empire*, A. D. 100-400. New Haven: Yale University Press.

——1985-86. "Conversion: A Historian's View." *The Second Century* 5: 67-96.

——1986. "What Difference Did Christianity Make?" *Historia* 35: 322-43.

——1988. *Corruption and the Decline of Rome.* New Haven: Yale University Press.

Martin, David. 1978. *A General Theory of Secularization.* New York: Harper and Row.

McFague, Sallie. 1978. "Conversion: Life on the Edge of the Raft." *Interpretation* 32: 255-68.

McGuire, Meredith B. 1977. "Testimony as a Commitment Mechanism in Catholic Pentecostal Prayer Groups." *Journal for the Scientific Study of Religion* 16: 165-68.

——1983. "Discovering Religious Power." *Sociological Analysis* 44: 1-10.

McLoughlin, William G. 1978. *Revivals, Awakenings, and Reform.* Chicago: University of Chicago Press.

Meeks, Wayne A. 1983. *The First Urban Christians: The Social World of the Apostle Paul*. New Haven: Yale University Press.

Metzner, Ralph. 1980. "Ten Classical Metaphors of Self-Transformation." *Journal of Transpersonal Psychology* 12: 47-62.

———1986. *Opening to Inner Light: The Transformation of Human Nature and Consciousness*. Los Angeles: Jeremy P. Tarcher.

Migdal, Joel S. 1974. "Why Change? Toward a New Theory of Change among Individuals in the Process of Modernization." *World Politics* 26: 189-206.

Milgrom, Jacob. 1982. "Religious Conversion and the Revolt Model for the Formation of Israel." *Journal of Biblical Literature* 101: 169-76.

Miller, Elmer S. 1970. "The Christian Missionary: Agent of Secularization." *Anthropological Quarterly* 43: 14-22.

Montgomery, Robert L. 1991. "The Spread of Religions and Macrosocial Relations." *Sociological Analysis* 52: 37-53.

Morinis, Alan. 1985. "The Ritual Experience: Pain and the Transformation of Consciousness in Ordeals of Initiation." *Ethos* 13: 150-74.

Morris, Thomas H. 1989. *The RCIA: Transforming tile Church*. New York: Paulist Press.

Morrison, Karl F. 1992. *Conversion and Text: The Cases of Augustine of Hippo. Herman-Judah, and Constantine Tsatsos*. Charlottesville: University Press of Virginia.

———1992. *Understanding Conversion*. Charlottesville: University Press of Virginia.

Moseley Romney M. 1991. *Becoming a Self before God: Critical Transformation*. Nashville: Abingdon Press.

———1991. "Forms of Logic in Faith Development Theory." *Pastoral Psychology* 39: 143-52.

Murphey Murray G. 1979. "The Psychodynamics of Puritan Conversion." *American Quarterly* 31: 135-47.

Needleman, Jacob. 1970. *The New Religions*. Garden City, N.Y.: Doubleday.

Neill, Stephen. 1986. *A History of Christian Missions*. 2d ed. Revised by Owen Chadwick. Harmondsworth, U.K.: Penguin Books.

Newport, Frank. 1979. "The Religious Switcher in the United States." *American Journal of Sociology* 44: 528-52.

Nock, A. D. 1933. *Conversion*. New York: Oxford University Press.

Notehelfer, F. G. 1985. *American Samurai: Captain L. L. Janes and Japan*. Princeton: Princeton University press.

Ofshe, Richard, and Margaret T. Singer. 1986. "Attacks on Peripheral versus Central Elements of Self and the Impact of Thought-Reforming Techniques." *Cultic Studies Journal* 3: 3-24.

Okorocha, Cyril C. 1987. *The Meaning of Religious Conversion in Africa*. Aldershot, U.K.: Avebury.

Ownby, Ted. 1990. *Subduing Satan: Religion, Recreation, and Manhood in the Rural South, 1865-1920*. Chapel Hill: University of North Carolina Press.

Peel, J. D. Y. 1977. "Conversion and Tradition in Two African Societies: Ijebu and Buganda." *Past and Present: A Journal of Historical Studies* 77: 108-41.

Perry John Weir. 1976. *Roots of Renewal in Myth and Madness*. San Francisco: Jossey-Bass.

Pettifer, Julian, and Richard Bradley. 1990. *Missionaries*. London: BBC Books.

Pettit, Norman. 1989. *The Heart Prepared: Grace and Conversion in Puritan Spiritual Life*. 2d ed. Middletown, Conn.: Wesleyan University Press.

Pitt, John E. 1991. "Why People Convert A Balanced Theoretical Approach to Religious Conversion." *Pastoral Psychology* 39: 171-83.

Post, Stephen G. 1991. "Psychiatry, Religious Conversion, and Medical Ethics." *Kennedy Institute of Ethics Journal* 1: 207-23.

Poston, Larry. 1992. *Islamic Da'wah in the West: Muslim Missionary Activity and the Dynamics of Conversion to Islam.* New York: Oxford University Press.

Preston, David L. 1981. "Becoming a Zen Practitioner." *Sociological Analysis* 42: 47-55,

——1982. "Meditative Ritual Practice and Spiritual Conversion-Commitment: Theoretical Implications Based on the Case of Zen." *Sociological Analysis* 43: 257-70.

Proudfoot, Wayne, and Phillip Shaver. 1975. "Attribution Theory and the Psychology of Religion." *Journal for the Scientific Study of Religion* 14: 317-30.

Pruyser, Paul W. 1974. *Between Belief and Unbelief.* New York: Harper and Row.

Rafael, Vicente L. 1987. "Confession, Conversion, and Reciprocity in Early Tagalog Colonial Society." *Comparative Studies in Society and History* 29: 320-39.

——1988. *Contracting Colonialism Translation and Christian Conversion Tagalog Society under Early Spanish Rule.* Ithaca, N.Y.: Cornell University Press.

Rambo, Lewis R. 1981. "Education and Conversion." *Christian Teaching.* Edited by Everet Ferguson. Abilene, Tex.: Abilene Christian University Press.

——1982. "Current Research on Religious Conversion." *Religious Studies Review* 13: 146-59.

——1982. "Charisma and Conversion." *Pastoral Psychology* 31: 96-108.

——1983. *The Divorcing Christian.* Nashville: Abingdon Press.

——1987. "Conversion." *Encyclopedia of Religion.* Edited by Mircea Eliade. New York: Macmillan. Pages 72-79.

——1987. "Reflections on Conflict in Israel and the West Bank." *Pacific Theological Review* 21: 48-56.

———1989. "Conversion: Toward a Holistic Model of Religious Change." *Pastoral Psychology* 38: 47-63.

———1990. "Congregational Care and Discipline in the San Francisco Church of Christ: A Case Study." Unpub. Paper, Christian Theological Seminary, Indianapolis, 3 March 1990.

———1992. "Psychology of Conversion." *Handbook on Conversion*. Edited by H. Newton Malony and Samuel Southard. Birmingham, Ala.: Religious Education Press.

Rambo, Lewis R., with Lawrence A. Reh. 1992. "Phenomenology of Conversion." *Handbook on Conversion*. Edited by H. Newton Malony and Samuel Southard. Birmingham, Ala. Religious Education Press.

Reese, Jack Roger. 1988. "Routes of Conversion: A Sociopsychological Study of the Varieties of Individual Religious Change." Ph. D. diss., University of Iowa, Iowa city.

Richardson, Don. 1974. *Peace Child*. Glendale, Calif.: Regal Books.

Richardson, James T. 1985. "The Active vs. Passive Convert: Paradigm Conflict in Conversion /Recruitment Research." *Journal for the Scientific Study of Religion* 24: 163-79.

———1989. "The Psychology of Induction: A Review and Interpretation." *Cults and New Religious Movements*. Edited by Marc Galanter. Washington, D. C.: American Psychiatric Association, pp. 211-38.

Ring, Kenneth. 1984. *Heading toward Omega*. New York: William Morrow.

Robbins, Thomas. 1984. "Constructing Cultist 'Mind Control.'" *Sociological Analysis* 45: 241-56.

Robertson, Roland. 1978. *Meaning and Change: Explorations in the Cultural Sociology of Modern Societies*. New York: New York University Press.

Rochford, E. Burke, Jr. 1982. "Recruitment Strategies, Ideology and Organization in the Hare Krishna Movement." *Social Problems* 4: 399-410.

———1985. *Hare Krishna in America*. New Brunswick, N. J.: Rutgers

University Press.

Rogers, Everett M. 1983. *Diffusion of Innovations*. 3d ed. New York: The Free Press.

Roof, Wade Clark, and William McKinney. 1987. *American Mainline Religion*. New Brunswick, N. J.: Rutgers University Press.

Rotenberg, Mordechai. 1986. "The 'Midrash' and Biographic Rehabilitation." *Journal for the Scientific Study of Religion* 25: 41-55.

Rounds, John C. 1982. "Curing What Ails Them: Individual Circumstances and ReligiousChange among Zulu-Speakers in Durban, South Africa." *Africa* 52: 77-89.

Rouse, Ruth. 1936. "The Missionary Motive." *International Review of Missions* 25: 250-58.

Rubenstein, Richard L., ed. 1987. *Spirit Matters: The World Impact of Religion on Contemporary Politics*. New York: Paragon House.

Ruthven, Malise. 1984. *Islam in the World*. New York: Oxford University Press.

Sahay, Keshari N. 1968. "The Impact of Christianity on the Uraon of the Chainpur Belt in Chotanagpur: An Analysis of Its Cultural Processes." *American Anthropologist* 70: 923-42.

——1986. *Christianity and Culture Change in India*. New Delhi: Inter-India Publications.

Sales, Stephen M. 1972. "Economic Threat as a Determinant of Conversion Rates in Authoritarian and Nonauthoritarian Churches." *Journal of Personality and Social Psychology* 23: 420-28.

Sanneh, Lamin. 1983. *West African Christianity: The Religious Impact*. Maryknoll, N. Y.: Orbis Books.

——1989. *Translating the Message: The Missionary Impact on Culture*. Maryknoll, N. Y.: Orbis Books.

——1983. "The Horizontal and the Vertical in Mission An African Perspective." *International Bulletin of Missionary Research* 7: 165-71.

———1987. "Christian Missions and the Western Guilt Complex." *The Christian Century* 104: 330-34.

Sarbin, Theodore R., and Nathan Adler. 1970. "Self-Reconstitution Processes: A Preliminary Report." *The Psychoanalytic Review* 57: 599-616.

Scheiner, Irwin. 1970. *Christian Converts and Social Protest in Meiji Japan*. Berkeley: University of California Press.

Scroggs, James R., and William G. T. Douglas. 1967. "Issues in the Psychology of Religious Conversion." *Journal of Religion and Health* 6: 204-16.

Segal, Alan F. 1990. *Paul the Convert*. New Haven: Yale University Press.

Selengut, Charles. 1988. "American Jewish Converts to New Religious Movements." *The Jewish Journal of Sociology* 30: 95-110.

Shinerr Larry. 1968. "Six Meanings of 'Secularization.'" *Journal for the Scientific Study of Religion* 6: 207-20.

Shirer, William L. 1960. *The Rise and Fall of the Third Reich*. New York: Simon and Schuster.

Silverstein, Steven M. 1988. "A Study of Religious Conversion in North America." *Genetic, Social, and General Psychology Monographs* 114: 261-305.

Simensen, Jarle. 1986. "Religious Change as Transaction: The Norwegian Mission to Zululand, South Africa, 1850-1906." *Journal of Religion in Africa* 16: 82-100.

Simmonds, Robert B. 1977. "Conversion or Addiction: Consequences of Joining a Jesus Movement Group." *American Behavioral Scientist* 20: 909-24.

Singer, Margaret T. Interview with author. Berkeley, 19 November 1989.

Singer, Merrill. 1978. "Chassidic Recruitment and the Local Context." *Urban Anthropology* 7: 373-83.

———1980. "The Use of Folklore in Religious Conversion: The

Chassidic Case." *Review of Religious Research* 22: 170-85.

Snow, David A., and Richard Machalek. 1983. "The Convert as a Social Type." *Sociological Theory* 1983. Edited by Randall Coins. San Francisco: Jossey-Bass.

——1984. "The Sociology of Conversion." *Annual Review of Sociology* 10: 167-90.

Snow, David A., and Cynthia L. Phillips. 1980. "The Lofland-Stark Conversion Model: A Critical Reassessment." *Social Problems* 27: 430-47.

Snow, David A., Louis A. Zurcher, Jr., and Sheldon Ekland-Olson. 1980. "Social Networks and Social Movements: A Microstructural Approach to Differential Recruitment." *American Sociological Review* 45: 787-801.

——1983. "Further Thoughts on Social Networks and Movement Recruitment." *Sociology* 17: 112-20.

Spilka, Bernard Phillip Shaver, and Lee A. Kirkpatrick. 1985. "A General Attribution Theory for the Psychology of Religion." *Journal for the Scientific Study of Religion* 24: 1-20.

Staples, Clifford L., and Armand L. Mauss. 1987. "Conversion or Commitment? A Reassessment of the Snow and Machalek Approach to the Study of Conversion." *Journal for the Scientific Study of Religion* 26: 133-47.

Stark, Rodney and William Sims Bainbridge. 1980. "Networks of Faith: Interpersonal Bonds and Recruitment to Cults and Sects." *American Journal of Sociology* 85: 1376-95.

"Statistical Report 1988." *The Ensign* 18 (May 1988): 20.

Stein, Edward V. 1968. *Guilt: Theory and Therapy*. Philadelphia: Westminster Press.

Stone, Olive M. 1962. "Cultural Uses of Religious Visions: A Case Study." *Ethnology* 1: 329-48.

Straus, Roger A. 1976. "Changing Oneself: Seekers and the Creative Transformation of Life Experience." *Doing Social Life*. Edited by John Lofland,

New York: John Wiley and Sons.

———1979. "Religious Conversion as a Personal and Collective Accomplishment." *Sociological Analysis* 40: 158-65.

———1981. "The Social Psychology of Religious Experience: A Naturalistic Approach." *Sociological Analysis* 41: 57-67.

Stromberg, Peter G. 1985. "The Impression Point: Synthesis of Symbol and Self." *Ethos: Journal of the Society for Psychological Anthropology* 13: 56-74.

———1981. "Consensus and Variation in the Interpretation of Religious Symbolism: A Swedish Example." *American Ethnologist* 8: 544-59.

———1986. *Symbols of Community: The Cultural System of a Swedish Church*. Tucson: University of Arizona Press.

———1990. "Ideological Language in the Transformation of Identity." *American Anthropologist* 92: 42-56.

Susumu, Shimazono. 1986. "Conversion Stories and Their Popularization in Japan's New Religion." *Japanese Journal of Religious Studies* 13: 157-75.

Taylor, Brian. 1976. "Conversion and Cognition: An Area for Empirical Study in the Microsociology of Religious Knowledge." *Social Compass* 23: 5-22.

———1978. "Recollection and Membership: Converts' Talk and the Ratiocination of Commonality." *Sociology* 12: 316-24.

Taylor, John V. 1963. *The Primal Vision: Christian Presence amid African Religion*. London: SCM Press.

Thumma, Scott. 1991. "Seeking to be Converted: An Examination of Recent Conversion Studies and Theories." *Pastoral Psychology* 39: 185-94.

Tiebout, Harry M. 1944. *Conversion as a Psychological Phenomenon*. New York: National Council on Alcoholism.

———1944. "Therapeutic Mechanisms of Alcoholics Anonymous." *American Journal of Psychiatry* 100: 468-73.

———1946. "Psychological Factors Operating in Alcoholics Anonymous."

Current Therapies of Personality Disorders. Edited by Bernard Glueck. New York: Grune and Stratton.

―――1949. "The Act of Surrender in the Therapeutic Process, with Special Reference to Alcoholism." *Quarterly Journal of Studies on Alcohol* 10: 48-58.

―――1953. *Surrender versus Compliance in Therapy*. Center City, Minn.: Hazelden.

―――1961. "Alcoholics Anonymous-An Experiment of Nature." *Quarterly Journal of Studies on Alcohol* 22: 52-68.

―――1963. "What Does 'Surrender' Mean?" *Grapevine April*: 19-23.

Tippett, Alan R. 1977. "Conversion as a Dynamic Process in Christian Mission." *Missiology* 2: 203-21.

Tipton, Steven M. 1982. *Getting Saved from the Sixties: Moral Meaning in Conversion and Cultural Change*. Berkeley: University of California Press.

Travisano, Richard V. 1970. "Alternation and Conversion as Fundamentally Different Transformations." *Social Psychology through Symbolic Interaction*. Edited by Gregory P. Stone and Harvey A. Farberman. Waltham, Mass.: Ginn-Blaisdell.

Tremmel, William C. 1971. "The Converting Choice." *Journal for the Scientific Study of Religion* 10: 17-25.

Turner, Harold W. 1978. "The Hidden Power of the Whites." *Archives de sciences sociales de religions* 46: 41-55.

Turner, Paul R. 1979. "Religious Conversion and Community Development." *Journal for the Scientific Study of Religion* 18: 252-60.

―――1984. "Religious Conversion and Folk Catholicism." *Missiology* 12: 111-21.

―――1991. "Evaluating Religions." *Missiology* 19: 131-42.

Turner, Victor W. 1969. *The Ritual Process: Structure and Anti-Structure*. Chicago Aldine.

Ullman, Chana. 1982. "Cognitive and Emotional Antecedents of Religious

Conversion." *Journal of personality and Social Psychology* 43: 183-92.

———1988. "Psychological Well-Being among Converts in Traditional and Nontraditional Religious Groups." *Psychiatry* 51: 312-22.

———1989. *The Transformed Self: The Psychology of Religious Conversion.* New York: Plenum Press.

Vanauken, Sheldon. 1977. *A Severe Mercy.* San Francisco: Harper and Row.

Van Butselaar, G. Jan. 1981. "Christian Conversion in Rwanda: The Motivations." *International Bulletin of Missionary Research* 5: 111-13.

Van Gennep, Arnold. 1960. *The Rites of Passage.* Translated by Monika B. Vizedom and Gabrielle L. Caffee. Chicago: University of Chicago Press.

Verhoeven, F. R. 1962. *Islam: Its Origins and Spread in Words, Maps, and Pictures.* New York: St. Martin's Press.

Von Laue, Theodore H. 1987. *The World Revolution of Westernization: The Twentieth Century in Global Perspective.* New York: Oxford University Press.

Wach, Joachim. 1962. "Master and Disciple." *Journal of Religion* 42: 1-21.

Wallace, Anthony F. C. 1956. "Mazeway Resynthesis: A Biocultural Theory of Religious Inspiration." *Transactions of the New York Academy of Sciences*, 2d series, 18: 626-38.

———1956. "Revitalization Movements." *American Anthropologist* 58: 264-81.

———1957. "Mazeway Disintegration: The Individual's Perception of Socio-Cultural Disorganization." *Human Organization* 16: 23-27.

Wallace, Ruth A. 1975. "A Model of Change of Religious Affiliation." *Journal for the Social Scientific Study of Religion* 14: 345-55.

Wallis, Jim. 1981. *The Call to Conversion.* San Francisco: Harper and Row.

Watt, W. Montgomery. 1979. "Conversion in Islam at the Time of the

Prophet." *Journal of the American Academy of Religion Thematic Issue* 47: 721-32.

Weininger, Benjamin. 1955. "The Interpersonal Factor in the Religious Experience." *Psychoanalysis* 3: 27-44.

Weiss, Arnold S., and Richard H. Mendoza. 1990. "Effects of Acculturation into the Hare Krishna Movement on Mental Health and Personality." *Journal for the Scientific Study of Religion* 29: 173-84.

Weiss, Robert F. "Defection from Social Movements and Subsequent Recruitment to New Movements." *Sociometry* 26: 1-20.

Whaling, Frank. 1981. "A Comparative Religious Study of Missionary Transplantation in Buddhism, Christianity and Islam." *International Review of Mission* 70: 314-33.

——ed. 1984. *The World's Religious Traditions: Current Perspectives in Religious Studies.* New York: Crossroad.

——ed. 1987. *Religion in Today's World: The Religious Situation of the World from 1945 to the Present Day.* Edinburgh: T. and T. Clark.

Whitehead, Harriet. 1987. *Renunciation and Reform: A Study of Conversion in an American Sect.* Ithaca, N.Y.: Cornell University Press.

Wilber, Ken. 1980. "The Pre/Tans Fallacy." *Revision* 3: 51-72.

Wilson, Bryan. 1966. *Religion and Secular Society.* Harmondsworth, U.K.: Penguin Books.

——1976. *Contemporary Transformations of Religion.* London: Oxford University Press.

Wilson, Stephen R. 1982. "In Pursuit of Energy: Spiritual Growth in a Yoga Ashram." *Journal of Humanistic Psychology* 22: 43-55.

——1984. "Becoming a Yogi: Resocialization and Deconditioning as Conversion Processes." *Sociological Analysis* 45: 301-14.

Wimberly, Edward P., and Anne Streaty Wimberly. 1986. *Liberation and Human Wholeness: The Conversion Experiences of Black People in Slavery and Freedom.* Nashville: Abingdon Press.

Wimberly, Ronald C., et al. 1975. "Conversion in a Billy Graham

Crusade Spontaneous Event or Ritual Performance?" *The Sociological Quarterly* 16: 162-70.

Wolf, Eric R. 1982. *Europe and the People without History*. Berkeley: University of California Press.

Wright, Stuart A. 1987. *Leaving Cults: The Dynamics of Defection*. Washington, D. C: Society for the Scientific Study of Religion.

Wulff David M. 1991. *Psychology of Religion: Classic and Contemporary Views*, New York: John Wiley and Sons.

Yamamori, Tetsunao. 1974. *Church Growth in Japan*. South Pasadena, Calif. : William Carey Library.

Yeakley Flavil Ray, Jr. 1975. "Persuasion in Religious Conversion." Ph. D. diss., University of Illinois, Urbana.

——1979. *Why Churches Grow*. 3d ed. Broken Arrow, Okla. : Christian Communications.

Yearly, Lee. 1985. "Teachers and Saviors." *Journal of Religion* 65: 225-43.

Zaleski, Carol. 1987. *Otherworld Journeys: Accounts of Near-Death Experience in Medieval and Modern Times*. New York: Oxford University Press.

Zelliot, Eleanor. 1966. "Background on the Mahar Buddhist Conversion." *Studies on Asia* 1966. Edited by Robert K. Sakai. Lincoln: University of Nebraska Press.

——1966. "Buddhism and Politics in Maharashtra." *South Asian Politics and Religion*. Edited by Donald E. Smith. Princeton: Princeton University Press.

——1968. "The Revival of Buddhism in India." *Asia* 10: 33-45.

Zetterberg, Hans L. 1952. "Religious Conversion and Social Roles." *Sociology and Social Research* 36: 159-66.

Ziller, Robert C. 1971. "A Helical Theory of Personal Change." *Journal for the Theory of Social Behavior* 1: 33-73.

Zurcher, E. 1962. *Buddhism: Its Origin and Spread in Words, Maps, and Pictures*. London: Routledge and Kegan Paul.

索 引*

【原著 235，左栏】

积极/消极分布模式 Active/passive modalities, 45-46, 56-59, 92, 186n1, n2

附着/粘合（皈信的类型）Adhesion (type of Conversion), 5, 94

奈森·阿德勒 Adler, Nathan, 127, 195n8

宣教者（传教士）Advocate (missionary): nature of, 66-73; strategy, 76-86; adaptation, 97-99

属系/附属（皈信的类型）Affiliation (conversion type), 13, 39, 172

匿名戒酒互助会 Alcoholics Anonymous, 135

乔尔·埃里森 Allison, Joel, 53, 157

改变了的意识状态 Altered states of consciousness, 51

阿姆贝德卡 Ambedkar, B. R., 57-58, 128, 149-50

阿米什人 Amish, 36

人类学 Anthropology, xi, 4, 7, 9. See also Beideleman; Gerlach; Harding; Hine; Horton; Morinis; Sahay; Stone; Stromberg; Tippett; Turner (V.); Wallace

叛教/脱教 Apostasy, 13, 27, 39-40, 53-54

阿伦斯 Arens, W., 112

艾略特·阿伦森 Aronson, Elliot, 116

神召会 Assemblies of God Church, 78-79

归因理论 Attribution theory, 200n27

奥古斯丁 Augustine, 58, 158-59.

可用性/可获得性 Availability: Structural, 60-61; emotional, 61; intellectual, 61-62; religious, 62-63

小亨利·贝克 Baker, Henry, Jr., 58

罗伯特·巴尔赫 Balch, Robert, 36-37, 62, 122

威廉·班克斯敦 Bankston, William B., 184n3

---

* "索引"条目英汉对照，其中汉译主要根据本书正文中的译文，所注页码是英文原著页码，即本书的边码。"索引"部分保留英文条目的字母排序，以便交叉参考。

洗礼/洗礼仪式 Baptism, 116, 127, 129

艾琳·巴克尔 Barker, Eileen, 198n1

大卫·贝利特 Barrett, David B., 33

皮尔斯·比佛尔 Beaver, R. Pierce, 74

詹姆斯·贝克福特 Beckford, James A., 64, 118, 138-39

贝德尔曼 Beideleman, T. O., 69-73

【原著 235，右栏】

皈信的利益 Benefits of conversion, 81-86

彼得·伯格 Berger, Peter L., 28-30

个人偏见 Bias, personal, xi-xv, 142-44

圣经 Bible: xiii, 155; references to, Deuteronomy 30: 15-20, 125-26; Romans 6: 3-4, 129; Galatians 2: 20, 132; Galatians 5: 19-21, 131; 2 Timothy 3: 1-5, 131

生平再造 Biographical reconstruction, 137-39

黑人穆斯林 Black Muslims, 36

安通·博伊森 Boisen, Anton T., xiv

"再生"经验/"再生"经历 "Born again" experience, 3

洗脑 Brainwashing, 58, 158

杰拉尔德·布劳尔 Brauer, Jerald C., 12, 131

露丝·布莱格曼 Bregman, Lucy, 199n8

大卫·布罗姆利 Bromley, David G., 122

佛教 Buddhism, 32, 57-58, 128, 149-50

理查德·威廉·布里埃 Bulliet, Richard W., 12, 95-97

布兰登·卡莫迪 Carmody, Brendan, 154

查理曼大帝 Charlemagne, 76

魅力 Charisma, 84-85, 113

琳达·安·恰尼 Charney, Linda Ann, 188n10

中国 China, 27, 36

基督教/基督宗教 Christianity, 14, 32, 34, 150-53

基督教化 Christianization, 76-77, 98-99, 150, 172-73

基督的教会 Churches of Christ, xii-xiv, 78-79; ("Boston"/discipline movement), 71-72, 87-88, 112, 122, 131-32

英国海外传道会 Church Missionary Society, 69

艾尔德立基·克里夫尔 Cleaver, Eldridge, 24-26

肯顿·克莱默 Clymer, Kenton J., 153

强制性的/强制方法的皈信 Coercive methods of conversion, 15-16, 58-59, 117-18

查尔斯·科尔森 Colson, Charles, 110

委身/投身/投入/承诺 Commitment (stage 6), 124-41, 168-70

传播/沟通 Communications, 26-27

【原著 236，左栏】

冲突 Conflict, 133, 134-35

汇合/汇聚 Confluence, 87

融合/一致 Congruence, 37-38

沃尔特·康恩 Conn, Walter, 64, 147

后果（第七阶段）Consequences (stage 7), 142-64, 170

君士坦丁 Constantine, 152

情境（第一阶段）Context (stage 1), 20-43, 92-93, 165-66

皈信/改宗/皈依 Conversion: cases (examples) of: see Ambedkar; Augustion; Bulliet, Charlemagne; Cleaver; Colson; Constantine; Daniel; Fisher; Handsome Lake; Harding; Higi people; Ibgo people; Lewis, Paul (Saint); Saul of Tarsus; Saxons; Sikh convert; Stone; Zulus; definitions of, 2-4, 5-7, 147; dimensions of, 146-47; models of, 7-12, 16, 184n37; stages of: Stage 1, see Context; Stage 2, see Crisis; Stage 3, see Quest; Stage 4, see Encounter; Stage 5, see Interaction; Stage 6, see Commitment; Stage 7, see Consequ-ences; summary statements, 34, 87, 176; theories of. See Attribution theory; Availability; Biographical reconstruction; Cycle of religious transformation; Confluence; Congruence; Decision making; Developmental stages; Diffusion of innovation; Encapsulation; Hermeneutical theory; Hypotheses; Intellectualist theory; Lofland; Macro-social relations; Motivation; Motifs; Network theory; Power; Primordial revolutions; Relationships; Revitalization; Ritual theory; Role theory; Secularization; Self; Stark; Syncretism; Tippett; Types of conversion; types of, 12-14, 38-40. See also Affiliation; Apostasy; Institutional transition; Intensification; Tradition transition

皈信者的调整适应 Convert, adaptation of, 99-101

皈信（强调其过程性）Converting, 7

危机（第二阶段）Crisis (stage 2), 44-55, 166

膜拜团体/膜拜组织/教派 Cults, 58-59

文化 Culture, 8-9, 23-26

【原著236，右栏】

信念强化运动 Cursillo, 39

菲利普·库西曼 Cushman, Philip, 31-32, 117-18

宗教变化的周期 Cycle of religious transformation, 32-34

丹尼尔 Daniel, K. G., 58

死亡和再生 Death and rebirth, 120

做决定/决策 Decision making, 125-27

教派转换 Denominational switching, 13

后皈信抑郁症 Depression, post-conversion, 136-37

去程序化 Deprogramming, 13

描述性/规范性问题 Descriptive/Normative issues, 6-7

发展阶段与皈信 Developmental stages and conversion, 157

历时性研究方法 Diachornic methodology, 12

创新扩散理论 Diffusion of innovation, 95-97

门徒关系 Discipleship, 112

圣光使团 Divine Light Mission, 51, 61-62, 116

丹尼尔·多珀 Deopper, Daniel, 153-54

文森特·多诺万 Donovan, Vincent J., 99

小詹姆斯·唐顿 Downton, James V., Jr., 51, 61-62, 116

詹姆斯·杜克 Duke, James T., 32-34

能动力场/动态力场 Dynamic force field, 42-43

戴森 Dyson, H. V. V., 110

理查德·伊顿 Eaton, Richard M., 70

谢尔顿·艾克兰德-奥尔森 Ekland-Olson, Sheldon, 80

皈信的情感满足 Emotional gratifications of conversion, 83-84

胶囊化 Encapsulation, 103-08

飞地 Enclaves, 36-37

遭遇（第四阶段）Encounter (stage 4), 66-101, 167

西摩尔·爱泼斯坦 Epstein, Seymour, 63-64, 82

埃里克·埃里克森 Erikson, Erik H., 64

诺曼·埃塞灵顿 Etherington, Norman, 90-91, 154-55

宗教扩展 Expansion of religion, 68

家庭在皈信中的角色 Family, role in conversion, 62-63, 161

父亲在皈信中的角色 Father, role in conversion, 53, 111

汉弗莱·费希尔 Fisher, Humphrey J., 93-94

小休·弗洛伊德 Floyd, H. Hugh, Jr., 184n3

皈信中的暴力使用 Force, use of conversion, 76-77

克莱格·福赛思 Forsyth, Craig J., 184n3

宗教创立者/创建者 Founders of religion, 24, 175

【原著237，左栏】

詹姆斯·福勒 Fowler, James W., 4, 64, 157

友情和亲情网络 Friendship and kinship networks, 80

马克·加兰特尔 Galanter, Marc, 61, 88, 127, 136

尤金·加拉格尔 Gallagher, Eugene V., 171

大卫·加特雷尔 Gartrell, C. David, 126

贝弗利·罗伯茨·加文塔 Gaventa, Beverly Roberts, 185n9

克利福德·格尔茨 Geertz, Clifford, 26

唐纳德·盖尔皮 Gelpi, Donald J., 146-48

路德·格尔拉赫 Gerlach, Luther P., 44

卡罗尔·吉利根 Gilligan, Carol, 4, 64

上帝/神 God, 160-62, 174

贾亚士里·戈卡勒 Gokhale, Jayashree B., 149-50

大卫·戈登 Gordon, David F., 62, 156-57

诺曼·哥特瓦尔德 Gottwald, Norman, 175

葛培理 Graham, Billy, 110, 113, 183n35

约翰·格莱辛 Gration, John, 20

唐纳德·格莱 Gray, Donald, 175

安德鲁·格利来 Greeley, Andrew M., 29

亚瑟·格里尔 Griel, Arthur, 103-08

艾米莉·格里芬 Griffin, Emilie, 133

罪/罪感 Guilt, 161

古鲁大师马荷罗基 Guru Maharaji Ji, 51

汉德萨姆·莱克 Handsome Lake (Ganiodaiio), 24

苏珊·哈丁 Harding, Susan, 82-83

印度教克利须那教派的信徒 Hare Krishna, 13, 129

玛丽琳·哈伦 Harran, Marilyn J., 178n2

治疗/疗伤/治愈 Healing, 38, 49-50

马克斯·海立克 Heirich, Max, 48

大卫·海斯 Heise, David R., 191n5

阐释学理论/解释学理论 Hermenutical theory, 118-21

希吉人 Higi people, 35-38

弗吉尼亚·海恩 Hine, Virginia H., 44, 116-17, 128-29

历史 History, 11-12. See also Brauer; Fisher; MacMullen; Mcloughlin; Nock; Rafael; Sanneh; Segal

皈信的历史 History of conversion, 175

罗宾·霍顿 Horton, Robin, 92-93

人文学科/人文社会学科 Human sciences, xiv-xv. See also Anthropology; History; Psychology; Sociology Hypotheses, 41-42, 140-41

【原著237，右栏】

伊格博人 Igbo people, 88-90

本土化 Indigenization, 101

基础结构和上层建筑 Infrastructure and superstructure, 20, 173

机构的转换（皈信类型）Institutional transition (conversion type), 13-14, 39, 172

皈信的知识和思想面向/思智面向 Intellectual dimension of conversion, 14-15

知性主义的/思智的理论 Intellectual theory, 92-93

强化（皈信类型）Intensification (conversion type), 3, 13, 39, 172-74

互动（第五阶段）Interaction (stage 5), 102-23, 167-68

解释/阐释 Interpretation, 118-21

伊丽莎白·伊希凯 Isichei, Elizabeth, 88-90

伊斯兰/伊斯兰教 Islam, 26, 70, 93-94, 95-97, 112, 153

伊斯兰化 Islamization, 150, 172-73

以色列 Israel, xii

珍妮·雅各布斯 Jacobs, Janet, 111

威廉·詹姆斯 James, William, 9

日本 Japan, xii, 27, 36

耶和华见证会 Jehovah's Witnesses, 79, 138-39

西奥多·詹宁斯 Jennings, Theodore W., 114-15

耶稣基督 Jesus Christ, 25, 32, 118,

134，145

"耶稣子民"组织 Jesus People，62

贝利·约翰逊 Johnson, Barry L.，32-34

犹太教 Judaism，34，60，79，145，159-60

本内塔·朱尔斯－罗赛特 Jules-Rosette, Bennetta，177n2

苏珊·加斯特 Juster, Susan，174

斯蒂芬·卡普兰 Kaplan, Steven，97-99，193n2

露丝·玛佐·卡拉斯 Karras, Ruth Mazo，77

阿利斯泰尔·凯 Kee, Alistair，152

罗伯特·科甘 Kegan, Robert，64

亨利·安斯加·克里 Kelly, Henry Ansgar，129

亲情友情网络/亲属和朋友网络 Kinship and friendship networks，108-113

劳伦斯·科尔伯格 Kohlberg, Lawrence，64

大卫·科布林 Korbin, David，130-31

朝鲜/韩国 Korea, xii，91

查尔斯·克拉夫特 Kraft, Charles，35，37-38

语言 Language，82，118-121

摩门教（耶稣基督后期圣徒教会）Latter-Day Saints, Church of Jesus Christ of，60，66，71，72，80-81，84-85，87

【原著238，左栏】

领导/领导力 Leadership，84-85

比尔·伦纳德 Leonard, Bill J.，40

刘易斯 Lewis, C. S.，110-11

阿哈龙·利希顿斯坦 Lichten-stein, Aharon，159-60

康斯坦特·利文斯 Lievens, Constant，100

罗伯特·杰·利夫顿 Lifton, Robert Jay，31-32，51

特利佛·凌 Ling, Trevor，150

约翰·洛夫兰德 Lofland, John，14-17，47-48，105

伯纳德·朗尼根 Lonergan, Bernard，146

萨利·麦克法格 McFague, Sallie，177n3

拉姆塞·麦克穆伦 MacMullen, Ramsay，12，150-52

威廉·麦克劳夫林 McLoughlin, William G.，26

宏观情境 Macrocontext，21-22

宏观社会关系 Macrosocial relations，91-92

理查德·麦卡莱克 Machalek, Richard，118，120-21

边缘/边缘状态 Marginality，41，191n7

大卫·马丁 Martin, David，29

转变矩阵/转变的矩阵模型 Matrix of transformation，107-23

乔治·米德 Mead, George H.，121

意义体系 Meaning, systems of，82-83

比喻/隐喻 Metaphor，120

方法/研究方法 Methodology，18-19

拉尔夫·麦兹那 Metzner, Ralph，120

墨西哥 Mexico，148-49

微观情境 Microcontext，22

乔尔·米格达尔 Migdal, Joel S., 191n7

雅阁·米尔格罗姆 Milgrom, Jacob, 175

埃尔默·米勒 Miller, Elmer S., 155–156

加德森·米尔斯 Mills, Judson, 116

思想控制 Mind control, 117–18

传教学 Missiology, xi. See also Barrett; Carmody; Donovan; Gration; Kraft; Miller; Taylor (John V.); Turner (Harold W.)

使命/传教使命 Mission (defined), 68

传教士 Missionaries. See Advocates

传教站 Missionary station, 90–91

混合/混杂 Mixing (syncretism), 94, 101

穆罕默德 Mohammed, 32

罗伯特·蒙哥马利 Montgomery, Robert L., 91–92

文鲜明 Moon, Sun Myung, 61

【原著238，右栏】

阿兰·莫林尼斯 Morinis, Alan, 130

摩门教徒 Mormons. See Latter-Day Saints

罗姆尼·莫斯利 Moseley, Romney M., 157

皈信的主题/皈信入教的主题 Motifs, conversion, 14–16, 105

动机 Motivation: of potential converts, 63–65; reformulation of, 139–41; hypotheses, 140–41; of advocates, 73–75

神秘经历/神秘经验 Mystical experience, 15, 48–49

民族主义 Nationalism, 75, 154–55

接近死亡的经历/近乎死亡的经历 Near-death experience, 49

雅各布·尼德曼 Needleman, Jacob, 84

社会网络理论（亲情/友情）Network theory (kinship/friendship), 108–13

新宗教运动/新兴宗教运动 New Religious Movements, 58–59, 158

尼日利亚 Nigeria, 37, 88–90

诺克 Nock, A.D., 5, 34, 94

规范性/描述性问题 Normative/Descriptive issues, xii, 6–7, 40, 142–44, 146–48, 171–72

理查德·奥弗希 Ofshe, Richard, 117–18

引发痛苦 Pain induction, 130–32

皈信的路径 Paths of conversion, 37

病理性/病理学/病态 Pathology, 52–53

庇护人体系 Patronage system, 112

保罗（使徒）Paul (Apostle), 48–49, 129, 145, 161, 202n2, 202n3

约翰·威尔·佩里 Perry, John Weir, 26

皈信的个人维度 Personal dimension of conversion, 9–10, 30–32

现象学 Phenomenology, 160

菲律宾 Philippines, 152–53

汤姆·菲利普斯 Philips, Tom, 110

让·皮亚杰 Piaget, Jean, 64

权力/力量 Power, 64, 85–86

祈祷/祷告 Prayer, 118

大卫·普莱斯顿 Preston, David L., 117

"原始的革命" Primordial revolutions, 26

皈信的过程观点 Process view of conversion, 1, 17

皈信基督新教 Protestantism, conversion to, 148-49

韦恩·普劳德夫特 Proudfoot, Wayne, 171, 200n27

【原著239，左栏】

心理学/心理状态 Psychology, xi, 4, 7, 9-10. See also Adler; Allison; Cushman; Epstein; Galanter; Lifton; Metzner; Singer; Tiebout; Ullman

皈信的心理后果 Psychological consequences of conversion, 156-58

清教徒 Puritans, 12

追寻（第三阶段）Quest (stage 3), 56-65, 166

韦森特·拉斐尔 Rafael, Vicente L., 153

拒绝皈信 Rejection of conversion, 35-36

关系 Relationships, 108-13

解脱效应 Relief effect, 136

宗教 Religion, 10-11, 32-35, 177-78n2

宗教研究 Religious studies, 7. See also Bregman; Conn; Fowler; Gallagher; Jennings; Moseley; Proudfoot

抵制皈信 Resistance to conversion, 35-36, 77, 90-91

复兴运动 Revitalization movements, 24

复兴主义 Revivalism, 15

修辞/表述 Rhetoric 82, 118-21

詹姆斯·理查德森 Richardson, James T., 184n2, 186-87n2

基督徒成人入门圣事礼 Rite of Christian Initiation of Adults, 102-03

仪式/礼仪 Rituals, 113-18, 127-32

奥罗·罗伯茨 Roberts, Oral, 113

罗兰·罗伯特森 Robertson, Roland, 178n6

角色理论 Role theory, 121-23, 198n33

罗马天主教会 Roman Catholic Church, 48, 102-03, 148-49, 153

罗马帝国 Roman Empire, 150-52

鲁思·劳斯 Rouse, Ruth, 73-74

大卫·鲁迪 Rudy, David, 103-08

凯沙利·萨海 Sahay, Keshari N., 99-101

爱德华·桑普森 Sampson, Edward E., 175

拉明·桑纳 Sanneh, Lamin, 155

西奥多·萨宾 Sarbin, Theodore R., 127, 195n8

大数的扫罗 Saul of Tarsus, See Paul (Apostle)

萨克逊人的皈信 Saxons, conversion of, 76-77

世俗化 Secularization, 28-30, 155-56.

阿兰·西格尔 Segal, Alan F., 185n9

自我 Self, 31-32, 51, 156-57

【原著239，右栏】

服务他人作为投身传教的动机 Service, as motivation for mission, 75

赞恩·香农 Shannon, Zane K., 126

安森·舒普 Shupe, Anson, 122

锡克教皈信者 Sikh convert, 49-50

雅勒·西门森 Simensen, Jarle, 112-13

罗伯特·西蒙兹 Simmonds, Robert B.,

玛格丽特·辛格 Singer, Margaret, 58, 117–18

罪/罪孽 Sin, 119, 130–32, 134

诺曼·斯科诺夫德 Skonovd, Norman, 14–16, 105

大卫·斯诺 Snow, David A., 80, 118, 120–21

皈信的社会面向 Society, dimension of conversion, 9, 26–30

社会学 Sociology, xi, 4, 7, 9. See also Beckford; Berger; Duke; Lofland; Machalek; Richardson; Robertson; Skonovd; Shupe; Snow; Stark; Straus; Taylor (Brain); Turner (Paul)

南方浸信教会 Southern Baptist Church, 40, 78–79

阶段模型 Stage model, 16–18. 参见"皈信"（Conversion）条目下的"阶段"（stnges of）。

罗德尼·斯达克 Stark, Rodney, 15, 17, 47–48

奥利夫·斯顿 Stone, Olive, 40

故事（宗教皈信的）Stories, 158–59

宣教策略的风格 Strategic styles of advocacy, 79

罗杰·施特劳斯 Straus, Roger A., 56

彼得·斯特隆伯格 Stromberg, Peter, 82–83

苏丹 Sudan, 27

降服 Surrender, 132–37

共时性研究方法 Synchronic methodology, 12

混合性宗教/混杂宗教信仰 Syncretism, 77, 89, 94

叙利亚东正教会 Syrian Orthodox Church, 78

布莱恩·泰勒 Taylor, Brian, 118, 138–39

大卫·泰勒 Taylor, David, 36–37, 62

约翰·泰勒 Taylor, John V., 99

生活的技能 Techniques for living, 84

见证 Testimony, 137–39

神学 Theology, 4, 7, 171–72, 205–06n3. See also Gelpi; Lonergan; Wallis

哈利·提布特 Tiebout, Harry M., 135

阿兰·提佩特 Tippett, Alan R., 17, 37, 129–30

斯蒂文·提普顿 Tipton, Steven M., 62

托尔金 Tolkien, J. R. R., 110

【原著240，左栏】

传统转换/传统转变（皈信类型）Tradition transition (conversion type), 14, 38–39, 172

超越 Transcendence, 50–51, 64

交通 Transportation, 26–27

理查德·特拉维萨诺 Travisano, Richard V., 178n4

哈罗德·特纳 Turner, Harold W., 85–86

保罗·特纳 Turner, Paul, 148–49

维克多·特纳 Turner, Victor, 113

皈信的类型 Types of conversion, 12–14, 38–40. See also Affiliation; Apostasy; Institutional transition; Intensification;

Tradition transition

查纳·乌尔曼 Ullman, Chana, 52-53, 111, 157

统一教会 Unification Church, 13, 61

谢尔顿·范奥勤 Vanauken, Sheldon, 110-11

本土语言 Vernacular language, 155

幻象/幻觉 Visions, 40

【原著240，右栏 Right Column】

安东尼·华莱士 Wallace, Anthony F. C., 23-24

吉姆·沃利斯 Wallis, Jim, 147

蒙哥马利·瓦特 Watt, W. Montgomery, 175

本杰明·魏宁格 Weininger, Benjamin, 84

布莱恩·威尔逊 Wilson, Bryan, 29

斯蒂芬·威尔逊 Wilson, Stephen R., 117

女性与皈信 Women and conversion, 174

小弗拉维尔·易克莱 Yeakley, Flavil R., Jr., 62-63

瑜伽 Yoga, 117

禅/禅宗 Zen, 117

罗伯特·齐勒尔 Ziller, Robert C., 127, 195n8

祖鲁人/祖鲁族 Zulus, 90-91

路易斯·泽克尔 Zurcher, Louis A., 80

译者后记
基督教中国化的语言问题
—— 以"Conversion"和"Commitment"的汉译为例

陈　纳

历时数年，译稿终于杀青，译者应有如释重负之感。然而，译完《宗教皈信》，我未曾享受到那份轻松就已面对另一道难题。说来难以置信，书译完了，译者却始终对译稿中两个关键术语的汉译不甚满意。哪两个术语？—— "Conversion" 和 "Commitment"。译者查阅了大量文献，与多位学者探讨，向宗教从业人士请教，反复推敲，最终并不那么情愿地将这两个术语译为"皈信"和"委身"。不情愿，因为译者明白，汉译与英语原文的"所指"之间存在相当大的歧义。虽不满意，还是用了，为什么？无奈，找不到更好的译法。然而，这种令译者无奈的现象正是值得研究的问题。于是我开始了关于"无奈"的研究，也算是对原著作者和读者的一份交代。研究发现，基督教术语汉译的意义扭曲情况实属难免，而且这样的现象并非仅限于"能指"和"所指"转换的译介问题，而是可能涉及语言、心理、传播、宗教、政治、社会、文化等诸多方面的问题，尤其值得关注的是其对"基督教中国化"的影响。作为研究的初步成果，本文曾于2021年底在学术会议上发表，并蒙会议方收入文集出版。① 在此用作"译者后记"，仍保留原论文的基本形式和内容，仅个别地方略有改动。

---

① 陈纳：《基督教本色化的语言问题：以"Conversion"和"Commitment"的汉译为例》，《儆醒预备：2021华人基督教之本土与全球发展研讨会论文集》，华宣出版社，2022。

绪论

基督教源于古代犹太教的一个支派，经两千年发展，从地中海东岸一隅之地传遍全世界。① 基督教的发展史就是一部文化间传播的历史，一部充满跨文化符号转换现象的历史。与基督教在世界其他地区传播的情况比较，基督教入华在跨文化符号转换方面具有更大的难度和复杂性，究其原因主要在于双方悠久而丰富的文化之间存在巨大差异，尤其突出的是中国语言（汉语言文字）的独特性，给宗教翻译带来了极大的困难。早在唐代的《大秦景教流行中国碑》中，许多基督教概念的汉译就因受语言文化之困，不得不援用大量儒道释的术语，行文中含混而扭曲的概念和意象比比皆是。② 十六世纪末至十七世纪初，利玛窦等传教士来华，曾为基督教最基本的概念"Deus"的汉译费尽周折。③ 其实，数百年来，有关《圣经》以及与基督教相关概念汉译的争议可谓从未断绝，这方面的探究也从未停止。④ 所有这些，一方面说明基督教在华传播所涉文化符号转换的任务十分艰巨，另一方面则体现了人们在接受该艰巨挑战过程中表现出臻于至善的传统。本研究旨在追随这一传统，探究基督教在华传播过程中宗教术语的翻译问题。具体来说，本研究通过比较两个术语（conversion 和 commitment）在英语和汉译中词义的差异，讨论它们在符号转换过程中意义扭曲的情况，审察跨文化情境中这种扭曲可能造成的基督教神学和宗教实践方面的影响，通过分析汉语某些结构性特点探究汉译意义扭曲的内在机制，并分析这种带有特定文化内涵的汉译可能导致的某些文化误解和社会影响，最后探

---

① 本文中"基督教"是一个泛指概念，既作基督宗教的总称，也指称不同派系，并不专指基督新教。
② 参见徐晓鸿《〈大秦景教流行中国碑颂并序〉新释》，载徐晓鸿编著《唐代景教文献与碑铭释义》，宗教文化出版社，2019，第 2~21 页。
③ 有关"Deus"汉译争议的文献非常多，例如戚印平《"Deus"的汉语译词以及相关问题的考察》，《世界宗教研究》2003 年第 2 期；纪建勋：《汉语神学的滥觞：早期全球化时代的上帝之赌》，道风书社，2020。
④ 例如刘云《语言是社会史：近代〈圣经〉汉译中的语言选择（1822—1919）》，上海人民出版社，2015。

讨本研究对汉语基督神学的建构和基督教中国化研究的意义。

一 问题的缘起

三年前，笔者受刘易斯·兰博（Lewis R. Rambo）教授委托，将其著作《宗教皈信》（*Understanding Religious Conversion*）①译成中文出版。从一开始，原著的关键词"conversion"就是个关键性难题——汉译用什么词为好？这个问题不解决，连书名都译不出。在英汉词典中，表达宗教conversion最常见的汉译是"皈依"，然而，汉语"皈依"的内涵具有浓厚的佛教色彩。《汉语大字典》中"皈依"的定义是："佛教用语。归信佛教。通常指皈依佛、法、僧的三皈依。"②"皈依"原本是佛教用语，后来延伸使用，可以意指"参加其他宗教组织"。③本研究关注的是，如选用"皈依"作为基督教的"conversion"之汉译，难免有将传统中国人信奉佛教与信奉基督教的过程等同之嫌，而实际上这两者差异甚大（详见下文）。另一可供选择的词是"皈信"。与"皈依"相比，"皈信"强调了"信"。在基督教历史上，由奥古斯丁开创的"信、望、爱"的传统被各大教派尊为基督神学的基本要义。④而且，"信"是这三者中的核心和前提，"若没有信，便没有望或爱"。⑤权衡之下，笔者选用"皈信"作为"conversion"的汉译，而在少数特定情境中则译为"转宗""转信"等。

在《宗教皈信》中，兰博将皈信过程分为七个阶段，分别是：情境，危机，追寻，遭遇，互动，Commitment，后果。⑥其中第六阶段是"Commitment"，该词的汉译是本研究的另一个案例。从工具书既有的"约定"看，commitment是相当多义的词，在本文情境下，可供选择的

---

① Lewis R. Rambo, *Understanding Religious Conversion*, New Haven: Yale University Press, 1993.
② 汉语大字典编辑委员会编纂《汉语大字典》（第二版缩印本），四川辞书出版社，2018。
③ 汉语大词典编辑委员会、汉语大词典编纂处编纂《汉语大词典》，上海辞书出版社，2011。
④ 参见奥古斯丁《论信望爱》，许一新译，生活·读书·新知三联书店，2009。
⑤ 同上书，第6页。
⑥ 参见 Lewis R. Rambo, *Understanding Religious Conversion*, pp. 16-8。

汉译包括：托付，承诺，保证，委托，承担义务，信奉，献身，介入，等。① 可以说，commitment 在不同程度上兼有这些词的某些内涵，但没有一个词可以选为理想的"对应词"作为本文特指的 commitment 之汉译。不过，在汉语基督教社群中，commitment 有一个常见的表述，即"委身"。② 但"委身"作为汉语中既有词语有其特定含义（见下文），笔者为之顾虑。几经斟酌，并与多位学者和神职人员商讨，最终还是采用了"委身"作为该词的主要汉译。

选定"皈信"和"委身"作为两个术语的汉译，解决了译稿问题，但新的问题接踵而来。不得不承认，最终选定的汉译在很大程度上只是一种妥协，并不理想，并不满意。其中原因何在？这样的汉译可能会导致怎样的后果呢？对于宗教的传播，宗教概念和思想的建构，以及宗教的发展会有什么影响呢？甚至，走出宗教，在社会文化层面上是否也会产生后果呢？这些问题都值得深思，而问题的根本还在于英汉术语之间的意义扭曲和紧张。下面我们首先从词源和语义着手，对英汉术语的源头和基本内涵进行比较分析。

二 词源和语义的比较分析

英语 conversion 是名词，与之相应的动词是 convert。③ 始现于中古英语的 convert，源自古法语 convert-ir，后者则源于拉丁语 *convertĕre*。在拉丁语中，*vertĕre* 的基本意思是"转或转动"（to turn），而复合词 *convertĕre* 的基本意思则是"转回或转向"（to turn about or turn round），"转变或改变（性质）"（to turn in character or nature），"变形或改变"

---

① 陆谷孙主编《英汉大词典》，上海译文出版社，1993 年第一版，词条"commitment"。查阅其他工具书，结果大致相同。
② 笔者曾与不同背景的神职人员探讨"commitment/委身"的问题，有几位天主教神父提出，倾向于用"献身"而不是"委身"。然而，用"献身"作为 commitment 的汉译也不甚合适，尤其对普通皈信者来说。
③ 可以说，这两个词（convert 和 conversion）的词源线索是平行的或大体一致的。因为工具书中的词源分析主要针对动词，我们的讨论主要围绕 convert 进行。同理，下面关于 commit 和 commitment 的讨论则主要围绕 commit 进行，不再加注。

(to transform)、"转换或翻译"(to translate),等。所以,从词源分析来看,conversion 原本的基本意思是"转"和"变"。① 从语义学的角度看,conversion 在历史演化过程中有一定的语义变化,相对淡化了"转"(Turning in position, direction, destination)的含义,更加突出了"变"(Change in character, nature, form, or function)的含义。所以,从语义分析来看,conversion 在现代英语中的基本含义是"变",可以是"变化""改变""转变"等。②

Conversion 的汉译"皈信"是由"皈"和"信"两个语素构成的复合词。"皈"是佛教入华为译经而新造的字,本义是归向佛教。③ 因为"皈"同"归",且"皈依"亦作"归依",所以要理解"皈",就要探究造字更早的"归"之词源和语义。"归"(歸)的本义是指女子出嫁,《说文解字》:"歸,女嫁也。"④ 进而由"出嫁"义引申为"归向""归附""归顺""依附"等与本研究直接相关的基本含义。⑤ 汉语中的"信"是会意字,《说文》"信"的解释为:"诚也。从人,从言。""信"的本义是"诚实",引申为"不疑""相信""信仰""崇奉"等与本研究相关的基本含义。⑥ 综上所述,"皈信"的基本含义就是其字面所表示的"归向(归附、归顺)"和"信奉"的意思;无论从词源还是语义看,"皈信"都没有 conversion 所明确表达的"变"或

---

① *The Oxford English Dictionary*(Second Edition), Oxford: Clarendon Press, 1989, 见词条"convert"和"conversion"。另见"Convert" and "conversion," in *Merriam-Webster.com Dictionary*, Merriam-Webster, https://www.merriam-webster.com/dictionary/convert. Accessed 8 May, 2020。

② *The Oxford English Dictionary*(Second Edition), Oxford: Clarendon Press, 1989, 见词条"conversion"。另见陆谷孙主编《英汉大词典》,上海译文出版社,1993 年第一版,词条"conversion"。

③ 参见网络版《字源查询》条目"皈",http://qiyuan.chaziwang.com/etymology-13730.html,2020 年 5 月 7 日。

④ 罗竹风主编《汉语大词典》,上海辞书出版社,2011 年第一版,词条"歸[归]"。

⑤ 所谓"与本研究直接相关的基本含义"是指"归"与"皈依"中的"皈"相通情况下的含义。参见《汉语大词典》条目"歸[归]"和"皈";又见李学勤主编《字源》,天津古籍出版社,2012,条目"歸(归)"。汉字"归"还有其他含义,因与本研究不甚相关,不予详论。

⑥ 参见《康熙字典》,条目"信"和"诚";《汉语大词典》,条目"信";以及网络版《字源查询》,条目"信",见 http://qiyuan.chaziwang.com/etymology-15681.html, 2020 年 5 月 8 日。

"转变"这个基本含义。所以，从英汉两种语言的词源和词义来看，"皈信"作为 conversion 的汉译伴随着相当大的意义扭曲，尤其表现为部分关键意义的流失。①

再看 commitment 与"委身"。英语名词 commitment 由动词 commit 加名词后缀 ment 构成。中古英语中的 commit（*committen*）借自诺曼时代通用法语中的 *committ-er*，后者则源自拉丁语 *committ-ĕre*。在拉丁语中，*mitt-ĕre* 的基本意思是"发出"（to send）、"提出"（to put forth）等，而复合词 *committ-ĕre* 的基本意思是"结合"（to join together），"参与"（to engage）、"委托"（to entrust）等。在英语中，单词 commit 最初出现于 15 世纪，基本含义是"委托"或"信托"（to put into charge or trust；entrust）等；名词 commitment 指称与动词 commit 相应的行为，表示"委托"或"信托"（an act of committing to a charge or trust）等。②在 commitment 的引申语义中，与本研究最相关的是［对某事项或事业的］"承诺"（promise）、"保证"（pledge）或"介入"（engagement）。用于这类意思的时候，动词 commit 常常作为反身动词使用，例如"to commit oneself to …"，表示行为者"投入于""投身于"。这种"反身"的意思同样包含在名词 commitment 的语义中，表示有"承诺"或"保证"意思的"投入"（"投身""介入"）行为，含有履行约定和承担义务的主观意志。③

汉语"委身"的"委"是会意字，《说文》："委，委随也。从女，从禾。"甲骨文中的"委"字，其"女"旁或在"禾"左或在"禾"

---

① 关于翻译过程中的"意义扭曲"（包括"意义流失"和"意义衍生"），Nida 有类似论述。Nida 的论述侧重语句和文本，本研究侧重语词和概念。参见 Nida, E. A. (1959). Principles of translation as exemplified by Bible translating. In R. A. Brower ed., *On Translation*, Cambridge, MA：Harvard University Press.

② 参见 *The Oxford English Dictionary*（Second Edition），Oxford：Clarendon Press, 1989, 见词条"commit"和"commitment"。另见"Commit" and "commitment." *Merriam-Webster. com Dictionary*, Merriam-Webster, https：//www.merriam-webster.com/dictionary/convert. Accessed 9 May. 2020。

③ 参见 *The Oxford English Dictionary*（Second Edition），Oxford：Clarendon Press, 1989, 见词条"commit"和"commitment"。另见陆谷孙主编《英汉大词典》，上海译文出版社，1993 年第一版，词条"commit"和"commitment"；"Commitment" Dictionary.com, https：//www.dictionary.com/browse/commitment? s=t. Accessed 9 May 2020。

右，解释为：一女人跪在枯萎的禾秆旁边，其象征意义是"女人委曲地顺从了别人"。就词源而言，"委"的本义是委随、顺从，引申为"隶属""托付""丢弃"等义。① 据《汉语大词典》，"委身"的基本语义是"托身，以身事人"的意思；在指称男女之间发生关系时，"委身"意指"女子将身体交给男人。谓嫁给男子"。② 其实，"委身"所指的女子与男人的关系，主要不在婚嫁，而在于身体的交付，且"多指在不得已的情况下"发生的身体关系，③ 这也呼应了甲骨文"委"字的象征意义。从词源和语义看，"委身"虽有"托身""介入"的意思，但缺乏主动性"承诺"或"保证"的意思，加上"委"字从造字开始就带有男女关系的特定内涵，多了一层"屈从"的色彩，所以，"委身"作为"commitment"的汉译显然有相当大的意义扭曲，既有意义流失，也有意义衍生。

三 基督教话语中的 Conversion 和 Commitment

在基督教话语体系中，conversion 和 commitment 是两个具有重要意义的概念，且两者关联十分密切，后者是前者过程的重要环节，若无 commitment 则 conversion 不能完成。兰博和法哈迪安认为，"几乎鲜有例外，皈信者用以描述其皈信过程所用的语言是具有神学意义或宗教意义的"。④ 对于这样富有宗教内涵的概念之理解，仅流于字面上的溯源和定义是不够的，必须深入宗教实践的语境，结合基督教神学的理论和原则进行探讨。

---

① 参见许慎《说文解字》，条目"委"；李学勤主编《字源》，条目"委"；网络版《字源查询》，条目"委"，http：//qiyuan.chaziwang.com/etymology-1898.html，2020年5月9日。
② 罗竹风主编《汉语大词典》，上海辞书出版社，2011年第一版，词条"委身"。
③ 在《在线组词》中，对词语"委身"的基本解释为："把自己的身体、心力投到某一方面（多指在不得已的情况下）。"http：//zuci.chaziwang.com/showci-44211.html，2020年5月10日。
④ Lewis R. Rambo and Charles E. Farhadian, "Introduction," in Lewis R. Rambo and Charles E. Farhadian, eds., *The Oxford Handbook of Religious Conversion*, Oxford：Oxford University Press, 2014, p. 13.

必须说明，基督教历史悠久、派系繁多，神学著述浩如烟海，且各时期各教派关于 conversion 和 commitment 的理解和实践不一，恰如兰博所说，这些概念"内在意义的含混性，使得任何一个意欲就该专题进行综合性研究的人都面临极大风险"。① 然而，出于本研究论证之需，笔者还是不揣简陋，冒着"极大风险"做出以下扼要论述，并不特指某一教派，只是根据兰博在《宗教皈信》中的解说，结合多数主流教派认可的基本教义和实践，描述一种近乎"理想类型"的情况，仅用于本研究的分析和讨论。

兰博指出，"在犹太教—基督教《圣经》中，那些与'皈信'（conversion）对应的希伯来语和希腊语的词，其字面意义都是'转'或'回'（to turn or return）。而'转'或'回'的具体意义则是根据前后文来决定的"。② 这与上文对英语 conversion 的考证一致，同时说明，对于这些词语意义的理解离不开前后文，不可仅拘泥于字面意义。基督教传统中的 conversion 所强调的"变"或"转变"，是涉及基督教基本教义的具有根本性的问题。从源头来说，基督教中神人之间存在两重关系：其一为造物主与造物的关系；其二为罪人（堕落者）与救赎者的关系。与这两重关系直接相关的是基督神学中的"基督论"（Christology）和"救赎论"（soteriology），而据此形成的基督教基本教义是：业已堕落的人类若要将获救并永生的可能变为现实只有唯一的途径，那就是仰仗神的救赎和恩典，也就是要通过信奉基督教。由此，在"信"与"不信"之间形成一条深不可测的鸿沟。扼要地说：信者得救，死后进天堂，在神的国度里幸福永生；不信者罪孽深重，死后入地狱，永受磨难。

《圣经》中说，获救是信徒因信而得的神的恩典，是神赐予人的礼物，人不可因此而自夸。③ 非但不可自夸，而且神所赐礼物并非唾手可得，作为负罪的人要逾越那条鸿沟，实现从"不信"到"信"（即conversion）绝非仅是一个手续或仪式的问题，而是一个复杂而艰难的

---

① Lewis R. Rambo, *Understanding Religious Conversion*, p. 3.
② Lewis R. Rambo, *Understanding Religious Conversion*, p. 3.
③ 《新约·以弗所书》2：8-9。

"转变"过程，其中的 commitment 在此过程中发挥着关键性的"支点作用"。① 在"不信"与"信"的转变过程中，尤其强调的是"不信"者的罪孽，与生俱来的原罪和后天犯下的本罪，人要转变的前提就是对自身罪孽的认识和悔恨。兰博列举的一项研究提出转变过程的四个阶段。首先，必须对原罪深信不疑，深刻认识自己所负罪孽的本质。其次，要有悔恨意识，必须对自身所处的罪孽困境感到绝对、彻底的憎恶。再次，是建立在悔恨意识上的耻辱意识，要认识到罪人一无是处，没有自我改造或自我拯救的能力，而且不具备任何自我完善的内在资源。最后，通过绝对的自我否定才可能进入第四阶段——信仰，允许信者接受基督拯救的恩宠。而且在此过程中，任何心灵或精神上的痛苦经历都是对教义正确性的见证。②

并非所有教会都会做出这样四阶段的解释，但多数教会关于 conversion 的基本思想与此大体一致，因为它合乎基督教的基本教义，也体现了基督教一神崇拜的特点。在实践中，"要在思想层面上承认负罪相对容易，要在深刻的情感层面明确认识自己负罪，则非得经过挣扎不可"。③ 所以，在皈信者最终做出 commitment 的决定过程中，"人们往往与自我形成一场强烈而痛苦的正面冲突"。④ 皈信过程中设置的仪式，对于皈信者 commitment 之表达和强化发挥着关键性作用。通过在大庭广众下进行的仪式，最常见的是洗礼和见证，皈信者以高度象征的方式"'转身告别'过去，同时'转身面向'新的未来"，这是一个"宣告旧生命死亡和新生命开始"的进程。⑤

这种具有震撼性的"死亡与新生"的意象把 conversion 和 commitment 的仪式推向高潮，也是整个皈信过程的核心，由此表达出皈信者强烈的"今是昨非"的态度和坚定拥抱信仰的意愿，同时，从神人关系的角度

---

① Lewis R. Rambo, *Understanding Religious Conversion*, p. 124.
② Lewis R. Rambo, *Understanding Religious Conversion*, pp. 130-131.
③ Lewis R. Rambo, *Understanding Religious Conversion*, p. 134.
④ Lewis R. Rambo, *Understanding Religious Conversion*, p. 125.
⑤ Lewis R. Rambo, *Understanding Religious Conversion*, pp. 127-128.

来说，也是皈信者对恪守神人之约的承诺和保证。①

上述 conversion 和 commitment 在基督教话语中的基本内涵，以及其在宗教实践中伴随着痛苦的心理冲突和挣扎而实现的深刻"转变"，若以其对应的汉译"皈信"和"委身"在汉语语境中表述，则落差很大。首先，conversion 的核心内涵，即皈信者"转变"的意思，用汉语"皈信"是表达不足的。其次，commitment 传递出皈信者决断的意愿和态度（尤其是"守约之承诺"），用汉语"委身"也是难以表达的。再者，兰博的研究显示，皈信是一个复杂的充满着多方互动的转变过程，在此过程中，皈信者对生命意义的主动追求贯穿始终，尤其在 commitment 阶段，更凸显了皈信者的主观意志。然而，用"皈信"和"委身"来描述和表达这个过程，则显然减弱了这种内在的"主动追求"和"主观意志"。"委身"传递出"放弃自我""接受新情境"的意思，但"委身"原本的意涵主要是出于"不得已"的放弃，对新情境也是"不得已"的接受，以如此消极被动的基调，又何以表达"拥抱信仰"的自主决断和承诺呢？又如何表达"死亡与新生"的奋发意境呢？

需要指出的是，由于皈信者原有的宗教传统及社会文化背景的差异，他们在 conversion 过程中发生转变的程度是不一样的。例如，在基督教内部不同教派之间的 conversion（即"改宗"），因各教派在基本教义和传统方面的共同性，当事者经历转变的程度通常不很大。再如，在亚伯拉罕宗教传统内部不同宗教（犹太教、基督宗教、伊斯兰教）之间发生的 conversion，其转变程度通常会大于基督教内部不同教派之间的情况，但因这三个宗教同源，在"一神崇拜"等传统方面有高度的一致性，皈信者的转变程度还是会小于本研究所探讨的"中国人"皈信基督教的情况。所谓"理想类型"的中国人在宗教传统方面有两个要素：其一，该人是以儒为核心的儒释道传统的文化产物；其二，在其社会化过程中，缺乏基督教或亚伯拉罕宗教传统的文化熏染。所

---

① 尽管不同教派对"圣约神学"（covenant theology）有不同的看法，但贯穿《圣经》的一系列神人之约仍是基督教神学的核心内容。皈信者所接受的神人关系就是神人之约的一种体现。

以，在"典型中国人"与基督教之间，那条分隔"信"与"不信"的鸿沟格外深广而难以逾越。那么，一个"典型中国人"在 conversion 过程中所发生的转变程度势必要大，经历的紧张、痛苦、挣扎和冲突的强度势必要大。然而，经由汉译术语描述的这一过程，由于词义的扭曲和变化，却在语言上淡化了这种转变的程度以及伴随的心理、情感和精神上受冲击的强度。

四 汉语的特点及其对术语汉译的影响

有人会说，外来术语的汉译只是语言符号的转换，作为能指的汉译语言符号可以在使用过程中进行定义，赋予明确的所指内容。如果依照索绪尔语言学的第一原则（Principle I），即就语言符号与语言意义之间关系而言，语言符号具有"任意性"，[①] 那么上述说法似乎是有道理的。然而，由于汉语（或者说，中文）符号系统的某些特点，我们不能简单援用索绪尔第一原则来探讨其中的关系。

索绪尔第一原则的依据主要是欧洲语言或拼音文字。拼音文字的能指是用表示"音响"的字母组成的语言符号，在与特定所指结合以前只是"音响形象"（sound image），并不具备内在意义，所以"音响形象"的设定具有任意性；只有在这个"音响形象"与特定的意义或概念结合，并通过约定俗成才可形成传递信息的语言符号。翻译过程中的"音译"（transliteration）与此相似，即译者将源语言中的能指符号（"音响形象"）转换成目标语中的"音响形象"，并赋予该符号特定的意义。不过，这样做暗含了一个前提，即目标语中形成的语言符号是不具备内在意义的"音响形象"，从而使"能指"在翻译过程中的变化成为音符的转换。然而，在英译汉中，这样的前提在大多数情况下不能成立。

英语词汇的汉译通常有两种途径，音译和意译。在英译汉实践中，音译用得很少，意译是主流，这是由汉语或中文的特点决定的。中文

---

① 参见〔瑞士〕索绪尔《普通语言学教程》，高名凯译，商务印书馆，2017，第一部分，第一章。

与拼音文字的构词方法不一样，不是用作为表音符号的字母拼写，而是用单个的汉字组合而成。汉字是既表音又表意的符号，而且突出的方面是表意。在汉语实践中，词汇（包括汉译外来词）多以表意符号呈现，既是约定俗成的基本原则，也是汉语使用者的基本期望。在这个意义上，"望文生义"是汉语词汇的基本特点。在翻译实践中，少量外来词的汉译采用"纯粹"音译的方式，即由汉字组合的语言符号以"不具备内在意义的音响形象"呈现，往往是再三推敲以后做出的选择，因为这样的"音响形象"必须另外赋予特定意义才能构成传递语言信息的规约符号，这种将"音"与"意"分立的做法不合乎汉语构词的一般规约。事实上，近代以来有许多汉译外来词起先是音译的后来还是被意译版本所取代，[①] 体现了约定俗成的汉语意译传统。正因为汉语的内在规律要求外来词的汉译尽可能以意译为主，由此产生一系列问题。

理想地说，外来词汉译的词义（"所指"）要与该词在源语言中的"所指"一致，即翻译学所谓"对等"（equivalence）。然而，在翻译实践中，两者完全一致或对等的情况极少，译者只能退而求其次，追求打了折扣的对等，诸如"形式对等"（formal equivalence）、"功能对等"（functional equivalence）、"动态对等"（dynamic equivalence）。此类"折扣"势必要对外来词在源语言中的词义造成不同程度的扭曲，这是翻译过程中普遍存在的问题。[②]

在本文关于术语英译汉的讨论中，由于英汉翻译所涉双方在文化基本面上的差异巨大，上述各种"折扣"导致的"不同程度的扭曲"会格外严重。同时，前文论及的汉语内在规律要求外来词的汉译尽可能意译，使得情况更为复杂。在理论上，"意译"追求源语言和目标语之间的"动态对等"，这类翻译是按照"分析、转换和重构"三步骤进行的，在将原文"转换"为译文的过程中，主要关注的非拘泥于源

---

① 例如，"proletariat"早期音译为"普罗列塔利亚特"，后来被"无产阶级"取代；"bourgeoisie"早期音译为"布尔乔亚"，后来被"资产阶级"取代。
② 关于不同程度的扭曲（varying degrees of distortion）之讨论，参见 Eugene A. Nida, *Language and Culture: Contexts in Translating*, Shanghai: Shanghai Foreign Language Education Press, 2007, p. 247。

语言与目标语之间的信息匹配，而是在目标语的文化背景下译文与人们行为模式之间的相关性，而且为了有助于理解还会在译文中融入一定量的"冗余"（redundancy），即某些额外信息或重复信息。① 在词语英译汉过程中，尤其关注汉译词语在汉语文化框架中的可接受性（即与人们行为模式之相关性），在分析英语词义的同时用汉语既有的概念来"解释"英语中的概念，② 在此基础上进行"转换"和"重构"。然而，由于英汉文化传统的差异，尤其是汉语构词法的特点，在将英语词语"转换"为汉译词语时常引发英汉之间的词义扭曲。如前所述，汉译词语由既表音又表意的汉字构成，既是"音响形象"符号又是具有内在定义性的表意符号，这种"内在定义性"大大限制了人们对汉译语词进一步定义的可能，由此产生的原文与汉译之间词义内涵的差异就是扭曲，也可理解为"冗余"，即传播学所谓信息传递过程中的干扰或噪音。

在此背景下，让我们重审 conversion 和 commitment 的汉译。英语 conversion 汉译为"皈信"，无疑是一个汉语文化中可以接受的词，其字面定义为"归顺"和"信奉"，在很大程度上表达了 conversion 的内涵，但并未明确表达 conversion 的核心词义"转变"，就是说汉译过程中将原文中"转变"的意思丢失了，对原文的"所指"造成了扭曲。英语 commitment 汉译为"委身"的情况更为复杂。"委身"是汉语中既有的词语，其字面定义为"委随""投身""屈从"，而且主要用于女人（多在不得已或不情愿情况下）将自己身体给予男人。对照原文，汉译"委身"在一定程度上表达了 commitment 的"投身""投入"的意思，但丢失了原文指涉的"积极主动"和"承诺"或"保证"的意思，对原文的"所指"造成相当大的扭曲，而且汉语传统中的"委身"带有某种特定男女关系的负面内涵，使得这个汉译符号在传递 commitment 信息时伴随着相当大的负面噪音。

---

① 参见 Mark Shuttleworth & Moira Cowie, *Dictionary of Translation Studies*, Shanghai: Shanghai Foreign Language Education Press, 2004, pp. 47, 141。
② "意译"在英语中最常用的说法之一是"paraphrase"，即"用不同的言辞或表述对文本等进行释义"或简称为"解释"。在汉语传统中，佛教入华过程中用"格义"的方法移译佛教术语可以认为是这种跨文化的"解释"。

五 语言实践与意义错位的社会面向

上述术语汉译意义扭曲的情况，尤其是 commitment 汉译为"委身"所产生的扭曲，在汉语的语言实践中是否可以得到克服呢?[1] 从传播学角度看，翻译可以认为是一个在源语言和目标语之间解码和再编码的过程。让我们假设某位牧师向慕道者用汉语布道的场景。假设，牧师英语汉语都好，能够用英汉双语思维，在两种语言的符号和概念之间随意切换，同时听众是在汉语环境中经历社会化过程的，有良好的汉语基础。那么，当牧师将 commitment 这个英语语码解读了以后，再编码，以"委身"作为该概念的汉语语码布道，他的听众是否会将"委身"解读为牧师意欲传递的英语中的 commitment 概念呢？

回答这个问题，首先要理解听众接受"commitment/委身"这个概念的过程和机制。人接受新概念的过程是一个学习的过程。认知教育心理学家奥苏贝尔（David P. Ausubel）认为，如果要将教育心理学的全部内容归纳为一个原则的话，那么这个原则是"影响学习（习得）过程的最重要的单一因素就是学习者既有的知识"。[2] 在本研究假设的情境中，对听众最有影响力的既有知识就是汉语"委身"的概念及其延伸意义。当牧师在布道过程中将汉语中既有的语言符号"委身"用作 commitment 的汉译符号，并试图将 commitment 的意涵赋予"委身"这个汉语符号的时候，听众在理解和接受过程中势必产生与已知"委身"概念相关的联想和判断，这合乎学习心理学的基本原理。"委身"这个语言符号要同时代表来自两个源头且意义错位的概念，难免导致概念上的混淆和矛盾，势必给听众带来认知上的冲突和紧张。处于这样的思维困境，听众最可能做出的心理反应是：一方面唤起对汉语

---

[1] 相对而言，在两个译例中，"委身"作为 commitment 的汉译造成的意义扭曲更大，更值得关注。下面的讨论主要围绕该译例展开。

[2] David P. Ausubel, *Educational Psychology: A Cognitive View*, Holt, Rinehart & Winston of Canada Ltd, 1968, p. vi.

"委身"概念的认知;一方面借助"委身"的符号(结合牧师的讲解和情境)去理解和接受 commitment 的概念。这个过程的实质在很大程度上是由前者附会后者,其结果是在两者之间形成一种折中的概念或心理表达(mental representation)。这正体现了认知心理学中关于人们如何形成概念的"假设考验说理论"(hypothesis-testing theory)所论述的过程。[1] 此外,要理解听众接受和习得"委身/commitment"概念的心理过程,同样可借用思维心理学中关于"可得性启发"(availability heuristic)的原理进行分析,该原理认为,人们在做出判断时倾向于依赖既有的记忆或容易联想到的信息作为判断的依据。[2] 当听众试图接受"委身/commitment"这个概念时,在思维、判断的过程中最容易联想到的信息当然是汉语中既有的"委身"概念。总之,从心理学不同分支的视角来看,听众在接受"委身/commitment"概念的过程中,无法逃脱汉语中既有的"委身"概念之影响。

在宗教实践中,人们总要采取某些"特殊方式"(special ways)处理语言,来表述和理解宗教神圣性。[3] 那么,在我们假设的情境中,牧师会怎样处理上述语言困境呢?出于天职和宗教虔诚,加上双语能力,他会十分专注于英语中 commitment 的概念,并在布道的特定语境下试图用汉语向听众传递其中的意义和内涵。是的,他讲道所用的汉语符号是"委身",然而语言修养、职业训练、宗教虔诚、心理专注和特定语境,完全可能使他在布道过程中忘记或忽略汉语中"委身"符号既有的意义和内涵,或者说,汉语既有的"委身"成为一个处于休眠状态的(inactivated)概念。需要指出的是,一个熟悉的(尤其是母语)语言概念之休眠并不等于彻底消失,并不等于在当事人的潜意识里不再

---

[1] 关于"假设考验说理论"(Hypothesis-Testing Theory),见王甦、汪安圣《认知心理学》(重排本),北京大学出版社,2006,第 157~158 页。
[2] 关于"可得性启发"(availability heuristic)的原理,见 John Paul Minda, *The Psychology of Thinking: Reasoning, Decision-Making and Problem-Solving*, London: SAGE Publications, 2015, pp.36-38。
[3] Peter G. Stromberg, "The Role of Language in Religious Conversion," in L. R. Rambo & C. E. Farhadian eds., *The Oxford Handbook of Religious Conversion*, Oxford: Oxford University Press, pp.117-139.

存在。① 那么，当牧师试图用"委身"这个符号向听众传递 commitment 概念的时候，他是否会（有意地或下意识地）联想到汉语"委身"既有的意义和内涵呢？这种联想是否会影响到他对 commitment 的意义和内涵之理解和阐释呢？

从语言和认知的一般规律来看，两种情况都在所难免，只不过因时、因地、因人而异。所以，本研究提出的宗教术语（尤其是"委身"）在汉译过程中意义扭曲的情况不仅是语词范畴的问题，在具体的语言和宗教实践中，术语意义扭曲造成宗教传播过程中的意义曲解同样是一种现实可能，从而使之成为一个社会范畴的问题。

同样属于社会范畴，汉译"委身"的概念还涉及另一个社会面向——基督教会与主流社会关系的问题。基督教入华并形成具有一定影响力的社会存在是从明末开始的，自那以来基督教一直是中国社会中的一个亚文化群体，近四十年来基督教在中国大陆的迅速发展使得该群体的人口基数大大增长，但并不能改变基督教会作为一个"亚文化群体"的性质。虽然教会有其自成体系的话语和意义系统，在许多方面是一种意义自洽的群体，但教会不可能脱离主流社会而独立存在。无论是谋生存还是图发展，对于教会来说，促进与主流社会的沟通与理解都至关重要，而沟通与理解过程中的首要问题就是语言问题。假设，在此过程中涉及"委身"一词，那么由于双方在认知层面上对"委身"理解的错位，可能在两方面产生误解或负面效果，一是词的意义，一是词的性质。

所谓"词的意义"是指双方对同一个汉语符号"委身"在概念理解上的错位。关于教会对"委身"的理解已有前论，不赘述。关于"委身"在主流社会中的理解，除了上文关于"委身"字面意义的讨论，本研究还做了一个简单的网上问卷调查。②

---

① 关于母语对译者的影响，参见 Nida, 1959, p. 18。
② 问卷就"委身"的概念提出三个问题（详见正文），同时收集答卷者的匿名个人信息（仅限性别和学历）。共收回有效问卷 122 份，男女比为 58（48%）比 64（52%），其中本科生 27 人，硕士生 47 人，博士生 48 人。从方法论来看，调查对象过于集中在高学历人群，不尽理想。然而，就本研究的性质来说，这样的受访对象是可以接受的。复旦大学社会学系研究生余雪薇同学负责问卷调查和数据整理，谨此致谢。

问题1：你见到"委身"这个词，首先想到的是什么？

这个问题测试答卷者对"委身"这个语言符号的第一联想。在122份有效问卷中，回答涉及"基督教"的有3份（约2.5%），另有5份（约4.1%）的回答涉及与宗教相关的概念，两者相加共8份（约6.6%）；其余114份（约93.4%）的回答主要围绕女子委身于男子或婚嫁，出现较多的表述包括"不情愿""委屈""以身相许""依附"等。

问题2：简要说明你对"委身"这个词的理解。

这个问题要求答卷者进一步说明对"委身"的理解。
结果显示，问题2的回答与问题1的情况基本一致。可以推断，基督教会与主流社会之间对"委身"概念的理解缺乏共识，两方面对于同一语言符号的基本定义错位巨大，不利于达成有效沟通和理解。
所谓"词的性质"是指人们对"委身"符号在"褒"、"贬"和"中性"之间的判断。兰博指出，"委身/commitment是宗教皈信过程圆满成功的顶点。……一种在心理和灵性上降服的经验赋予皈信者力量，产生一种与上帝和教会社群融为一体的感受"。① 从教会视角来看，这无疑是值得高度赞美的事件和状态，是高度褒义的。

问题3（单选题）：你认为"委身"这个词是"褒义"____；"贬义"____；"中性"____。

在122份有效问卷中，选择"褒义"6份（约4.9%），"贬义"60份（约49.2%），"中性"56份（约45.9%）。其均值在"贬义"和"中性"之间。那么，在教会与主流社会沟通过程中，教会对"委身"符号高度褒义的判断相对于主流社会对"委身"符号较为贬义的判断，

---

① Lewis R. Rambo, *Understanding Religious Conversion*, pp. 168-169.

形成实质意义的反差。从语言政治的角度来看,这种褒贬之间的实质性反差将导致基督教关于"委身"的表述在主流社会的话语系统中大为"贬值"。① 综上所论,前文提出的假设得到支持,即语言符号"委身"在用于教会与主流社会沟通和理解过程中,可能基于词的"意义"和"性质"两方面的原因导致误解和其他负面效果。

虽说"commitment/委身"是基督教的一个重要概念,且"委身"的说法在汉语基督教会内流通已久,然而在中国的主要语言工具书中,"委身"词条下的解释一概未见基督教面向的内容,这是值得关注的。语言既是一种社会性制度(institution),一种社会成员共享的特殊资源,也是一种体现社会权力关系的媒介。对于现代社会的任何一个语言群体,语言标准化和语言工具书都是语言"合法性"的重要依据。② 从语言政治的角度来看,辞书类工具书对于某一语言概念的认可不仅是"合法性"的依据,其本身就是构成文化资本和社会资本的要素,直接或间接影响到该群体"集体资本"的积累及其在社会世界中的话语权和其他权益。③ 所以,就"commitment/委身"案例而言,基督教会有必要正视这一宗教概念在汉语中的"语言合法性"问题并采取具体行动,既为"正名"和"维权",也有更广泛的社会意义。其中,关于"委身"词义褒贬的矛盾是无法绕过的难点,是一个深具学术意义和实践意义的问题,而问题的深化和解决或将引发语言/翻译研究和汉语神学研究的一桩公案。

---

① 布尔迪指出,随着现代国家官方语言的确立和教育的普及,各地方言相对"贬值"(devaluation),并在相应的象征权力基础上形成语言政治关系。尽管两者发生"贬值"的途径不一样,就语言政治而言,本研究探讨的情况与布尔迪论述的情况异曲同工。参见 Pierre Bourdieu, *Language and Symbolic Power*, Cambridge, MA: Harvard University Press, 1991, p. 49。

② 这里所谓"语言群体"尤指组建现代民族国家过程中形成的语言群体。关于语言的标准化和"合法性"的讨论,参见 Chapter 1 The Production and Reproduction of Legitimate Language, in Pierre Bourdieu, translated by Gino Raymond and Matthew Adamson, *Language and Symbolic Power*, Cambridge, MA: Harvard University Press, esp. pp. 46-49。

③ 参见 Pierre Bourdieu, "The Forms of Capital," in J. Richardson ed., *Handbook of Theory and Research for the Sociology of Education*, Westport, CT: Greenwood, 1986, pp. 241-258。作者 Bourdieu 在关于文化资本的讨论中列举了包括辞书(dictionaries)在内的一系列文化产品,作为物化的文化资本(objectified cultural capital)之实例。

六 建构视角下的术语汉译和汉语基督教神学

　　语言研究的另一个重要方面是语言的建构性及其社会影响。伯格和卢克曼在知识社会学论著中强调语言对社会现实的建构作用，尤其关注人们如何在互动过程中理解、建构和传播知识。[①] 下面将借助社会建构的视角对本文研究的问题做进一步分析，具体从两方面展开：宗教术语的汉译和应用，汉语基督教神学的建构。

　　在术语英译汉中，译者对英语术语进行解读（"解码"）的过程必然伴随着中英两种文化的互动，译者有意无意地要透过中国文化"滤镜"对源语码进行解读，读出的内容既有源语码的内涵，也有将中国文化投射其中的部分。所以，"解码"过程已经具有建构性。"再编码"是要将源语码解读出的内容用译入语重新编码。这个新编语码需要合乎"连贯原则"（coherence rule），即译文与译入语之间的融通或一致（agreement），也就是说，译文要在译入语的体系中能够说得通才能被接受。[②] 本文译例中，要使 commitment 的汉译在汉语体系中说得通并被接受，困难重重，一方面汉语中确实找不出一个现成的词来对应 commitment 的多层意涵，另一方面汉语对这种"看似寻常"的概念往往不接受音译的语码，同时汉字符号"望文生义"的特点又在很大程度上限制了汉译语码的内涵。怎么办？早先的译者选择"委身"为汉译无疑出于妥协。可以说，作为 commitment 汉译的"委身"概念之形成，是在一个具体语境中产生的"特定概念构成"（*ad hoc* concept construction），[③] 随着时间流逝约定俗成，成为汉语基督教圈子里得以接受的"既成事实"。在修辞上，这样的翻译是一种比附，即以汉语

[①] 参见彼得·伯格和托马斯·卢克曼《现实的社会建构：知识社会学论纲》，吴肃然译，北京大学出版社，2019。

[②] 关于"coherence rule"，参见 Mark Shuttleworth & Moira Cowie, *Dictionary of Translation Studies*, Shanghai: Shanghai Foreign Language Education Press, 2004, 词条"coherence"。

[③] 在语用学中，所谓"特定概念构成"（*ad hoc* concept construction）是指在特定情境中"出于语用的需要对词义概念的调整"（the pragmatic adjustment of a lexical concept）。参见 Yan Huang, *Pragmatics*, Oxford: Oxford University Press, 2007, p.192。

"委身"比附英语 commitment。朱自清在讨论"中国语的特征"时指出:"两种文化接触之初,这种曲为比附的地方大概是免不了的。"① 通过比附形成的汉译"委身"同样是一种建构,虽消解了译事之困,但在"信"(faithfulness)的层面上牺牲甚大,因为从这个汉字语码中无法解读出源语码那么丰富的"所指",同时还嵌入某些中国文化的内涵。在宗教实践中,这种"曲为比附"的汉译术语给文化间有效沟通带来了难题。

知识社会学认为,"不管怎么样的'知识',都是在社会情境中被发展、传播和维持的"。② 对于汉译宗教概念这类知识来说,其得以发展、传播和维持的特定社会情境是围绕汉语基督教社群形成的。这些社群的成员通常是在中国文化环境下出生、成长的,深受中国文化浸染,在宗教实践中离不开中国文化的氛围,其要素之一就是汉语。③ 语言既是文化的产物,又是文化的载体,也是文化的建构。在此情境中,要用汉语解读外来宗教的概念和教义,必然要透过中国文化滤镜进行。一方面以虔诚的态度探讨、理解、接受和传播基督教概念和教义,建构一套自洽的意义系统,形成特定的话语体系,一方面又受制于类似"集体无意识"的中国文化传统。这两方面并存且互相作用,由此产生的影响在系统论分析框架下更为清晰。

当语言代码作为特定话语系统的组分,在系统内互动和构建的情境中被解读,在"系统功能"的作用下会产生延伸意义。④ 就"commitment/委身"而言,在基督教话语系统中可解读出的重要延伸意义之一是神人关系。在英语基督教话语系统中,从 commitment 解读出的神人关系强调一种契约/约定关系。这首先因为 commitment 词义中所内含的"promise""pledge""obligation"等基本概念,实际上是皈信者对于神

---

① 朱自清:《中国语的特征在哪里》,载朱自清《语文拾零》,广陵书社,2018。
② 彼得·伯格和托马斯·卢克曼《现实的社会建构:知识社会学论纲》,吴肃然译,第6页。
③ 这两点的存在是汉语基督教会的普遍现象。即使在海外,生活在他者文化中的华人基督徒还是在很大程度上保持着中国文化的烙印,形成"叠合身份认同"。
④ 关于"系统"、"组分"和"系统功能",参见贝塔兰菲(L. V. Bertalanffy)《一般系统论:基础·发展·应用》,秋同、袁嘉新译,社会科学文献出版社,1987。

人之间"契约/约定"关系的表态。同时,"神人之约"本来就是基督教话语系统中"全域性意义"的核心要素之一,既体现在《圣经》两大部分之标题"旧约"和"新约",也体现在《圣经》正文中神人之间一次又一次的立约（covenants）,更体现在基督教的终极希望——践约。而且,这种神与信奉者之间的圣约是高度排他的,非信徒必须通过 conversion 以实现"转变",并经历"今是昨非"的痛悔过程方可进入这样的"神人约定"关系。在这个意义上,conversion 和 commitment 这两个组分之间形成互相关联的"集",通过互动和呼应,表达并强化了这种契约/约定关系。①

那么,在汉语基督教话语系统中,是否能够从"委身"中读出（即建构）与 commitment 相应的体现契约/约定的神人关系呢? 答案既肯定又保留。首先,汉语"委身"的内在意义中并没有"promise""pledge"这类与"约定"强相关的基本意涵。是的,"委身"与 commitment 相似,有"介入"或"投身"（engagement）的意思,然而 commitment 意指的"投身"是一种"积极主动的""决志性"的行为,而"委身"意指的"投身"则在很大程度上是一种消极、被动的行为,通常带有"不得已"的色彩。即使考虑到话语体系的"全域性意义"以及体系中诸多概念互动的影响,在其他一切因素不变的情况下,若仅以"委身"替代 commitment,还是要在一定程度上减弱神人关系中"契约/约定关系"的性质。与此同时,"委身"的内在意义中突出了"委随""依附""顺从"的概念,在这一点上与"皈信"所表达的"归顺""依附""依靠"的概念相呼应,这是很具中国特色的。比较之下,一方面是由"皈信"和"委身"这样具有关键意义的组分参与建构的神人关系,另一方面是由相应的组分"conversion"和"commitment"参与建构的神人关系,英汉两个体系中神人关系的差异显著且有实质性意义。产生差异的原因要归于文化差异,而宗教概念汉译的意义扭曲无疑是要素。这种意义扭曲不可避免地要影响到汉语神学的建构和发展。

---

① 参见贝塔兰菲（L. V. Bertalanffy）《一般系统论：基础·发展·应用》,秋同、袁嘉新译,第46页。

刘小枫认为，汉语基督教神学必须建立在特定历史语文（即汉语）的基础上。① 这无疑是正确的，但这仅是问题的一个侧面，其另一侧面是汉语基督教神学的建立必须借助翻译。从历史路径来看，汉语基督教神学的建立要以基督教神学的输入性传播为前提。建构汉语基督教神学是一个跨文化传播和文化间互动的过程，无论输入的基督教神学以什么历史语文为媒介，都无法逃避"翻译"这个环节。其实，开始翻译就意味着启动建构汉语基督教神学的过程，也就是说，翻译是建构汉语基督教神学的前提和重要组成部分。

严格地说，宗教术语汉译的意义扭曲是不可避免的，无论是原义流失还是新义衍生。需要指出的是，所谓意义"流失"和"衍生"都是就翻译过程而言，一旦翻译在无奈和妥协的过程中完成，那么尽管意义流失和衍生的问题并未得到解决，最终选定的汉译也会被理所当然地接受为"正确"的译文，进而作为"标准"用于宗教概念和思想的表达和传播，当然也用于汉语基督教神学的建构。通过这样的跨文化传播过程建构起来的汉语基督教神学，与源语言的基督教神学必然有差异。这类差异是所谓"中国特色"的重要内容，其建构过程是基督教中国化的重要组成部分。

那么，在接受术语汉译的结构性特点的前提下，本文案例中的汉译与原文之间的差异，是否足以形成一个特定视角来探讨汉语基督教神学这样的大命题呢？回答是肯定的，可以从三方面来说明。首先，所谓"汉语基督教神学"系相对于"他语基督教神学"而言，两者之间的差异是有限的，在本质上是一致的。而研究"汉语基督教神学"的基本任务之一就是探究这些"有限"的差异。其次，"汉语基督教神学"的产生是一个涉及诸多方面的社会文化现象，绝不局限于汉语语言，但汉语无疑是其中的首要因素。离开汉语，"汉语基督教神学"将无从建构、理解和传播。再次，conversion 和 commitment 的案例仅是本研究借以立论的切入点，本研究的要旨在于揭示跨文化传播和互动过

---

① 刘小枫：《现代语境中的汉语基督神学》，香港汉语基督教文化研究所，1994。http://www.iscs.org.hk/Common/Reader/News/ShowNews.jsp? Nid = 506&Pid = 3&Version = 0&Cid = 24&Charset = big5_ hkscs。2019 年 10 月 21 日下载。

程中的语言符号转换以及由此产生的宗教概念的扭曲和宗教思想的变化。就每一具体案例来说，这样的扭曲和变化是有限的或细微的，但类似现象广泛存在，且不局限于语言符号的转换。① 事实上，这类现象贯穿基督教在华发展的整个过程。当初，传教士入华伊始，很快就陷入"Deus"这个基督教核心概念的汉译所引发的争议。原因在于无论以"天主""上帝""神"或其他语词作为"Deus"的汉译都在相当程度上扭曲其在拉丁语语境中的意涵。然而，争议归争议，"天主"、"上帝"和"神"还是在无奈和妥协中沿用至今，还将继续沿用下去。那么，几个世纪以来，从当初"Deus"的汉译之争到本研究的两个译例，又有多少相关的宗教概念在汉译过程中经历了类似的无奈和妥协呢？伴随着难以计数的无奈和妥协，是难以计数的概念扭曲（是的，"语言实践"和"系统功能"可能纠正部分扭曲，但绝非全部）。正是这些"细微"或"有限"的扭曲，以其巨大的量，通过微积分式的效应，在人们未必意识到的情况下，渗透于汉语基督教神学的建构，成为汉语基督教神学有别于他语基督教神学的重要基础。在这个意义上，可以说，当四百年前欧洲传教士们还在纠结于"Deus"的汉译时，汉语基督教神学的建构就已经开始了。②

结论

本文以"conversion/皈信"和"commitment/委身"为例，探讨基督教术语的汉译问题。通过词源和词义分析，发现两例汉译都存在基

---

① 这里所谓"跨文化传播和互动过程中的符号转换"并不局限于语言翻译，还涉及仪式、话语、组织、建筑等诸多方面。参见 Na Chen and Lizhu Fan, "Conversion as an Overlapping Development of Indigenous Tradition: Understanding the Practice of Confucian Xiao（孝）among Li Village Christians," in Frieder Ludwig, et al. eds., *Reformation in the Context of World Christianity: Theological, Political and Social Interactions between Africa, Asia, the Americas and Europe*, Wiesbaden: Harrassowitz Verlag, 2019, pp. 147-170。另见陈纳、范丽珠《遭遇、互动与重构：从文化变迁的视角看赣南高村教堂/祠堂一体两面建筑的案例》，《世界宗教研究》2022 年第 8 期。

② 纪建勋近作提出类似观点，认为"Deus"的汉译是"汉语神学的滥觞"。参见纪建勋《汉语神学的滥觞：早期全球化时代的上帝之赌》，道风书社，2020。

本词义的扭曲，表现为意义流失和意义衍生。由此造成的影响并不局限于语词和翻译的范畴，还直接影响到语言实践中对基督教概念的定义和思想传播的情况，以及教会与主流社会之间的沟通等社会问题，其中包括可能引发的语言政治。本文借助系统论视角，分析了汉译术语在宗教话语系统中互动产生的某些延伸意义，探讨了汉语基督教在概念、教义和神学建构中留下的"中国化"印记。数百年来，正是这些带着本土印记的概念和意义，在中国人建构和传播基督教的过程中起着铺路石作用。所以，探究基督教术语/概念的汉译和相关问题是研究基督教中国化的重要环节，其影响贯穿基督教在中国立足、传播和发展的全过程。

本研究认为，在英汉基督教术语翻译中，导致汉译意义扭曲的根源在于中英文化的差异，其中包括汉语的某些内在特点（如"望文生义"、偏重意译），这些语言文化的差异和特点具有高度的结构性，使得汉译意义扭曲及其延伸后果难以克服。所以，本研究的发现和结论具有一定的普遍意义，可为其他人文社科专业的术语翻译和研究提供参考。

图书在版编目（CIP）数据

宗教皈信/（美）刘易斯·兰博（Lewis R. Rambo）著；陈纳译. -- 北京：社会科学文献出版社，2023.1
书名原文：Understanding Religious Conversion
ISBN 978-7-5201-9460-0

Ⅰ.①宗… Ⅱ.①刘… ②陈… Ⅲ.①宗教学 Ⅳ.①B920

中国版本图书馆CIP数据核字（2022）第061287号

宗教皈信

著　　者／〔美〕刘易斯·兰博（Lewis R. Rambo）
译　　者／陈　纳

出 版 人／王利民
责任编辑／孙美子
责任印制／王京美

出　　版／社会科学文献出版社·人文分社（010）59367215
　　　　　地址：北京市北三环中路甲29号院华龙大厦　邮编：100029
　　　　　网址：www.ssap.com.cn
发　　行／社会科学文献出版社（010）59367028
印　　装／三河市尚艺印装有限公司

规　　格／开　本：787mm×1092mm　1/16
　　　　　印　张：18.5　字　数：275千字
版　　次／2023年1月第1版　2023年1月第1次印刷
书　　号／ISBN 978-7-5201-9460-0
著作权合同
登 记 号／图字01-2018-7162号
定　　价／98.00元

读者服务电话：4008918866

版权所有 翻印必究